철학이란 무엇인가

철학이란 무엇인가

¿QUÉ ES FILOSOFÍA?

JOSÉ
ORTEGA Y
GASSET

호세 오르테가 이 가세트 지음

정동희 옮김

민음사

"이 책은 스페인 교육문화성 도서출판국의 지원을 받아 출간되었음." (La presente edición ha sido traducida mediante una ayuda de la Dirección General del Libro, Archivos y Bibliotecas del Ministerio de Educación y Cultura de España.)

차례

1강
오늘날의 철학, 진리들에 발생한 기이한 모험, 진리의 도래, 역사와 철학의 접합

　나는 예술 창작을 할 때나 연애를 할 때, 혹은 사유를 할 경우에는 미리 계획을 세우고 그것을 공표하는 것이 별 의미가 없다고 생각한다. 사유하는 경우를 예로 들어보자면 어떠한 주제에 관한 성찰이든 만일 이것이 긍정적이고 진정한 것이라면 이 성찰은 필연적으로 성찰 주체를 그의 주변에 널리 퍼져 있는 의견, 즉 여론이나 공론으로 불릴 수 있는 것들로부터 격리시킨다. 이렇게 성찰 주체를 여론에서 격리시키는 데에는 여러분이 생각하는 것보다 훨씬 중요한 이유가 있다. 왜냐하면 모든 지적 노력은 우리를 일상적인 것들로부터 분리시켜 이 노력이 발견하게 될 비밀통로를 통해 우리를 다시 원위치로 인도하지만 이때 우리는 이전과는 다른 사상체계를 갖게 되기 때문이다. 이것이 바로 성찰의 결과이다.
　그런데 계획과 공표는 이러한 결과를 예측 가능케 하고, 결과에 도달하기까지의 험난한 과정을 용이하게 만들어버리며, 결국에는 성찰을 통해 발견하게 될 종착점을 미리 밝혀버린다. 이와 같은 상황을 초래하기에 나는 예술과 사랑, 그리고 사유에 있어서는 계획이나 공표가 긍정적이지 않다고 본다. 한편 뒤에 우리가 살펴보겠지만, 사유로 이끄는 정신적 통로에서 분리된, 그래서 고립무원의 섬과 같은 사유는 추상이 지닌 최악의 의미에서의 추상이며 이해 불가능한 것이다. 그렇다면 무엇에 관한 연구를 시작할 때 올라갈 수 없는 벼랑과도 같은 연구계획을 미리 대중에게 보여준다면 과연 어떤 결과를 얻을 수 있겠는가? 이것은 결과에서부터 연구를 시작하는 것이 아닐까?

그래서 나는 이 강의가 어떻게 진행될지에 관한 강의계획서 작성을 포기했다. 대신 나는 우선 나에게는 어제와 같은, 여러분에게 있어서의 오늘을 이 강의에서 다루고자 한다.

우리가 첫 번째로 다루고자 하는 이 문제는 대부분의 사람들이 알고 있는 외적이며 대중적인 것이다. 즉 삼십 년 전 시문학이 그러했듯이 오늘날의 집단정신 속에서 발견되는 철학은 이전과는 상이한 상황에 처해 있고, 철학자들 또한 자신들의 저작 및 학술 활동에서 이전과는 다른 행동양식을 보이고 있다. 전자의 경우, 모든 외적이며 대중적인 사실들과 마찬가지로 역시 외적 현상을 통해 증명될 수 있다. 현재 간행되고 있는 철학서적들이 삼십 년 전과 비교할 때 얼마나 많이 판매되고 있는지 통계학적인 예를 들어보자. 오늘날 거의 모든 나라에서 철학 관련 서적들이 문학서들보다 더 많이 판매되고 있으며 또한 이데올로기에 대한 관심이 그 어느 때보다 높아지고 있다는 사실은 달리 설명할 필요가 없는 명약관화한 현상이다. 상이한 의식 수준을 지닌 사람들에게서 공통적으로 감지되는 이 철학적 호기심, 지적 열망은 두 가지 요인에 기인한다. 하나는 대중이 새로운 관념의 필요성을 느끼기 시작했다는 것이고 또 다른 하나는 이들이 관념들 속에서 어떤 육감적인 쾌락을 느끼고 있다는 점이다. 이 두 사실의 조합은 결코 우연이 아니다. 우리는 나중에 모든 존재에게 있어 결코 외부로부터 존재에게 우연히 발생하지 않는, 즉 존재 내부에서 움터 나온 모든 본질적 필요성이 쾌락을 동반하는지를 살펴볼 것이다. 쾌락은 행복의 얼굴이다. 모든 존재는 자신의 목적을 완수했을 때 행복을 느낀다. 상술하자면 존재는 존재 자신을 실현했을 때, 자기 존재의 진정성을 느낄 때 행복을 체감하는 것이다. 이러한 연유로 슐레겔(Schlegel)은 쾌락과 운명의 관계를 도치시켜 다음과 같이 말했다. "우리는 우리의 기호를 위해 기질을 가지고 있는 것이다." 무엇인가를 하기 위해 존재에 부여된 최상의 선물인 기질은 언제나 최상의 쾌락이라는 얼굴을 가진다. 이 강의를 진행하는 동안 우리는 수많은 증거를 통해 '각 존재가 지닌 기질은 동시에 그 존재가 지닌 최상의 즐거움'이라는, 지금은 여러분에게 단지 하나의 문구로만 보이는 이 말이 지닌 진정한 의미를 발견하면서 놀라게 될 것이다.

과거와 비교해 볼 때 현재는 상대적으로 명백하게 철학적 기질을 지니고 있다. 즉 사람들은 철학하기를 즐기고 있는 것이다. 이들은 대중적 분위기 속에서 철학적인 단어들이 날아오르면 곧바로 여기에 귀를 기울이고, 먼 길을 떠났던 여행객이 돌아왔을 때 그의 여행담을 듣기 위해 그에게로 사람들이 몰려드는 것처럼 철학자들에게로 모이고 있다. 이 상황을 지난 삼십 년 전과 비교해 보라. 삼십 년! 이것은 한 세대에 해당하는 시기가 아닌가? 정말 절묘한 일치라 하지 않을 수 없다. 이와 같은 대중들의 정신적 변화와 일치하는 놀라운 사실 속에서 우리는 오늘날의 철학자는 지난 시기 철학자들과는 완전히 대비되는 정신 상태로 철학을 대하고 있음을 발견할 수 있다. 그래서 나는 이 시간에 어떻게 우리가 지난 시기 철학자들을 지배했던 정신과는 완전히 다른 정신으로 철학에 접근하고 있는지에 대해 말하고자 한다.

이 지점에서부터 본 강의를 시작하면서 우리는 점진적으로 이 강의가 지향하는 주제로 향하게 될 것이다. 지금 당장 이 강의의 주제를 여러분에게 알리는 것은 그리 유용하지도 않고 또한 여러분이 이해하기도 힘들 것이다. 우리는 이 강의의 주제에 대해 동심원적으로 접근해 들어갈 것이다. 우리가 이 동심원의 중심으로 접근해 들어갈수록 그 반경은 점차 좁아질 것이며 그 강도 역시 강해질 것이다. 우리는 추상적이며 그리 특별하지도 않은, 서늘하기까지 한 나선의 외형으로부터 지독히 내성적이고 심지어는 자기 동정적이기까지도 한 중심으로 미끄러져 내려갈 것이다. 비록 이것이 기존의 철학을 다루던 방법이 아닐지라도 말이다.

중요한 철학적 문제를 해결하기 위해서는 유대인들이 예리고 성*1)을 함락시켰던 것과 유사한 전술이 필요하다. 즉 성을 직접 공격하는 대신 그것을 천천히 포위한 채 계속 하늘 높이 나팔을 불면서 성을 지속적으로 압박해 들어가는 그런 전술 말이다. 이데올로기적 공략에 있어서 극적인 멜로디는 사유의 드라마를 형성하는 철학적 문제들에 대한 의식을 항상 깨어 있게 하는 역할을 한다. 나는 이 강의가 진행되는 동안 여러분이 한시도 긴장을 놓지 않기를 바란다. 왜냐하면 지금 막 우리가 출발한 이 길은 앞으로 나아갈수록 우리에게 더욱 매력적인 길이기 때문이다. 내가 위에서 언급한 외적이며 동시에 난해한 문제로부터 우리는 가장 직접적이며 본원적인 문제인

---

* 원주와 편집자주의 경우에는 각주 끝에 각각 '원주', '편집자주'라고 표시했고 역주의 경우에는 아무런 표시도 하지 않았다.

1) 『구약성서』의 「출애굽기」 및 「여호수아기」에 나오는, 유대인들이 가나안 땅으로 들어가는 과정에서 처음으로 점령한 성. 난공불락의 요새인 이 성을 점령하기 위해 유대인들은 모든 군사가 성을 포위한 채 주위를 매일 엿새 동안 돌았다. 이레째에는 성을 여섯 번 돌고 난 후 일곱 번째 돌 때 큰 소리로 "여호와께서 이 땅을 우리에게 주셨다."고 외쳤더니 이윽고 성벽이 무너졌다.

4

삶, 우리 각자의 삶이란 문제로 하강할 것이다. 아니, 우리는 우리 각자가 삶이라고 간주하는, 실은 진정한 삶을 감싸고 있는 껍질을 뚫고 우리에게 비밀로 남아 있는 존재 본연의 존재, 순수 내적 존재의 영토로 회귀할 것이다.

그런데 반복해서 말하지만, 위처럼 막연하기 짝이 없는 서언으로 여러분을 이 강의로 이끄는 것은 어떤 하나의 공표가 아니라 오히려 그 반대로 너그럽지만 불안하기 그지없는, 아니 실은 우리가 생각하는 것보다 훨씬 더 불안하기 짝이 없는 이 도시가 내게 보낸, 갑작스럽게 이 강의에 몰려든 사람들을 보면서 내가 취할 수밖에 없는 방비책이다.[2] 나는 "철학이란 무엇인가"라는 강좌명 아래, 따라서 매우 학술적인 강의를 개설했다. 혹시 여러분 중 많은 이가 이 강좌명으로 인해 내가 전통적인 철학적 주제나 철학개론을 개괄적으로 단순하게 다룰 것이라고 기대했는지 모르겠다. 그러므로 나는 지금 여러분의 주의를 엉뚱한 곳으로 돌릴 수 있는 부적절한 요소들을 철저히 제거하려 한다. 내가 여러분에게 강의하려는 것은 철학개론 강의와는 정반대의 성격을 지닌다. 나는 이 강의에서 철학함이라는 행위 그 자체를 다룰 것이고 그것에 대한 근본적인 분석을 해나갈 것이다. 거짓말처럼 들릴지 모르겠지만 내가 알고 있는 한 이와 같은 분석은

---

2) "철학이란 무엇인가"라는 제목을 단 오르테가의 강의는 1929년 2월 27일자 ≪태양 *El sol*≫지에, 10주에 걸쳐 매주 수요일 개최될 것이고 첫 강의는 27일 오후 마드리드 대학교 철문학부 강의실에서 있을 예정이라고 최초로 공고가 되었다. 그러나 예상치 못한 엄청난 수의 청중이 몰려들자 오르테가는 자신의 강의에 관심을 가진 모든 청중을 수용할 수 있는 대형강의실을 찾을 때까지 강의를 연기하겠다고 공표했고 이 사실은 다음 날인 28일자 동 일간지에 보도되었다. 그러자 마드리드 대학교 총장과 의과대학 학장이 오르테가에게 대형강의실을 제공하겠다는 서신을 보냈고 그 결과 첫 강의는 3월초에 마드리드 대학본부 직할의 대형강의실에서 비로소 열리게 되었다.

지금까지 한번도 이루어지지 않았다. 아니면 적어도 우리가 지금 해나갈 정도의 수준에서는 행해지지 않았다는 것은 확실하다.

여러분도 짐작할 수 있듯이 이 작업은 일반적인 대중적 관심에 부합되는 것으로 간주되는 종류의 것이 아니다. 우리가 다루고자 하는 문제는 적어도 외견상으로는 가장 기술적으로 다루어져야 할, 철학자들에게만 어울릴 만한 것이다. 만일 우리가 우리의 연구를 계획한 대로 계속 진행한다면 우리는 보다 시사적이며 인간적인 주제와 만나게 될 것이다. 만일 우리가 철학이란 무엇인가라는, 철학자의 특별한 사명이란 무엇인가라는 문제를 심도 있게 연구한다면 우리는 어느 순간 갑자기 인간적인 것 중에서도 가장 인간적인, 온기 있고 생동감 넘치는 삶의 내부로 내려와 있음을 발견하게 될 것이다. 그리고 이곳에서 우리는 세상사의 다양한 문제들, 심지어는 침실에서 나누는 은밀한 문제들이 쾌활하게 우리를 추궁하고 있음을 알게 될 것이다. 왜냐하면 우리가 추구하고자 하는 것은 이와 같이 되어야 하며 나의 기술적 문제에 대한 기술적 발전이 엄격히 그것을 요구하고 있기 때문이다. 이는 결코 내가 문제들을 공표하거나 추구하거나 혹은 미리 사유하기 때문이 아니다. 내가 유일하게 공표하고자 하는 것은 우리의 탐구가 '초(超)기술적 문제에 대한 연구'라는 사실이다. 이렇게 해서 나는 위와 같은 문제들을 다룰 때 흔히 발생하는 어떠한 지적 어려움도 포기하지 않고 자유롭게 다룰 수 있을 것이다.

동시에 나는 여러분 모두가, 즉 철학적 훈련이 되어 있지 않은 사람들까지도 내 강의를 완벽히 이해할 수 있도록 최선의 노력을 경주할 것이다. 나는 언제나 명료함이야말로 철학자가 지녀야 할 예의라고 생각해 왔다. 더군다나 오늘날 철학자들이 견지해야 하는 이 명료함의 원칙은 철학이 다른 개별 학문들과는 달리 무엇보다도 모든 사람들에게 개방되어 있다는 사실에 커다란 명예를 부여한다. 이와는 대조적으로 개별 과학들은 자신들이 거둔 성과물을 자신들만이 알 수 있는 무시무시한 괴물과도 같은 용어로 폐쇄해 사람들이 호기심을 가지고 접근하는 것을 막는다. 나는 철학자들이 자신들이 추구하고자 하는 진리들을 탐구할 때 자기 자신들을 위해 방법론적 엄격함을 극단까지 밀고 가야 한다고 생각한다. 하지만 자신이 추구한 진리들을 대중에게 전달할 때는 몇몇 과학자들이 헤라클레스가 자신의 몸을 자랑하듯 자신들이 거둔 성과물을 대중에게 으스대면서 보여줄 때 느끼는 즐거움과 같은 어떤 냉소적 방법으로부터 벗어나야 한다고 믿는다.

그래서 나는 오늘날의 철학은 지난 세대의 철학과는 완연히 다른 것이라고 공언하는 바이다. 그런데 이렇게 말하는 것은 진리는 변한다는 사실, 즉 어제의 진리가 오늘엔 허위이고 이와 유사하게 오늘의 진리가 내일에는 별 소용이 없는 것임을 인정한다는 말이 된다. 이 말은 우리 고유의 진리가 지닌 가치를 미리 평가절하해 버리는 것이 아닐까? 회의주의에 관한 한 조잡하기 그지없지만 가장 일반적인 표현이 아그리파[3]가 말한, 견해들 간의 불협화음(τὸν ἀπὸ τῆς δια φωνίας τῶν δοξῶν)이란 것이다. 진리에 대한 견해들의 다양함과 변화, 그리고 상이하면서도 명백히 모순되는 교리들에 대한 집착은 필히 회의를 가져온다. 그러므로 지금부터 우선 이 유명한 회의주의에 대해 살펴보자.

여러분은 적어도 한 번 이상은 진리들에 발생한 기이한 모험에 대해 반드시 심사숙고해 볼 것이다. 중력의 법칙을 예로 들어보자. 이

---

3) Agrippa(?~?) : 1~2세기에 활동한 그리스의 회의주의 철학자. 회의를 위한 5개조가 유명하다. ① 같은 문제에 대한 의견 불일치의 사실, ② 증명의 전제가 증명을 요하는 무한후퇴, ③ 모든 것의 상대성, ④ 원리로 여겨지는 것의 임의 가정성, ⑤ 증명의 전제가 그 결론에서 도출되는 순환성.

법칙이 진리인 이상 항상 존재했다는 사실에는 어떠한 의심도 제기될 수 없다. 즉 어느 정도 중량이 있는 물질이나 유기체가 이 지상에 존재하기 시작한 이래 이들이 중력의 법칙에 지배를 받아왔다는 것은 확실하다. 그럼에도 불구하고 이 법칙은 영국의 한 과학자가 17세기 어느 화창한 날 그것을 발견할 때까지 묻혀 있었다. 반대로 어느 화창한 날 사람들이 이 법칙을 완전히 잊어버리는 것도 가능한 일이다. 이 법칙에 대해 새로운 논의를 개진하거나 수정하기 위해서가 아니라 ——이 법칙은 워낙 명확한 진리기에 —— 정말 단순히 이것을 잊어버리고 뉴턴 이전의 상태, 즉 이것에 대해 어떤 의문도 지니지 않은 순수 백지 상태로 돌아가는 것이 충분히 가능할 것이라고 우리는 상정할 수 있다.

이 사실은 진리에 매우 흥미로운 두 가지 조건을 부여한다. 진리들 그 자체는 어떤 변형이나 변화 없이 영원히 선재(先在)한다. 그런데 시간에 종속되어 있는 인간이 이 진리들을 발견하면 이것들은 곧 역사적 양상을 띠게 된다. 즉 이것들은 어느 날 우연히 발견되어 세상에 출현할 것이고 그 후 또 다른 어느 날에는 연기처럼 사라져버릴 것이다. 이러한 일시성이 물론 진리들 그 자체에 영향을 미치는 것은 아니다. 단지 인간의 정신 속에 각인되어 있는 그것들의 현전에 영향을 미치는 것이다. 시간 속에서 진정 변화가 발생한 것은 우리의 심리적 행위, 말하자면 진리들을 사유함에 있어 근간이 되는 정신적 행동이다. 이것은 하나의 실재 사건이자 순간의 연속 속에서 발생한 실질적인 변화이다. 우리가 진리들을 알게 되고 또 망각하는 것은 엄밀히 말해 어떤 역사성을 지닌다고 할 수 있다. 그런데 일시적이며 허망한 이 현실, 덧없기 그지없는 세계 속에서 우리는 사유를 통해 영원하며 초시간적인 어떤 것을 소유하게 되는데 이것은 진정 신비롭고 우리의 관심을 끌 만한 사실이다. 그러므로 사유는 대립되는 두 개의 세계가 합치되는 지점이다. 2+2=4라는 사실은 우리의 지적 행위가 이 사실을 계속 수용하는 한 지속될 것이다. 하지만 아무리 이와 같이 말한다고 하더라도, 즉 "진리들은 영원히 진리이다."라고 말하는 것은 적절한 표현이 아니다. 언제나 존재한다는 것, 영원히 존재한다는 것은 일련의 시간적 연속성 속에서의 어떤 사물의 영속, 하루살이의 삶과 같은 무제한적 지속을 의미한다. 또 지속한다는 것은 시간의 격류 속에, 어느 정도 시간의 영향을 받으면서 침잠해 있는 상태이다.

그런데 진리들은 영원하지도 일시적이지도 않을 뿐 아니라 시간의 강에 몸을 담그지 않는, 어떠한 시간적 속성도 가지지 않는 그러한 것이다. 라이프니츠(Leibniz)는 이것들을 "영원한 진리들(vérités éternelles)"이라고 표현했는데 내가 보기에는 그리 적절한 표현이 아니다. 우리는 여기에 대해서 나중에 그 근본적인 이유를 살펴볼 것이다. 무한성이란 것이 시간 자체의 총체성과 같은 지속이라고 한다면 영원성은 시간이 시작되기 이전에도 시간이 종결되는 이후에도 존재하는, 그러면서도 그 자체 내에 능동적으로 모든 시간을 포함하는 하나의 초지속이다. 이와 같은 특질로 인해 지속은 그것이 무효화되는 순간에도 유지된다. 즉 영원한 존재는 무한대의 시간을 산다. 이것은 곧 무한대의 시간이라는 단 한순간을 산다는 의미이다. 말하자면 이것은 삶을 지속하는 것이 아니라 끝이 존재하지 않는 삶을, 동시에 그리고 완벽하게, 총체적으로 소유한다는 의미이다. 이것은 보이티우스[4]가 영원성에 대해 적절하게 정의 내린 "끝없는 삶의 총체적이며 완벽한 소유(interminabilis vitae tota simul et perfecta possessio)"에 다름

---

4) Boethius(475?~524): 최초의 스콜라 학자로 평가받는 로마의 철학자이자 신학자이자 정치가.

아니다.

그런데 진리들과 시간의 관계는 긍정적이기보다는 부정적이다. 이 말은 진리들이 시간과 어떤 관계도 맺고 있지 않다는 단순한 사실이 아니라 진리들은 완벽하게 모든 시간적 특질들과 격리되어 있으며 비시간성을 철저히 유지한다는 의미이다. 따라서 진리들이 언제나 진리라고 말하는 것은 엄격히 말해 라이프니츠가 다른 목적을 위해 사용했던 유명한 예인 "녹색 정의"라고 말하는 것보다 더 부적절하다. 정의의 이상적 형태는 '푸름'의 요소를 걸어놓을 만한 곳에 그 어떠한 표식도 틈새도 남기지 않는다. 또한 우리가 '푸름'이라는 속성을 정의의 형태에 삽입하려고 하면 할수록 이 속성은 마치 매끄러운 표면 위에서처럼 '정의'라는 표면 위에서 미끄러져 내릴 것이다. 정의와 푸름이라는 두 개념을 융합하려는 우리의 기도는 좌절되고, 또한 아무리 우리가 이 두 개념에 대해 동시에 말하려고 해도 이것들은 어떤 결합의 가능성 없이 완고하게 분리되어 있다.

따라서 진리들의 구성적 특질인 비시간적 존재 방식과, 진리들을 발견하고 그것들을 사유하는 인간 주체의 특질인 시간적 존재 방식 간에 놓여 있는 이질성보다 더한 이질성은 이 세상에 존재하지 않는다고 말할 수 있다.(사유하고, 인식하고, 무시하고, 다시 사유하고, 망각하는.) 그런데 우리가 "진리들은 언제나 진리"라고 말하는 까닭은 이것이 틀린 결과를 가져오지는 않기 때문이다. 이것은 순진한, 그리고 편하게 저지를 수 있는 실수이다. 바로 이 실수로 인해 우리는 관습적으로 세계 내에 존재하는 사물을 바라보는 시간적 조망 아래에서 진리들이 자신들을 향유하고 있는 기이한 존재 방식을 목도하는 것이다. 결국 영원한 존재라고 말하는 것은 곧 시간의 변화로부터의 독립성과 비소멸성을 의미한다고 할 수 있다. 그러므로 영원한 존재란 시간성의 범위 내에서는 순수한 비시간성에 가장 근접해 있는 비시간성의 유사 형태(species quaedam aeternitatis)이다.

그래서 진리들을 이데아로 명명한 플라톤은 시간적 세계의 외부에 진리를 위치시키기 위해 초현실적인 유사 공간인 초천계(ὑπερουρανος τόπος)를 고안해 내었다. 플라톤의 개념은 물론 많은 문제점을 지니고 있다. 하지만 하나의 이미지로서는 상당히 유익한 개념이었다는 것을 우리는 인정할 필요가 있다. 플라톤은 우리가 존재하는 시간적 세계를 시간과는 무관하면서 비시간적 진리들이 존재하는, 우리 세계와는 상이한 실체론적 대기를 가지는 세계에 둘러싸여 있는 것으로 제시한다. 하지만 어느 한순간, 중력의 법칙과 같은 초세계에 존재하고 있던 진리들 중의 하나가 어떤 갈라진 틈을 통해 우리 세계로 스며든다는 사실에 여러분은 주목하기 바란다. 이 사유의 운석은 신의 존재를 믿는 모든 종교의 기저에서 요동치는 신의 재림과 하강의 이미지로 인간적이며 역사적인 내세계(內世界, intramundo)로 투척된다.

그런데 초세계에 존재하던 진리가 우리 세계로 하강하는 것 혹은 스며든다는 사실은 매우 엄밀하면서도 함축적인 문제를 우리에게 던져준다. 부끄러운 일이지만 우리 인간들은 아직도 이 문제에 대한 해답을 찾지 못하고 있다. 진리가 우리 세계로 스며들 때 통로로 이용한 갈라진 틈은 바로 다름 아닌 인간의 정신이다. 그렇다면 왜 어떤 특정한 진리는, 만일 이것이 다른 진리들과 마찬가지로 시간과는 무관하게 선재하고 있었다면, 어떤 특정한 인간에 의해 특정한 날에 감지되었는가? 왜 이전에는 사유되지 않았고 이후에도 사유되지 않는가? 왜 다른 사람은 그것을 발견하지 못했는가? 명백히 이것은 한 인간에 의해 발견된 진리의 형상과 진리의 하강 통로인, 인간 주체가 지닌 정신의 형태 간의 유사성에 관한 문제이다. 어떤 사건이 발생하기 위해서는 반드시 원인이 존재하기 마련이다.

만일 뉴턴에 이르러서야 비로소 중력의 법칙이 발견되었다고 한다면 뉴턴이라는 한 개인과 중력의 법칙 간에 어떠한 유사성이 존재했다는 것은 명백한 사실이다. 그렇다면 이 유사성은 어떤 종류의 유사성인가? 이것은 하나의 친화성인가? 나는 이 문제를 간략하게 짚고 넘어가는 대신 이것이 지닌 불가사의한 면을 강조하고자 한다. 어떻게 한 인간이 어떤 진리, 예를 들어 기하학적 진리 혹은 그 어떤 형태의 진리와 닮을 수 있는가? 피타고라스가 피타고라스의 정리와 무엇이 닮았는가? 피타고라스의 정리를 막 배운 어린 학생들은 무의식적으로 이 정리와 이 정리를 발견한 사람을 연관시키려는 경향을 보이면서 농담조로 이 정리는 피타고라스가 입던 바지와 닮았다고 말할지도 모른다. 그런데 문제는 유감스럽게도 피타고라스는 반바지를 입지 않았다는 점이다. 피타고라스 시대에 반바지를 착용했던 사람들은 피타고라스 정리와는 전혀 무관한 스키타이인들이었다.

　우리는 여기서 처음으로 우리 시대의 철학과 지난 몇 세기 동안을 지배했던 철학을 구분해 주는 근원적 차이점을 발견하게 된다. 이 차이점은 우리로 하여금 근본적인 사유를 하게 하는데, 그 무엇을 보고 상상하고 사유하는 주체와, 주체에 의해 보여지고 상상되고 사유되는 것 사이에는 어떠한 유사성도 없다는 사실이다. 유사성과는 정반대로 주체와 대상 간에는 태생적인 차이가 존재한다. 내가 히말라야 산맥에 대해 생각할 때 생각함의 주체인 나와 생각함이라는 나의 행위는 히말라야 산맥과 그 어떤 면에서도 유사한 데가 없다. 히말라야 산은 광활한 장소를 차지하고 있는 하나의 산인 반면 그 산에 대한 나의 사유는 산과는 어떠한 연관도 없을 뿐더러 그 어떤 장소도 차지하고 있지 않다. 히말라야 산맥 대신 18이라는 숫자에 대해 생각할 때도 마찬가지이다. 나, 나의 의식, 나의 정신, 나의 주관성, 혹은 여러분들이 그 무엇이라고 명명하든 간에 이들 속에서 나는 18이라고 하는 그 어떤 것도 발견하지 못할 것이다. 더군다나 18이라는 단위를 사유하는 나의 행위는 그 자체가 유일한 것이라고 우리는 말할 수 있을 것이다. 여기엔 그 어떤 유사성도 없다. 이것은 명백하게 이질적인 실체들인 것이다.

그런데 역사의 본질적인 과제는, 이것이 장차 진정한 학문이 되고자 한다면, 어떻게 특정한 철학 혹은 특정한 정치체계가 특정한 시기를 살았던 특정한 유형의 인간들에 의해 발견되고 발전되고, 존재했는지를 밝혀내는 것이다. 다양한 종류의 철학들 중 왜 유일하게 비판철학만이 칸트의 영혼 속에 내재하고 있다가 실현되었는가? 이것을 이해하기 위해서 우리는 각각 다른 유형의 객관적 관념들과 여기에 상응하는 주관적 정신 상태, 즉 관념을 사유할 능력을 지닌 인간의 유형들을 대비시키는 어떤 대차대조표를 작성할 필요가 있지 않을까?

여러분은 여기서 지난 팔십여 년 동안 사유의 발전을 저해했던 사소한 잘못을 반복하지 말기 바란다. 그런데 또한 이 말을 '근원적 상대주의를 내포하고 있고, 그래서 각각의 진리는 단지 특정 주체에게 있어서만 진리이다'라고 해석하지도 말기 바란다. 하나의 진리가, 만일 그것이 진정한 진리라면, 모든 사람들에게 있어 진리라는 것과 단 한두 사람만이 특정한 어느 시기에 이 진리를 인식하고 그것을 따르는 것은 완전히 다른 사실이다. 이렇게 두 가지 사실은 상이하기 때문에 우리는 이것들을 접합하고 조화롭게 할 필요가 있다. 진리의 절대적 가치가 인간의 역사가 보여주는 수없는 견해의 변화와는 양립 불가능한 것처럼 보이는 사유의 불명예스러운 상황을 극복하면서 말이다.

따라서 우리는 사유의 변화들을, 과거에 진리였던 것을 오늘날 하나의 오류로 전환시키는 변화로서가 아니라 인간으로 하여금 과거의 진리와는 다른 진리를 인식하게 하는 지향성의 변화로 인식해야 할 것이다. 진리의 변화를 가져오는 것은 진리들 자체가 아니라 인간이며 인간이 진리를 변화시키기에, 우리는 일련의 진리들을 검토하고, 이전에 우리가 언급한 초세계에 존재하던 진리들 중 나머지 진리들에 대해서는 장님이 된 채 자신에게 적합한 것 하나를 선택한다. 이것이야말로 역사의 근본적인 선험성이라는 사실을 여러분들은 주목하기 바란다. 이러한 것이 바로 인간의 역사라는 것이 아닐까?

역사가 연구하고자 하는 시간 속에서의 변화의 주체인 소위 인간이라고 불리는 이 존재는 과연 무엇인가? 인간을 정의한다는 것은 쉬운 일이 아니다. 인간이라는 종들 간에는 엄청난 차이가 있다. 한 역사가가 인간에 관한 연구를 시작할 때 이 차이가 크면 클수록, 또 인간에 대한 개념의 폭이 좁으면 좁을수록 이 연구는 보다 심오하고 정확한 것이 될 것이다. 칸트도 인간이고 뉴기니의 피그미족도 인간이며 네안데르탈인도 인간이다. 따라서 양 극단의 인간 종들 사이에는 최소한의 공통적인 요소가 존재해야 하고, 또한 우리가 인간성이라고 부여한 경계는 인간을 규정하기 위해 어떤 불가항력적인 제한선을 가져야 할 것이다.

고대 및 중세인들은 엄밀히 말해서 부끄럽기 짝이 없지만 아직도 극복되지 않은, 인간에 대한 최소한의 정의, 즉 인간은 이성적 동물이라는 정의를 지니고 있었다. 우리는 여기에 전적으로 동의한다. 그런데 문제는 동물이란 무엇이고 이성적이란 무엇인가를 명백하게 인식한다는 것이 그리 단순하지 않다는 점이다. 그러므로 우리는 역사적 유용성을 고려해 다음과 같이 인간을 정의하고자 한다. 인간이란 의미를 지니고 사유하는 모든 생명체이며 그리하여 우리는 이 사유들을 이해할 수 있다고 말이다. 인간에 대한 역사의 최소 가정은 인간이란 그가 한 말을 타인이 이해할 수 있는 존재라는 점이다. 그렇다면 어떤 사물이나 존재는 진리적 차원을 소유하고 있어야만 비로소 이해될 수 있다고 우리는 말할 수 있다. 절대적 오류는 이와 같지는 않을 것이다. 왜냐하면 우리는 이 오류를 절대 이해하지 못할 것이기 때문이다. 그러므로 역사에 대한 심오한 가정은 근원적 상대주의와는 정반대의 양상을 띤다. 원시인을 연구하는 데 있어 역사는 원시인의 문화가 어떤 의미나 진리를 가지고 있었고, 또한 현재에도 이 의미와 진리를 보존하고 있으리라고 가정한다. 처음으로 원시인들을 접했을 때 그들의 행동과 사유가 그렇게도 불합리하고 우습게 보이는 까닭은 무엇인가? 역사란 이렇게 비이성적인 행동과 사고양식에서 이성을 발견해 내는 제2의 시각이라고 할 수 있다.

이렇듯 역사는 그 시대가 어떤 시대이건 간에, 심지어는 원시시대라 할지라도, 그 시대를 살아간 인간들에 대한 이해 없이는 역사라고 할 수 없으며 역사 본연의 사명을 이룰 수 없다. 그런데 만일 한 시대를 살아간 인간이 의미 없는 삶을 영위했다고 한다면, 그래서 그의 사유와 행위가 이성적 구조를 지니고 있지 않다면 역사는 인간을 이해할 수 없을 것이다. 그러므로 역사는 모든 시대를 정당화할 책무를 지니고 있고 상대주의로 환원될 위험으로부터 멀어지는 것이다. 즉 역사가 인간이 지닌 견해의 변화를 우리에게 보여줄 때 이것은 상대주의로 전락할 수 있는 것처럼 보이지만 각 인간이 취하고 있는 상대적 위치에 모든 의미를 부여하고 또한 각 시대가 영위했던 불변의 진리를 우리에게 밝혀주기에 본질적으로 역사는 상대주의 내에 존재하는 인간의 초상대적 운명, 혹은 불변의 운명 속에 내재하는 신념과 양립 불가능한 그 모든 것을 극복한다. 이렇듯 매우 구체적인 이유로 나는 철학이라고 하는 영원불변한 것에 대한 호기심과 역사라고 하는 현실 가변적인 것에 대한 호기심이 우리 시대에 인류 역사상 처음으로 서로 융합되기를 희망한다.

데카르트의 관점에서 인간은 불변의 순수한 이성적 존재이다. 따라서 그에게 역사란 인간 속에 내재하고 있는 비인간적인 것의 역사이며, 결국 인간을 끊임없이 비이성적인 존재로 되게끔 하는, 그래서 인간을 인간 이하의 모험 속으로 추락하게끔 하는 원죄적 의지로 귀결된다. 18세기와 마찬가지로 데카르트 역시 역사란 긍정적 요소가 전혀 없는, 인간이 끊임없이 저지르는 일련의 오류와 과실을 형상화하는 것으로 본 것이다.

한편 19세기의 역사주의와 실증주의는 각 시대가 지닌 상대적 가치를 옹호하기 위해 역사 전체가 지니고 있는 가치를 무시해 버렸다. 일시적인 것과 영원한 것이라는 두 차원을 합치시키려는 우리의 현대적 감성 상태를 파괴하려는 의도는 전혀 소용 없는 것이다. 이 둘을 융합하는 것이 현 세대가 지닌 중요한 철학적 과제이다. 이 과제를 해결하기 위해 나는 명칭 붙이기를 좋아하는 독일 철학으로부터 배운 '원근법주의(perspectivismo)'를 한 방법론으로 이용하고자 했다.[5]

---

5) 내 저작들에서 사용했던 '원근법주의'에 대해 지금 이 강의에서는 설명하지 않겠다. 대신 앞으로 진행될 강의에서 나는 우리가 현대 철학에서 발견할 수 있는 새로운 정신적 성향이 무엇인지를 여러분에게 밝히고자 한다.(원주)

오르테가 인식론의 핵심 개념인 원근법주의는 원래 기하학과 광학 용어였지만 오늘날에는 회화에서 자주 쓰이는 개념으로, 인간의 눈으로 보는 3차원의 물체와 공간 관계를 규격화된 2차원의 평면 혹은 실제보다 얄팍한 판면에 도식적으로 묘사하는 기법을 말한다. 니체에 의해 인식론의 방법으로서 정립된 이 원근법주의는 세계의 중심을 사유하는 주체로 상정하고 존재 일반의 원리를 이성으로 규명해, 사유하는 주체의 이성이 육체적 감각 인식의 한계를 초월해 초자연적이고 항구적이며 보편타당한 진리를 파악할 수 있다고 보는 이성주의적 전통에 대립되는 인식론으로 자리 매김을 했다. 감각된 지각세계 속에서 인식 가능성을 발견하며 관점주의적 경향을 띠는 원근법주의는 일면 상대주의나 회의론과 유사한 면이 없지 않다. 그러나 원근법주의와 상대주의 혹은 회의론은 지향점의 설정이라는 측면에서 근본적으로 구분된다. 즉 상대주의와 회의론은 대상을 바라보는 인간의 시각 혹은 관점마저 부정하지만, 원근법주의는 상대주의와

16

1840년부터 1900년에 이르는 기간은 철학에 가장 비호의적이었던 시기 중 하나라고 말할 수 있다. 이 시기는 반(反)철학적 시대였다. 만일 철학이 본질적으로 소멸될 수 있는 종류의 것이었다면 이 시기에 철학은 완전히 사라져버렸을 것이라는 데 의문의 여지가 없다. 그러나 인간의 정신에서 철학적 차원을 제거한다는 것은 불가능한 일이기에 반철학적 시대였던 이 시기에 철학은 최소한으로 축소되었다. 그러므로 지금 우리는 이렇게 최소한으로 축소된 철학을 철학 본연의 모습 그대로 복원시키기 위한, 즉 최대한으로 철학을 확대하기 위한 전면전에 참전하고 있는 것이다. 물론 이 전쟁은 매우 고난한 전쟁이 될 것이다.

어떻게 이와 같은 철학의 축소, 철학적 실체의 왜소화가 발생했는가? 다음 강의에서는 이와 유사한 사실들에서의 일련의 다양한 원인들을 살펴볼 것이다.

회의론의 관점주의를 수용하고 사물을 인식하는 인간의 입각점, 즉 인식 주체의 지각 행위의 존재를 인정하면서 하나의 거대진리를 지향한다. 그러므로 원근법주의는 개인의 관점을 상대적으로 보는 동시에 이것이 일방적으로 고정화되는 것을 지양하면서 전체적인 현상에 대한 시각을 자유롭게 해준다. 오르테가는 어떤 인식이 독단으로 흐르는 것을 배격하며 실체에 대한 파악과 이를 통한 진리 도달에 있어 다양한 가능성을 제시해 주는 원근법주의를 자신이 전개하는 인식론의 핵으로 수용해 근대 합리론을 극복하는 도구로 사용한다.

2강
철학의 축소와 확대, 세대라는 드라마,
물리학의 제국주의, 실용주의

　그렇게 화급을 다투는 일도 아니고 지금 여러분에게 밝히고 싶지 않은 몇 가지 외부적 사정으로 인해 나는 마드리드 대학교에서 시작한 공개강의를 중단하지 않으면 안 되었다.[1] 나는 이 강의를 단지 지적 허영을 충족시키는 하나의 장식품으로서가 아니라 매우 흥미로운 새로운 사상들을 탐구하고자 하는 진지한 열망으로 시작했기에 결코 강의를 중단하거나 별 내실 없는 부실한 강의를 해선 안 된다고 생각했고, 그래서 지금 이곳에 여러분들과 함께 있는 것이다.

---

1) 오르테가의 첫 공개강의가 열린 뒤 일주일 후 프리모 데 리베라 독재정권은 반정부운동의 중심 역할을 하던 마드리드 대학교에 1930년 10월까지 휴교령을 내렸다. 그리고 이 휴교령은 곧 바르셀로나와 발렌시아 등 전국 각 대학으로 확대되었다. 이로 인해 오르테가는 정교수직을 박탈당했고 또한 본 강의도 중단되었다. 하지만 자신의 강의에 큰 애정을 가지고 있던 오르테가는 장소를 레스(Rex) 극장으로 옮겨 4월 9일부터 강의를 재개했다. 그 후 이 강의는, 2강부터 5강까지는 레스 극장에서, 그리고 6강부터는 다시 장소를 옮겨 베아트리스 공주(Infanta Beatriz) 극장에서 계속되었다.

여러분 대부분이 지난 첫 강의를 들었기에 그때 이야기했던 것들을 되풀이할 필요는 없을 것 같다. 대신 두 가지 핵심적인 문제들을 여러분에게 상기시키고자 한다.

첫째, 이 강의가 "철학이란 무엇인가"라는 강좌명을 달고 있다고 할지라도 나는 결코 철학개론 강의를 하는 것이 아니라 오히려 그 반대로 철학의 전체, 철학 그 자체에 대해 강의할 것이며, 따라서 철학에 대한 엄밀한 분석을 수행할 것이다. 왜 인간세계에는 철학자라는 기묘한 동물이 존재하는가? 왜 인간의 사유에는 우리가 흔히 '철학'이라고 부르는 것이 존재하는가? 여러분이 알 수 있듯이 이 문제는 대중적이며 일반적인 문제가 아니라 전문성을 요구하는 성격의 문제이다. 따라서 여러분들은 이 강의가 비록 공개강좌라고 할지라도 학문적 성격이 강한 대학 강의임을 명심해야 할 것이다. 나는 여러분에게 우리가 항해해 나갈 길을 상세하게 알려줌으로써 위와 같은 유사한 문제들을 탐구할 때 종종 우리가 직면하곤 하는 난해한 개념들에 대한 설명을 별 어려움 없이 할 수 있을 것이다. 이미 앞에서 여러분에게 말한 바와 같이 명석판명함이란 곧 철학자가 갖추어야 할 기본적인 예의라고 생각하기에 나는 여러분 모두가 나의 강의를 완벽하게 이해할 수 있도록 노력할 의무가 있다. 그런데 이 문제는 매우 전문적인 문제, 아니 전문적인 것을 넘어선 문제이기에 우리는 이 문제보다 접근하기 용이한 보다 덜 전문적인 문제, 즉 '우리의 삶'이란, 우리의 일상적인 삶이란 무엇인지를 삶이란 단어가 지닌 일차적이며 직접적인 의미 속에서 분석하고 정의를 내리는 작업을 수행해야 할 것이다. 우리가 막연하게 일상적인 삶, 혹은 삶의 일상성이라 부르는 이것이야말로 실은 가장 정밀하게 분석하고 정의를 내려야 하는 문제 중의 하나이다.

둘째, 지난 강의에서도 말했듯이 철학에 있어서는 직선도로만이 지름길이 아니라는 사실이다. 중요한 철학적 문제들은 유대인들이 예리고 성을 공략할 때 채택했던 전술대로 우리에게 던져진 문제들을 둥글게 포위한 후 그 중심부를 향해 반경을 은밀히 좁혀 들어갈 때 비로소 정복될 것이다. 따라서 우리가 다룰 모든 문제들은 표면상으로는 비록 문학적 문제의 양상을 띤다고 할지라도 우리가 이것들을 포위하고 반경을 좁혀 들어가면 그 속에서 여러 번 반복해서 출현하게 될 것이다. 여러분들은 종종 어느 날, 단지 순수한 문구 혹은 수사적 장식에 불과했던 것이 다음 날에는 난해하면서도 진중한 문제의 형태로 등장한다는 사실을 발견할 것이다.

　지난 강의에서 나는 19세기 후반 이래 육십 년 동안은 철학에 가장 비호의적이었던 시기 중의 하나라고 말했다. 확실히 이 기간은 반철학적인 시대였다. 만일 철학이 완전하게 소멸될 수 있는 그 무엇이라고 한다면 이 기간 동안 철학은 철저히 소멸되고 말았을 것이다. 하지만 문화에 한번 눈을 뜬 인간의 정신세계에서 철학적 차원을 제거한다는 것은 불가능한 일이기에 19세기 반철학적 시대에 철학은 최소한도로 축소되었다. 하지만 오늘날의 철학자들은 철학이라는 망망대해로 새롭게 항해하려는 열정을 안고 철학 연구를 수행하려는 경향을 보이고 있다. 즉 오늘날의 철학자들은 철학 본연의 상태에 대한 연구를 통해 철학을 최대한으로 확대하려고 한다. 최근 삼십 년 동안 철학 연구에 임하는 철학자들의 자세는 지난 세기말 철학자들의 그것과는 확연히 구분된다. 그런데 이 말은 철학의 이론적 내용이 지난 1900년대 초와 다르다는 것이 아니라, 오늘날의 철학자들은 철학 이론을 형성하기 전 자신의 연구를 수행할 때 이전의 철학자들이 그들 내면에 가지고 있었던 연구 경향과는 판이하게 다른 경향을 보여준다는 말이다.

　따라서 이러한 변화에 대해 우리가 다음과 같은 질문을 던지는 것은 당연한 일이다. 지난 시기에는 어떻게 철학의 축소와 철학적 정신의 위축이 야기되었는가? 또 오늘날 철학자들이 이렇게 위축된 철학적 정신을 다시 확대하고 이것에 대한 신념을 회복하기 위해 공격적이라고 할 정도의 적극적인 자세로 철학 연구에 임하게 된 데에는 어떤 연유가 있을까? 우리는 19세기 후반과 오늘날의 유럽인들의 의식구조를 규명함으로써 이 두 가지 질문에 대한 해답을 찾을 수 있을 것이다. 인간 영혼의 내면에서 발생하는 잠재적이고 신비한 변화에 대한 설명 없이 역사의 표면 위에 나타난 명백히 가시적인 변화들에 대해서만 설명을 한다면 이것은 수박 겉 핥기 식의 피상적인 것에 불과할 것이다. 위에서 우리가 던진 두 가지 질문을 해결하기 위해 내가 지금부터 설명하려는 것은 우리들이 탐구하고자 하는 논지의 제한적 목적을 위해서는 충분할 것이다. 그런데 우리는 이 문제에 대한 나의 설명이 매우 불충분하다는 것, 말하자면 나의 설명은 역사적 사실에서 그 깊이를 제거하고 역사적 과정을 단지 이차원적 평면 위에 둔다는 한계를 지니고 있다는 것을 명심해야만 이것이 어느 정도의 효력을 지닐 수 있을 것이다.

우리는 다음과 같은 질문을 던질 수 있다. 왜 시대는 변하는가? 왜 우리는 백 년 전 사람들처럼 느끼고 생각하지 않는가? 왜 인류는 항상 동일한, 변하지 않는 사상과 행동의 목록대로 조용히 살지 않고 어제로부터 오늘을 탈출시키고, 자신의 마음이나 자기가 애용하는 모자를 끊임없이 바꾸면서 항상 불안한 상태로 방황하고 자기 자신에게 불충실한가? 말하자면 왜 역사는 존재하는가와 같은 그러한 질문들을 우리는 상상할 수 있다. 이러한 질문들은 매우 광범위하며 해결하기 어려운 것들이다. 철학적, 정치적, 예술적 사유양식의 변화가 왜 발생했는지에 대한 의문을 진지하게 제기하는 것 역시 위의 질문들처럼 난해하기 그지없는 것이다. 나는 여러분에게 이렇게 수준 높은 질문 앞에서 기가 꺾일 필요는 없다고 말하고 싶다. 하지만 역사가들이 현재까지 이 역사적 변화의 가장 근원적인 원인을 탐구하지 않았다는 사실은 여러분에게 필히 밝히고 싶다.

바다 풍경을 주로 그리는 한 화가가 주홍색 물감이 묻은 붓을 씻기 위해 대서양에 그것을 담갔다고 해서 푸른색 바닷빛이 변하지 않는 것처럼 몇몇 사람이 새로운 관념이나 새로운 감성을 창안했다고 해서 역사의 형상이나 시대의 색조가 변하는 것은 아니다. 그러나 거대한 대중 집단이 이 새로운 관념을 흡입하고 새로운 감성에 열광한다면 역사의 영역 혹은 시대의 얼굴은 새로운 색으로 채색될 것이다. 그러나 대중은 단지 그들에게 설교된다는 이유만으로 새로운 관념을 흡입하고 새로운 감성에 환호하지는 않는다. 이 관념과 감성은 대중 속에 태생적으로 기재(旣在)하고 있으며 그것의 형상 역시 이미 결정되어 있는 것이다. 만일 대중에게 이렇게 근본적이며 자발적인 경향이 없다면 모든 설교자들은 사막에서 홀로 절규하는 것에 다름 아닐 것이다.

따라서 역사적 변화는 이전에 존재했던 인간 유형과는 어느 정도 구별되는 새로운 인간형의 탄생을 전제로 한다. 즉 역사적 변화는 세대의 변화를 전제로 하는 것이다. 수년 전부터 나는 역사가들에게 역사에 있어 세대의 개념이야말로 가장 중요한 요소라고 누누이 강조해 왔다. 현재 새로운 역사 개념으로 무장한 새로운 세대의 역사가들이 분명 탄생되고 있다. 왜냐하면 내가 위에서 언급한 새로운 역사 개념들이 독일에서 나오고 있는 것을 우리는 목도하고 있기 때문이다.[2]

---

2) 로렌츠(Lorenz), 하르나크(Harnack), 딜타이(Dilthey) 등이 그들이 생존했던 당시 자신들의 저작을 통해 '세대 개념'에 대해 언급했다. 그런데 내가 나의 저서들에서 논했던 방식처럼 세대 개념을 가장 근본적인 차원에서 다루고 있는 책

세계 내에서 어떤 중요한 변화가 있기 위해서는 남성과 여성, 즉 모든 인간의 유형 변화가 필수적이다. 또한 기성세대와는 구별되는 새로운 감수성을 지닌, 자신들 간에는 동질성을 지닌 아이들 집단의 출현이 필수적이다. 이렇듯 동질성을 지닌 인간 집단이 바로 세대이며 박물학자들의 용어를 빌리면 엄밀한 의미에서 인간 변종(variedad humana)이다. 인간들은 앞선 세대와는 구분되는, 그들에게 공통적 특성을 부여하는 어떤 전형적인 성격, 성향 및 취향을 가지고 세계에 출몰한다.

세대에 대한 위와 같은 생각은 아직 연구된 바는 없지만 기본적인 사실, 즉 역사를 구성하는 각 시대에는 단지 한 세대만이 존재하는 것이 아니라 청소년, 성년, 노년 등의 세 세대가 공존한다는 이 사실에 급격한 에너지와 극적인 추진력을 제공해 준다. 이것은 모든 역사적 현실, 모든 '오늘'은 엄격히 말해 세 개의 상이한 시간, 세 개의 다른 '오늘'을 포함하고 있다는 것을 의미한다. 환언하면 현재는 생동하는 세 개의 거대한 차원을 포함하고 있는 풍요로운 역사적 시간인 것이다. 이렇게 세 세대는 현재라는 시간 속에 공존하면서 그들이 싫어하건 좋아하건 간에 서로 밀접하게 연결되어 있고, 또한 각 세대는 상이한 감성을 소유하고 있기에 본질적으로 서로 간에 적대적 감정을 품는다. '오늘'이라는 시간은 어떤 이들에게는 20세를, 다른 어떤 이들에게는 40세를, 또 다른 어떤 이들에게는 60세를 의미한다. 이렇듯 완연하게 구분되는 세 개의 삶의 방식이 동일한 '오늘'

은 핀더(Pinder)의 『세대에 관한 문제 *Das Ploblem der Generationen*』(2판, 1928년)이다.(원주)

 오르테가의 역사적 개념으로서의 세대에 관한 문제에 대해선 저자의 『우리 시대의 주제 *El tema de nuestro tiempo*』와 『갈릴레오에 대해 *En torno a Galileo*』를 보시오.(편집자주)

을 구성해야 하기에 역동적인 드라마와 갈등이 발생하고 역사적 질료뿐만 아니라 현재 공존하는 모든 것의 배경이 되는 충돌이 발생하는 것이다.

이 사실을 통해 우리는 한 시대의 표면적인 명료함 속에 감추어져 있던 착오를 발견할 수 있다. 우리는 1929년은 하나의 단일한 시대라고 생각한다. 그러나 1929년이란 숫자는 세 세대를 동시에 포함하고 있고 또 각 세대가 지닌 상이한 세 개의 의미를 삼중으로 포괄하고 있다. 1929년이란 결국 상이한 세 세대가 존재하는 역사적 시간의 단위이다. 우리 모두는 동시대인들이며 동일한 시간대와 분위기 속에서 삶을 영위하고 있다. 그러나 우리 각자는 서로 다른 시간대 속에서 자기 자신을 형성한다. 이 시간대 속에서는 오직 동년배들끼리만이 서로 일치할 뿐이다. 동시대인들이 곧 동년배는 아니다. 우리는 역사에 있어 동시대인과 동년배를 구분할 필요가 있다.[3]

동일한 외적, 연대기적 시간 속에서 세 세대는 함께 기거하면서 세 개의 상이한 삶의 시간을 영위한다. 이것이 내가 자주 언급하는 '역사의 본질적 시대착오'이다. 역사는 이 내적 불균형으로 인해 움직이고, 변화하고, 굴러가고, 흘러간다. 만일 모든 동시대인들이 동년배라고 한다면 역사는 모든 근본적인 혁신의 가능성을 상실한 채 결정적인 행위를 할 때 우리 몸이 굳어지는 것처럼 그렇게 정지되어 화석화될 것이다.

언젠가 나는 세대를 카라반에 비유한 적이 있다. 카라반 속에서

---

3) 핀더는 앞에서 언급한 그의 저서에서 나의 세대론 중 동시대인과 동년배에 대한 구분이 없는 것을 아쉬워했다. 내가 보기에 그는 내 저작들 중 독일어로 번역된 것만 읽은 것 같다. 내 저서들 중 1925년에 출간된 『국가의 스포츠적 기원 *Origen deportivo del Estado*』에서 나는 「동년배들의 본능 *El instinto de coetaneidad*」이라는 제목으로 벌써 이 문제를 다루었다.(원주)
이 저작은 오르테가 전집 2권에 포함되어 있다.(편집자주)

인간은 마치 포로처럼 사로잡혀 있지만 사실 그는 은밀하게도 이 카라반 속으로 자발적으로 뛰어들었고 또한 그것에 만족한다. 이 카라반 속에서 그는 자기 또래의 시인, 자기 시대의 정치사상, 젊은 시절 인기 있었던 여성상, 심지어는 스물다섯 살 때의 걸음걸이에 이르기까지 자기 시대의 모든 것을 충실하게 따른다. 가끔씩 그는 또 다른 카라반이 생소하면서도 기묘한 형색을 띤 채 자신이 속한 카라반 곁을 지나가는 것을 목도한다. 이 카라반이 바로 다른 세대이다. 아마 어느 축젯날에 이 두 카라반은 함께 모여 축제를 즐길 것이다. 그러나 다시 정상적인 자기 존재를 영위해야 할 시간이 되면 혼돈스러울 정도로 같이 섞여 즐겼던 축제의 장은 진정 유기적인 두 개의 집단으로 나뉜다. 각각의 개인들은 마치 개미들이 특이한 후각 형태로 서로를 구별하듯 신기할 정도로 자기 집단에 속하지 않은 사람들을 잘 인식한다.

우리가 숙명적으로 한 특정한 연령군에 속해 있다는 사실을, 어떤 특정한 생활양식에 따라 생활을 영위하고 있다는 사실을 발견한다는 것은 신경이 예민한 사람들에게 발생하는 하나의 감성적 경험이다. 세대란 한 개인에게 영원히 각인되는 통합된 실존양식이다. 어떤 미개종족들은 자신의 동년배를 문신으로 식별한다. 이들이 젊었을 때 유행했던 문신 형태는 단지 그들의 피부에만 새겨 있는 것이 아니라 그들 존재의 본질 속에까지 새겨 있는 것이다.

그런데 이 숙명에는 다른 모든 숙명들과 마찬가지로 천재적 재능을 부여받은 몇몇 개인들이 빠져나갈 수 있는 구멍이 몇 개 있다. 늙을 때까지 전 생애를 통해 두 번, 세 번 다시 태어나는 그러한 사람들이 있는 것이다. 이들은 불멸의 젊음과 결코 소진되지 않는 유연성을 지닌 사람들이다. 바로 이 젊음과 유연성을 통해 이들은 몇 번이고 다시 태어난다. 이러한 사람들은 선구자적 자질을 지니고 있다. 새로운 세대는 이런 사람들을 통해 자신들보다 앞선, 자신들 세대의 도래를 예견하는 맏형과 같은 존재를 예감한다. 그런데 이런 사람들은 다른 어떤 영역보다도 생물학의 영역에서 법칙이 존재하고 있음을 확증하는 예외적 존재에 해당된다.[4)]

우리 각자는 어떤 특정한 세대에 소속되어 있다고 느끼는 이 숙명성이 우리에게 제시하는 문제는 내가 삶의 예술이라 부르는 것의 한 실례이다. 우리 모두 특정 세대에 속한다는 것을 우리는 하나의 숙명으로 생각한다. 하지만 몇몇 사람들이 이 숙명으로부터 탈출해 오랫동안 젊음을 향유한다는 사실은, 이 숙명성이란 탈출할 공간이 있는 유연한 것으로서 베르그송이 말한 "수정 가능한 숙명성(fatalité modifiable)"임을 우리에게 알려준다.

여러분의 영혼이 일반적으로 우리 시대의 한 특징적 현상이라고 할 만한 것을 기이하고 이해할 수 없는 것으로 느낄 때 이것은 여러분의 정신 속 그 무엇이 노화를 원하고 있음을 의미한다. 개인적 존재이든 사회적 존재이든 간에 모든 유기체는 현재로부터 탈출해 그것을 혁신하려는 경향과 관습적이며 과거적인 타성으로 돌아가려는 경향, 즉 점진적으로 자신을 고풍화시키려는 경향을 가지고 있다. 이 경향들은 때때로 육감적 욕구에 이를 정도로 강한 자성을 지닌다. 오랜 기간 운동을 해온 사람이 50세가 되면 그는 운동을 포기하고 안락하게 살고자 한다. 그런데 그가 정말 운동을 포기한다면 그는 젊음을 상실할 것이다. 단단했던 그의 근육은 탄력을 잃을 것이고 필연적으로 급속한 노화 현상을 겪을 것이다. 하지만 만일 그가 운동을 그만두어야겠다는 최초의 욕망으로부터 탈출해 휴식이 주는 안

---

4) 여기에 대해선 오르테가 전집 3권에 실린 『세대에 있어서의 변화 *Cambio en las generaciones*』, 「사랑의 역사를 위해 *Para la historia del amor*」를 보시오.(편집자주)

일함의 유혹을 뿌리치고 운동을 지속한다면 그는 자신의 근육이 의외로 여전히 젊음의 자본을 간직하고 있다는 사실을 발견하고는 놀라게 될 것이다. 이 사실은 우리를 특정 세대에 감금시키려는 이 숙명성에 굴복하는 대신 오히려 여기에 대항해 우리 뒤에 가득 차 있는 삶의 젊은 양식 속에서 우리를 개조할 필요가 있다는 것을 우리에게 알려준다.

모든 생명체는 감염이라는 독특한 특성을 가지고 있다는 사실을 여러분은 명심하기 바란다. 각 생명체는 자기 주위에 존재하는 다른 생명체에게 질병도 감염시키지만 동시에 건강도 감염시킨다. 선과 악이 서로를 감염시키고 젊음과 늙음 역시 서로를 감염시킨다. 여러분도 알다시피 현대 생물학의 최대 화두는 바로 회춘에 관한 것이다. 어떤 일정한 범위 내에서 이미 정해진 육체적, 도덕적 위생학을 통해 우리는 우리 영혼을 악마에게 팔지 않고도 젊음을 연장할 수 있을 것이다. 노화가 급속도로 진행되는 사람은 그가 늙기를 원하기 때문이다. 환언하면 더 이상 살고 싶어 하지 않기에, 정력적으로 삶을 영위할 능력이 없기에 그는 급속도로 노화되는 것이다. 자신의 운명에 깊이 뿌리를 내리지 않고 자신의 삶에 단지 기생하는 사람의 경우 시간의 흐름은 그를 과거의 구덩이 속으로 파묻어 버린다.

젊음을 연장한다는 것이 비록 불가능하다고 할지라도 우리는 여유로운 자세로 자신에게 남은 삶을 즐기자는 아름다운 결심을 할 수 있다. 또한 우리에게 다가오는 새로운 삶을 향유할 수 없다 하더라도 우리는 타인들이 그 삶을 영위할 수 있다는 데 행복해하고 다가올 미래가 우리 시대와는 다르길 원하며, 그리하여 미래는 젊음과 새로움으로 가득하길 고대할 수도 있다. 그러나 일반적으로 우리가 장년기에 접어들면 과거는 우리를 강하게 견인하면서 우리 마음속에 미래에 대한 원한과 강한 분노를 불러일으킨다. 또한 우리는 여전히 우리의 젊음이 우리 곁에 있다고, 우리와 함께 있다고 느끼지만 젊음은 이미 우리를 떠나 우리의 가장자리를 맴돌고 있을 뿐이다. 마치 젊은 시절 화려했던 무훈의 흔적이 남아 있는, 하지만 이제는 먼지만 수북이 쌓여 선반 위에 걸쳐 있는 아무 소용 없는 창과 갑옷처럼 말이다. 그러나 이건 중요하지 않다. 우리가 우리 자신의 젊음으로 돌아가지 못하는 이상 또 다른 젊음의 도래를 축복하자! 사하라 사막 지역에는, 조그마한 오아시스에 물을 마시기 위해 모여든 사람들과 양 떼와 낙타 등 사막의 풍경을 수수하게 묘사한 짧은 격언이 있다. "샘물을 마셔라. 그리고 당신이 샘물을 마신 그 자리를 다른 이에게 양보하라." 이 격언이야말로 카라반, 아니 세대의 속성을 그대로 나타낸 하나의 제언(題言)이다.

이 중요한 삶의 고등 위생학이 우리에게 던져주는 제언을 듣기 위해 잠시 우리는 우리가 가던 길에서 일탈했다. 나는 단순히 현재라는 역사적 시간의 한 단위 속에서 공존하고 있는 세 세대의 연결이 시대의 변화를 가져온다는 사실을 말하고자 했다. 자식 세대는 언제나 부모 세대와는 어느 정도 다르다. 자식 세대는 존재의 새로운 수준을 형상화하며 이들은 여기에서 자신들의 존재를 감지한다. 일반적으로 자식 세대와 부모 세대 간의 차이는 그리 크지 않아 이들 세대 간에는 차이점보다는 공통적 요소가 더 지배적이다. 그래서 자식들은 스스로를 부모들이 영위해 온 생활 유형의 계승자이며 완성자라고 간주한다. 그러나 때때로 이 두 세대 간의 차이가 엄청나게 클 때가 있다. 즉 새로운 세대가 자신들보다 앞선 세대와 어떠한 공통점도 찾지 못하는 경우가 발생할 수 있는 것이다. 이러한 경우를 가리켜 우리는 흔히 역사의 위기라고 부른다.

우리가 살고 있는 현대가 바로 이러한 시대로 그 위기가 정절에 달해 있다. 비록 시대의 변화는 역사의 기저로부터 나올 채비를 하고 있었지만 그 변화가 너무나도 급격하고 급속하게 역사의 표면을 뚫고 나옴으로써 최근 수년 동안 우리 삶의 양식을 완전히 변화시켜 버리고 말았다. 오래전부터 나는 이 급작스럽고 총체적인 변화를 예고해 왔다. 그러나 아무 소용이 없었다. 그 누구도 나의 말에 귀를 기울이지 않았고 결국엔 연기처럼 사라지고 말았다. 단지 비난만이 무성했을 뿐이었다. 나의 예고는 단순히 새로운 것에 대한 조바심이라고 폄하되었다. 이러한 비난들은 내가 예견한 사실이 생생한 현실로 우리 앞에 나타날 때까지 끊이지 않고 계속되었다. 지금 여기 우리 앞에 새로운 삶이 펼쳐지고 있다. 아니다, 아직 새로운 삶은 도래하지 않았다. 이 변화는 우리가 지금 생각하는 것보다 훨씬 더 근원적일 것이며 우리 삶의 심층을 그 기저까지 뚫고 침투할 것이다. 이 침투는 너무나 심대한 것이기에, 내 과거 경험으로 미루어 보아 나는 여러분에게 내가 예견한 모든 것을 말하고 싶지는 않다. 내가 이것들을 말한다면 나는 여러분을 납득시키지도 못한 채, 또 여러분들은 내 말들을 이해하지도 못한 채, 아니 완전히 곡해를 해서 단지 소스라치게 놀라기만 할 것이다. 그래서 내가 예견한 것들을 지금 말하는 것은 별 소용이 없을 거라고 생각한다.

지금 우리는 새로운 시대의 거대한 파도가 밀려오는 것을 목도하고 있다. 자신을 구원하고 싶은 사람은 누구를 막론하고 시대의 파도를 타기 위해 도약해야만 한다. 여기에 저항하는 사람, 삶의 새로운 형상을 이해하기를 거부하는 사람은 그가 만일 지식인 혹은 예술인이라면 작품생활에 있어서, 그가 만일 감성적인 사람이라면 연애생활에서, 그가 야심적인 사람이라면 정치생활에서 삶이 지닌 모든 의미와 규범에 있어 결코 돌이킬 수 없는 과거의 썰물 속으로 가라앉아 버리고 말 것이다.

세대에 관한 주제를 우선 다룬 것은 우리가 앞으로 다루게 될 본격적인 문제들을 이해하는 데 상당히 유용한 도움을 줄 것이다. 하지만 내가 지금까지 세대에 대해 이야기한 것들은 단지 하나의 최초의 접촉, 즉 심대하고 근원적인 사실에 대한 피상적인 견해에 불과할 따름이다. 우리는 이 중차대한 문제를, 일반적으로 우리가 별생각 없이 '우리의 삶'이라고 말하는 것을 다룰 시간이 오면 보다 강렬하면서도 진중한 형태로 다시 만나게 될 것이다.

그럼 다시 우리가 다루려고 했던, 19세기 후반 육십여 년 동안 철학적 정신의 축소를 야기했고 현재는 과거와는 반대로 철학적 정신을 확대시키고 활기를 띠게 한 가장 직접적인 동인에 대해 살펴보자. 여러분은 우선 모든 학문 혹은 인식은 고유의 주제, 즉 이 학문이 인식하고 있고 또한 인식하려는 어떤 문제를 지니고 있다는 사실에 대해 주목하기 바란다. 또한 각 학문은 자신이 알고 있는 것을 인식하는 특별한 방법론을 가지고 있다는 사실을 기억하기 바란다. 예를 들어 숫자와 연장이라는 주제를 가진 수학은 유기체의 현상이라는 고유한 주제를 가지는 생물학과는 확연하게 다른 학문 분야이다. 그리고 여기에 덧붙여 말하자면 수학은 인식 방법, 즉 지식의 종류에 있어서 생물학과 구분된다. 수학자에게 있어 인식한다는 것은 궁극적으로 의심의 여지가 없는 명증성에 근거해 있는 엄밀한 추론을 통해 하나의 명제를 추론할 수 있음을 의미한다. 반면 생물학은 지각을 통해 알게 된 부정확한 사실에 대한 근사치적인 일반화에 만족한다. 인식의 방법과 종류에 있어 두 학문은 이렇게 차이가 나는 것이다. 다시 말하면 수학은 명증성을 바탕으로 한 매우 모범적인 학문인 데 반해 생물학은 인간의 지각에 의거한 거칠고 조잡한 학문이다. 반면 수학은 그 대상이 실재적인 것이 아니라 데카르트와 라이프니츠가 말한 대로 "상상적인 것"이라는 단점을 가지고 있다.

하지만 나는 여기서, 한편으로는 수학의 연역적 엄밀성과 다른 한편으로는 천체 및 신체와 같은 실제 대상을 탐구하는 갈릴레오의 신 과학과 같은 지적 운동이 16세기부터 시작되었다는 사실을 지적하고 싶다. 이것은 유구한 사상사에서 처음으로 일어난 지적 운동이었다. 정확한 추론을 통해 성취된 지식이 동시에 사실에 대한 감각적 관찰에 의해 확증되는 종류의 인식으로 존재하게 된 것은 인식론의 역사상 최초의 일이었다. 우리는 순수한 추론에 의해 어떤 결론에 도달한다고 믿으며 단순한 지각은 순수 이론을 통해 도달한 결론을 확증한다고 본다. 이와 같은 순수추론과 단순지각이라는 확실성의 이중적 규준이 16세기에 비로소 성립된 것이다. 양 규준의 분리 불가능한 통일은 물리학의 특징인 실험이라는 인식 방법을 구성한다.

위와 같은 행복한 조건을 부여받은 과학이 다른 학문에 대한 우월성을 확보하고 지식인들의 관심을 끌기 시작했다는 것은 그리 이상한 일이 아니다. 순수 이론적 관점에서나 단순한 이론 혹은 엄밀한 인식으로서의 물리학이 하나의 지적 경이라는 데에는 의문의 여지가 없다. 하지만 합리적 물리학에 있어서 연역적 결론과 실험에 있어서의 감각적 관찰 사이의 합일이 정확한 것이 아니라 단지 근사치적이라는 사실은 그 누구에게도 숨길 수 없었다. 그런데 이 근사성이 너무나 높았기에 이것이 과학의 실질적 발전을 가로막지 않았다는 것도 사실이다.

실질적 정확성과 지각 가능한 사실에 의한 확증이라는 물리학의 두 특성이, 물리학이 그 후 획득한 승리의 극치에까지 이 학문을 이끌어갈 만큼 충분한 역할을 하지 못했다는 것은 자명한 사실이다. 여러분은 천체가 천문학자들이 규정한 법칙에 따라 움직이고, 그것이 거대한 하늘에서 특정 시간에 특정 장소에 있어야 한다는 규정을 충실히 따른다는 감상적 상황을 잊지 않기 바란다. 그리하여 물리학의 인식 방법을 극도로 향상시킨 제3의 특성이 도래한다. 즉 물리학의 진리가 그 이론적 사실 위에서 인간의 삶의 편의를 위해 유용하게 이용될 수 있는 조건을 가지게 된 것이다. 이 진리를 통해 인간은 자연에 개입해 그것을 자신에게 유용한 형태로 전환시킬 수 있게 되었다.

인간의 물질에 대한 지배를 위한 실질적 유용성이라는 물리학의 제3의 특성은 이론과 인식으로서의 물리학이 지닌 완전함도, 미덕도 아니다. 그리스에서 실용적 다산성은 모든 사람들에게 결정적인 영향을 미치지 못했지만 유럽에서는 관조적이며 이론적인 것보다는 실제적인 것을 자신의 운명으로 받아들인 부르주아라는 인간 유형의 지배와 일치했다. 부르주아는 이 세계에서 안락하게 자신의 삶을 영위하기를 원했고 그 목적을 위해 세계에 개입해 그것을 자신의 취향에 적합하게 개조하려고 했다. 따라서 부르주아의 시대는 산업화의 승리 및 일반적 의미에 있어 의학, 경제, 행정과 같은 생활에 유용한 기술의 승리에 대해 영광을 부여한다. 물리학은 기계와 의학을 낳았기에 부르주아 시대 물리학은 최고의 권위를 획득하게 되었다. 일반 대중은 지적 호기심 때문이 아니라 물질적 이해관계로 인해 물리학에 온 관심을 표명하게 되었다. 이러한 분위기 속에서 '물리학의 제국주의(Imperialismo de la física)'가 탄생하게 된 것이다.

이와 같은 감정 방식을 공유하는 시대에 태어나 교육받은 우리로서는 그 이론적 입장이야 어떻든 간에, 다양한 인식 방법론 중에서 물질에 대한 인간의 실질적 지배를 우리에게 제공하는 물리학에 최고의 권위를 부여하는 것을 매우 자연스러운 것으로 간주한다. 그러나 우리가 비록 이와 같은 시기에 태어났다고 할지라도 지금 우리 내부에서는 새로운 주기가 시작되고 있다. 왜냐하면 우리는 실질적 유용성을 당연히 진리의 규준으로 보게끔 하는 것에 대해 더 이상 만족을 느끼지 못하기 때문이다. 즉 물질에 대한 지배와 우리 삶의 편리를 위한 물질의 봉사라는 우리들의 소망, 환언하면 안락에의 이 열망이, 만일 우리가 이것을 하나의 원리로 삼는다면 다른 원리들과 마찬가지로 논의할 여지가 분명 있다는 것을 인식하게 된 것이다. 그리고 우리는 바로 이 의심을 통해 안락이란 것이 단지 하나의 주관적인 편애, 좀 더 거칠게 말하자면 하나의 변덕스러운 욕망에 불과하다는 사실을 깨닫기 시작했다. 서구인들은 지난 이백 년 동안 이 변덕스러운 욕망을 실현하기 위해 노력했지만 그 욕망 자체가 지니고 있는 어떠한 우월성도 보여주지를 못했다.

우리들 중에는 무엇보다도 편리한 것을 선호하는 사람이 있는가 하면 그것에 큰 중요성을 부여하지 않는 사람도 있다. 플라톤이 삶의 편리함을 가능케 한 근대 물리학의 바탕이 되는 사상에 전념하는 동안 그는 당시 모든 그리스인들과 마찬가지로 교통이나 난방시설, 가구 등 일상생활에서는 현실적으로 거의 야만적이라고 할 만큼 불편한 삶을 영위했다. 플라톤과 동일한 시대에 결코 과학적인 사유를 하지 않았던, 결코 이론 형성 등과 같은 추상적인 것에 관심을 갖지 않았던 중국인들은 섬세하기 그지없는 직물을 제조하고 실용적인 물건을 생산하고 일상생활에 편리한 도구들을 만들었다. 아테네에서 플라톤의 아카데메이아가 순수 수학을 창안하는 동안 베이징에서는 손수건을 발명했던 것이다. 그러므로 여러분은 안락함에 대한 열망이란 것이 물리학에 대한 선호를 가져오는 궁극적 원인이 될 수는 있을망정 결코 물리학이 다른 인식 방법론보다 우월하다는 것을 나타내는 지표가 되지는 않는다는 사실을 명심해야 할 것이다. 어떠한 시대에 사람들은 이런 열망을 추종하지만 다른 어떠한 시대에서는 그것을 따르지 않는다. 우리가 살고 있는 현대를 어느 정도의 통찰력을 가지고 바라볼 수 있는 사람은 미래는 삶의 도구로써의 편리함에 열광하는 시대가 될 것이라고 예견할 수 있을 것이다. 미래에 사람들은 이 편리함을 일상생활에서 이용할 것이고, 그것에 유의할 것이며, 그것을 통해 획득한 것들을 보존할 것이고 또한 그것을 극대화하려고 노력할 것이다. 하지만 정확히 말하자면 사람들은 이 편리함에 대한 열광 그 자체를 위해서가 아니라 편리하지 못한 것들을 피할 수 있기 위해 그렇게 한다.

나는 이와 같은 연구 결과가 무엇인지에 대해서는 큰 관심이 없다. 단지 다음과 같은 일치점을 강조하고 싶다. 편리함에 대해 가장 큰 관심을 보였던 곳은 중국과 최근 이백 년간의 유럽이었다. 유사성이라고는 거의 없는 이질적인 이 두 인간세계 간의 공통점이란 과연 무엇인가? 내가 아는 바로는 단지 다음과 같은 사실뿐이다. 지난 이백 년간 유럽은 삶의 산문적 측면의 의지를 형상화하는 인간 유형, 즉 '선한 부르주아'가 지배한 시기였다. 반면 중국인들은 여러분도 알다시피 타고난 속물들이다. 이에 관해 나는 주장한다거나 어떤 형식을 갖추어 말하는 것이 아니라 그저 일반적인 사실을 이야기하는 것이다.[5]

부르주아 철학자 오귀스트 콩트(Auguste Comte)는 인식의 의미를 다음과 같은 유명한 그의 정식으로 진술할 것이다. "과학은 예견을 낳고, 예견은 행위를 낳는다(Science, d'où prévoyance ; prévoyance d'où action)." 즉 인식이 지닌 의미란 예견을 하는 것이며, 예견이 지닌 의미란 행위를 가능케 하는 데 있는 것이다. 결국 행위라는 것은 —— 여기서 행위란 물론 유용한 행위를 의미한다고 이해하자 —— 인식의 진리를 결정하는 주체이다. 실제로 지난 세기말 위대한 물리학자 볼츠만[6]은 다음과 같이 말했다. "결국 그 무엇이 참인지 거짓인지를

---

5) 중국인들의 속물근성에 대해서는 카이저링(Keyserling)의 『한 철학자의 여행일기 Das Reisertagebuch eines Philosophen』를 보시오.(원주)

6) Boltzmann(1844~1906) : 통계역학의 창시자로 평가받는 오스트리아의 물리학

결정하는 것은 논리학도, 철학도, 형이상학도 아니다. 오로지 행위뿐이다." 바로 이러한 연유로 인해 나는 현대에 있어 기술의 정복을 자연과학으로부터 산출된 단순한 이차적 침전물이 아니라 자연과학의 논리적 증명이라고 믿고 있다. 만일 우리가 이와 같은 실제적인 정복을 꾀하지 않았다면 우리는 어떻게 추론해야 하는지를 몰랐을 것이다. 실제적인 결과를 가져오는 추론 외에 정확한 추론이란 존재하지 않는다.[7] 콩트는 그의 『실증적 정신론 Discurs sur l'esprit positif』에서 기술이 과학을 통제하는 것이지 과학이 기술을 통제하는 것은 아니라고 이미 밝힌 바 있다. 그러므로 이 사유 방식에 따르자면 유용성은 진리가 던져주는 하나의 팁과 같은, 즉 진리로부터 산출된 우연한 침전물이 아니라 진리가 바로 유용성의 침전물인 것이다.

콩트 이후 금세기 여명기에 콩트의 실증주의 철학으로부터 실용주의가 탄생했다. 모든 신흥국가 국민들에게서 나타나는 특이한 성격이 그대로 드러난, 양키 특유의 상냥한 냉소주의를 머금은 채 북미의 실용주의는 감히 다음과 같은 명제를 주장했다. "그 무엇을 다루는 데 있어 성공 이외에 다른 진리는 존재하지 않는다." 정말 신흥국가의 국민들은 언제나 무서운 아이들 같다. 이렇게 대담하면서도 솔직한 명제를 가지고 북미 대륙이 천 년 철학사상 최초로 출현하게 되었다.[8]

여기서 여러분은 실용주의가 철학으로서, 혹은 삶의 일반적 명제

자. 고전역학과 원자론의 입장에서 전개한 열이론을 정립하고, 기체분자의 운동에 관한 맥스웰의 이론을 발전시켜 열의 평형상태를 논한 맥스웰-볼츠만 분포를 확립했다.

7) 셸러(Scheler)의 『지식의 여러 형식과 사회 Wissensformen und die Gesellschaft』를 보시오.(원주)

8) 나는 실용주의가 대담성과 솔직성 이외에도 나름대로 심오한 진리를 가지고 있다고 말하고 싶다. 비록 외향적 성격을 지닌 철학일지라도 말이다.(원주)

로서 그리 높게 평가받지 못한다는 것과 순수 관상과 대조된다고 해서 인간의 실질성에 선입관을 가지고 자의적이며 편협한 경멸을 보내는 것을 혼동하지 말기 바란다. 지금 우리는 순수 인식으로부터 역동적인 질문을 창출해 내지 못한 채 순수 인식 앞에서 황홀경에 빠져버리는 과학적, 문화적 편협을 비롯한 모든 편협의 목덜미를 비틀어버리기 위해 노력하고 있다. 이러한 우리들의 노력은 플라톤이나 아리스토텔레스와 같은 고대 사상가들로부터 우리를 근본적으로 분리시키며, 또한 우리들 사유에 있어서도 가장 중요한 주제가 되어야 한다. '우리의 삶'이라는 것이 무엇인지를 정의하는 이 결정적인 문제 속으로 우리가 뛰어들 때, 우리는 우리의 삶을 정관적 삶(vita contemplativa)과 역동적 삶(vita activa), 즉 행위와 정념으로 구분하는 영원한 이중성에 대해 확실하게 분석해 볼 것이다.

하지만 지금 단계에서는 물리학이 향유하고 있는 제국주의적 승리가 인식이라는 특성에 기인하는 것이 아니라 사회적 사실에 기인하고 있다는 것을 밝히기 위해 노력할 것이다. 사회가 물리학에 관심을 가지게 된 것은 물리학이 지닌 풍부한 유용성 때문이었다. 그리고 이와 같은 물리학에 대한 사회의 관심은 물리학 자신이 가지고 있는 신념을 최대한도로 부풀렸다. 의사들 사이에서 일어났던 동일한 현상이 물리학에서도 나타난 것이다. 그 누구도 의학을 과학의 전형으로 간주하지는 않을 것이다. 그럼에도 불구하고 과거 어느 한 시기의 마법사들처럼, 병원에서 의사들이 받고 있는 숭배는 그에게 의사라는 직업과 인격에 하나의 안정성을 제공한다. 그래서 그는 이성을 상실할 정도로 무모한 대담성을 즐기고 있다. 우리가 볼 때 이는 참 어이없는 일이다. 왜냐하면 의사란 과학의 성과를 이용하고 다루는 사람이지 결코 과학자도 이론가도 아니기 때문이다.

사회적 환경의 지지를 등에 업은 행운은 우리를 지나치게 추어올리고, 우리를 뻔뻔한 존재로 만들며 공격적이게까지 한다. 바로 이와 같은 일이 물리학에 발생했고, 이런 연유로 유럽의 지적 생활은 지난 백 년 동안 '실험실의 테러리즘'이라 불릴 수 있는 것으로부터 고통을 당해 왔다.

이러한 물리학의 우월성에 압도당한 철학자는 자신이 물리학자가 아니라는 데 부끄러움을 느꼈다. 진정한 철학적 문제는 물리학적 인식 방법으로는 해결되지 않기에 철학자는 이 문제를 해결하려는 그 어떤 시도도 포기한 채 철학을 최소한도로 축소시키고 비천하게도 물리학에 그것을 복무케 함으로써 자신의 고유 영역인 철학을 포기해 버렸다. 그는 유일한 철학적 주제란 물리학적 사실 그 자체에 관한 명상이며, 철학은 단지 인식론에 불과할 뿐이라고 결정해 버렸다.

이러한 태도를 최초로 보인 철학자는 칸트였다. 그는 우주가 지닌 거대한 문제에 대해서는 직접적 관심을 표명하지 않은 채 교통경찰이 정지신호를 보내듯 지난 이천육백 년간의 형이상학적 사유, 즉 철학적 교통을 다음과 같은 말로 정지시켰다. "선험적 종합판단은 어떻게 가능한가? 이 문제에 대한 해답을 찾을 때까지 모든 철학함을 유보하자." 결국 칸트에게 선험적 종합판단이란 물리학, 즉 물리수학적 과학의 사실(factum)에 다름 아니었던 것이다.

하지만 이 같은 칸트의 문제 제기는 결코 인식론이 아니었다. 이것은 이미 실현된 물리학적 인식에서 출발하고 있을 뿐 인식이란 무엇인가에 대한 인식 그 자체에 대해서는 의문을 던지지 않고 있다.

3강
우리 시대의 주제, 단순한 상징주의로서의 '과학',
반란 중인 모든 과학, 철학이란 왜 존재하는가,
과학과 철학적 인식의 정확성

지난 강의에서 나는 여러분을 내가 전개하려는 주제의 초입까지 이끌어 왔다. 비록 그 설명이 충분치 못하다는 것을 알면서도 나는 왜 지난 세기에는 철학적 정신이 축소되고 위축되었는지를, 반대로 왜 오늘날에는 철학적 정신이 다시 확대되고 있는지에 대해 말하고 싶었다. 나는 단지 일차적 차원에서 이 문제들에 대해 설명할 시간을 가졌을 뿐이다. 철학은 물리학의 제국주의에 의해 그 위신이 땅에 떨어져 결국엔 물리학에 굴복했고 실험실의 지적 테러리즘에 의해 거의 공황 상태에 빠지고 말았다. 결국 자연과학이 우리를 둘러싼 환경을 지배하게 된 것이다. 대기 압력이 인간의 신체 형상을 정렬하고 구성하는 하나의 요소인 것처럼 환경은 우리들의 인격을 구성하는 요소들 중 하나이다. 만일 대기가 우리를 압박하고 제한하지 않는다면 우리 머리는 호라티우스[1]가 원했던 것처럼 행성들과 부딪

---

1) Horatius(기원전 65∼8) : 고대 로마의 시인. 풍자시와 서정시로 유명하다.

쳤을 것이다. 즉 우리들은 형태도 없고 한계도 없는 무인격체가 되고 말았을 것이다.

우리들 각 존재의 절반은 우리 존재 그 자체이고 그 나머지 절반은 우리가 삶을 영위하고 있는 환경이다. 환경이 개인이 지니고 있는 특질과 일치하고 또 그것에 호의적일 때 우리의 인격은 완전히 실현된다. 그러므로 인격은 환경에 의해 유지되고 확립되며 내적 탄력성의 확대에 자극을 받게 된다. 우리를 구성하는 요소 중 하나인 환경이 우리에게 적대적일 때 그것은 우리를 영원한 분열과 투쟁의 상태로 몰아넣으며 우리를 압박하고, 또한 우리의 인격을 발전시키고 완전한 결실을 맺게 하는 데 커다란 장애물로 작용한다. 바로 이 현상이 실험이라는 폭군에 의해 조성된 분위기 속에 처해 있던 철학자들에게 발생했던 것이다. 이 같은 나의 발언이 여러분에게는 종종 과학자들이나 철학자들에 대한 비판으로 들릴지 모르겠지만 이는 결코 그들에 대한 도덕적, 지적 비판이 아니라는 사실을 말할 필요는 없을 것 같다. 그 시대를 살아간 과학자나 철학자는 그 시대가 조성한 분위기 속에서 그렇게 할 수밖에 없었으며 또 그렇게 하는 것이 그들에게는 유용했다. 새로운 철학이 지니고 있는 상당한 특성들은, 마치 유대인들의 정신이 바빌론 유수 이후 보다 섬세하고 흥미로워진 것처럼, 이렇게 강요된 굴욕의 시대로 인해 형성되었다. 우리는 지금 철학자들이 과학자들로부터 '철학은 과학이 아니다'라는 경멸적인 모욕을 받은 뒤 지금은 어떻게 이 모욕을 즐기고 있는지 구체적으로 살펴보고 있다. 철학자들에 대한 과학자들의 이 모욕은 적어도 나를 기쁘게 한다. 우리는 이 모욕을 공중에서 낚아채 다음과 같은 말로 과학자들에게 되돌려 보내고자 한다. "철학은 과학이 아니다. 왜냐하면 철학은 과학 그 이상의 것이기 때문이다."

그러나 지금 우리는 왜 철학자들이 철학에 대해 새로운 열의를 가지게 되었는지, 왜 철학자들이 철학적 활동의 의미에 대해 확신을 지니게 되었는지, 왜 철학자들이 어떠한 부끄러움도 없이 대담하면 서도 유쾌하게 철학자임을 자처할 수 있는 단호한 태도가 생겨났는 지에 대해 자문해 볼 필요가 있다. 내 판단으로는 이 변화는 두 가 지 중요한 사건으로 인해 촉발된 것 같다. 우리는 철학이 단순한 인 식론으로 축소되었다는 사실을 보았다. 이것은 1860년과 1920년 사 이에 출간된 대부분의 철학서들의 제목을 보면 알 수 있다. 또한 나 는 이와 같은 제목을 단 그 어떤 책들도 '인식이란 무엇인가'에 대해 서는 진지한 질문을 제기하지 않았다는 놀라운 사실도 지적했다. 이 것은 괴이하기 짝이 없는 사실로서 우리는 여기서 환경의 압력이 인 간에게 야기하는 확고한 맹목화의 경우들을 목도하고는 놀라지 않을 수 없다. 이 환경의 압력은 인간에게 논의할 여지가 전혀 없는 명백 한 어떤 전제들을, 그러나 정확하게 말하자면 논의하기에 유용하기 그지없는 전제들을 부과한다. 이러한 맹목화 현상은 시대마다 상이 하게 나타나지만 항상 어느 시기에나 존재하며 따라서 오늘날에도 맹목화 현상은 존재한다. 뒤에서 우리는 삶이란 우리가 살아가기 위 해 딛고 있는, 혹은 그곳으로부터 출발하는 대지와 마찬가지로 언제 나 어떤 전제로부터 혹은 그 전제 위에 근거하고 있다는 사실을 살 펴볼 텐데 이때 이 맹목화 현상의 원인에 대해 고찰할 것이다.

이것은 과학, 도덕, 정치, 예술 등 모든 분야에 있어서 사실이다. 모든 관념과 모든 그림은 일정한 전제 내지 관습으로부터 사유되고 그려진다. 그런데 이 전제나 관습은 매우 기본적이고 확정적인 것이 어서 철학자나 화가는 여기에 주의를 기울이지 않고 또한 관념과 그 림 속에 이것들을 도입하지도 않는다. 우리 역시 이 관념과 그림 속 에서 이것들을 단지 추정할 뿐이지 정확하게 발견해 내지는 못한다. 말하자면 이것들은 관념이나 그림의 배후에 방치되어 있다. 이러한 연유로 우리는 종종 관념이나 그림을 이해하지 못하게 된다. 즉 우리에게 수수께끼를 풀 수 있는 단서, 비밀스러운 관습을 알아낼 수 있는 열쇠가 없기에 관념이나 그림이 이해 불가능한 존재로 우리에게 다가오는 것이다.

반복해서 말하지만 각 시대, 보다 정확히 말하자면 각 세대는 이전이나 이후 세대와는 다소 상이한 전제를 그 출발점으로 삼고 있다. 이는 곧 진리체계 및 미적, 도덕적, 정치적, 종교적 가치체계는 필히 어떤 역사적 차원을 지니고 있으며 생생한 인간의 연대기와 관련을 맺고 있다는 사실을 함유한다. 그러므로 이것들은 어떤 특정한 인간들에게 있어서만 유효한 것이다. 진리는 역사적이다. 그런데 이와 같은 역사적 특성에도 불구하고 어떻게 진리가 상대적이 아닌 초역사적이며 절대적인 것이 될 수 있고 되어야만 하는가라는 질문은 정말 난해하기 그지없는 질문이다. 나는 이 문제를 우리가 다룰 수 있는 영역 내에서 해결하려는 것이 우리 시대의 주제라고 주장한 바 있다. 여러분 중 상당수는 이미 이 사실을 알고 있을 것이다.

오십 년 전 사상가의 혈액 속에 녹아 있던, 논의할 수도 없고 논의되지도 않았던 전제란 엄밀한 의미로 물리학적 세계인식 이외는 없다는 것, 즉 물리학적 진리 이외 다른 진리는 존재하지 않는다는 것이었다. 지난 강의에서 우리는 또 다른 형태의 진리가 존재한다는 것과 '물리학적 진리'는 외부에서 바라볼 때조차도 확실히 경탄할 만한 두 가지 특성을 지닌다는 것을 막연하게나마 살펴보았다. 반복해서 말하자면 물리학의 두 가지 특성이란 하나는 정확성이며 다른 하나는 이 정확성이 합리적 연역과 지각에 의한 확증이라는 확실성에 대한 이중적 규준에 의해 결정된다는 것이다. 그러나 이 두 가지 특성이 사물을 연구하는 데 있어 아무리 훌륭한 것이라 할지라도 물리학보다 완벽한 형식의 세계인식이란 존재하지 않는다는 것, 물리학적 진리보다 고차원적인 진리의 형태는 존재하지 않는다는 것을 확증할 만큼 충분하지는 못하다. 이 사실을 단언하기 위해서 우리는, 만일 우리가 '인식하다(conocer)'라는 단어 자체가 내포하는 의미를 정확하게 파악했다면, 흔히 전형적 인식이라 불리는 진리의 원형이란 과연 무엇인가라는 문제를 완벽하게 해결할 필요가 있다. 우리가 인식이란 무엇인지를 총체적으로 알고 있을 때만이 우리는 인간이 지니고 있는 인식이 그 의미를 충족시키는지 아니면 단순히 그 의미에 근사한 것인지를 알 수 있을 것이다. 이렇게 인식의 진정한 의미를 알지 못하고서는 인식론에 대해 진지하게 말할 수 없다. 실제 최근 몇 년간 철학이란 단지 인식론에 불과하다는 주장이 나왔을 때 그 결과는 인식론조차도 되지 못한 참담한 형국을 가져왔다.

하지만 물리학은 성장을 거듭해 최근 육십 년 동안 거의 완벽에 가까워졌고 자신의 원리를 수정해야 할 정도로 관찰의 영역에서 거대하게 신장했다. 이것이야말로 교리체계의 수정이 곧 과학의 확고함 결여라는 일반적 믿음을 지닌 사람들에게 들려주어야 할 말이다. 사실은 이와 정반대이다. 물리학의 경이적인 발전이 가능했던 것은 갈릴레오와 뉴턴의 원리가 유효했기 때문이다. 그리고 이 발전은 그 원리들을 순화하고 확대해야 할 필요가 생길 정도의 한계에 도달했다. 이것이 오늘날 물리학이 겪고 있는 '원리의 위기(Grundlagenkrise)', 즉 성장이라는 행복한 질병을 가지고 왔다. 나는 왜 우리가 위기라는 단어를 슬픔의 의미와 연관해서 이해하는지를 모르겠다. 위기는 단지 격렬하고 심대한 변화일 뿐이다. 이것은 개악이 될 수도 있고 개선이 될 수도 있다.

오늘날 물리학이 직면한 위기는 개선으로서의 변화이다. 원리의 위기야말로 과학의 성숙을 가장 잘 보여주는 징후이다. 이 위기는 과학이 그 자체에 확신을 가지고 있기에 자신의 원리에 대한 과감한

수정을 용납할 만큼 여유롭다는 이야기이다. 환언하면 과학에서 원리의 위기는 과학이 여전히 모든 원리로부터 활력과 견고함을 요구하고 있음을 의미한다. 인간의 지적 활력은 과학의 활력과 마찬가지로 소화와 동화의 능력을 지닌 회의와 의심의 양에 의해 측정된다. 강고한 이론은 동요를 경험하지 않은 솔직한 확신이 아니라 의심으로부터 자양분을 섭취한다. 다시 말하면 이 이론은 단순히 순진무구한 확신이 아니라 태풍 속에서의 확신, 불신 속에서의 확신이다. 확실히 말해 불신에 대해 승리를 쟁취한, 불신을 극복한 확신이야말로 지적 활력을 측정하는 척도가 된다. 반면 정복되지 못한 의심, 소화되지 못한 불신은, 신경쇠약증세에 걸리고 만다.

　물리학의 원리는 물리학이 딛고 서 있는 토대이며 여기에 근거해 물리학자들은 자신의 연구를 수행한다. 그런데 이 모든 원리를 개혁해야만 할 때 이 개혁은 물리학 내부에서가 아니라 그 외부로부터 이루어져야 한다. 토대를 개조하기 위해서는 무엇보다도 토대를 지탱하고 있는 하부 토대에 의지해야만 한다. 바로 이런 점 때문에 물리학자들은 물리학에 대해 철학적 사색을 해야만 하는 것을 알고 있으며 이런 면에서 현재의 가장 특징적인 사실은 물리학자들이 철학에 큰 관심을 가지고 몰두한다는 것이다. 푸앵카레[2], 마흐[3], 뒤엠[4]부

2) Poincaré(1854～1912): 프랑스의 수학자, 이론천문학자, 과학철학자. 30권 이상의 저서와 500편 이상의 논문을 남기며 프랑스 학계를 지도하였다. 특히 만년에 『과학과 가설 La Science et l' hypothse』(1903), 『과학의 가치 La Valeur de la science』(1904), 『과학과 방법 Science et mthode』(1908) 등의 과학 사상서를 저술해, 수학이나 정밀과학에서 쓰이는 방법을 탐구하면서, 거기서 차지하는 가설의 역할을 검토하고, 아울러 과학적 인식의 의의와 가치를 해명하려고 했다.
3) Mach(1838～1916): 오스트리아의 물리학자, 철학자. '질량상수'(1868)를 논해 뉴턴역학의 기초를 다지고, 주요 저서인 『역학의 발전: 그 역사적, 비판적 고찰 Die Mechanik in ihrer Entwicklung historischkritisch dargestellt』(1883)에서 뉴턴역학의 역사적 의의를 검토했으며, 이것은 아인슈타인에게 영향을 끼쳐 후에 아인슈타

터 아인슈타인, 바일[5] 그리고 그들의 제자들과 추종자들에 이르기까지 물리학자 스스로 물리학적 인식의 이론을 구축했다. 이들 모두는 분명히 과거의 철학으로부터 큰 영향을 받았다. 그런데 여기서 흥미로운 사실은 철학 자신은 인식의 형태로서의 물리학을 과대숭배하는 동안 물리학자들은 물리학을 인식의 하위 형태, 즉 하나의 상징적 인식이라고 결론 내렸다는 점이다.

의류 보관실에 걸린 옷걸이 수를 헤아리는 유명한 사교클럽 쿠르살(Kursaal)의 지배인은 얼마나 많은 수의 외투와 윗도리가 옷걸이에 걸려 있는지를 보고 축제에 참석한 사람들의 수를 대략 알아낸다. 하지만 그는 축제를 즐기고 있는 사람들과 그들이 착용한 의상은 보지 못한다.

만일 우리가 물리학의 내용과 물리적 세계를 비교한다면 우리는 어떠한 유사점도 발견하지 못할 것이다. 이것들은 번역이 필요한 완전히 다른 두 언어와 같다. 물리학은 단지 우리를 둘러싼 세계에 대한 상징적인 대응물에 불과할 뿐이다.

그렇다면 우리는 물리학이 단순한 상징적 대응물이란 사실을 어떻게 아는가? 왜냐하면 다른 모든 대응들이 가능하기 때문이다. 즉 사물들을 다양한 형태로 질서 지우는 것이 가능하기 때문이다.

아인슈타인은 1918년 막스 플랑크(Max Planck)의 회갑 기념 연설

인이 이룩한 상대성이론의 선구적 역할을 했다. 철학적인 면과 관련된 감각의 분석, 인식론 연구에도 독자적 경지를 개척했고, 실증론의 입장에서 물리학적 인식의 본질을 추구했다.
4) Duhem(1861~1916) : 과학철학의 중요성을 강조한 프랑스의 물리학자. 과학이론은 관찰에 바탕을 둔 실증주의에 의해 현상 사이의 관계를 기호화(記號化)했지만, 실재를 파악하는 일은 형이상학에서만 가능하다고 했다.
5) Weyl(1885~1955) : 독일 태생의 미국 수학자. 수학에 대한 다방면의 연구로 순수수학을 이론물리, 특히 양자역학과 상대성이론으로 연결하는 데 공헌했다.

에서 인식에 대한 물리학의 입장을 다음처럼 요약했다.

과학의 진화는, 상상 가능한 이론적 구성물 가운데에는 어떤 경우에서
나 다른 구성물에 대해 결정적 우월성을 보여주는 하나의 구성물이 언제
나 존재한다는 사실을 우리에게 보여주었다. 이 문제에 대해 천착했던 사
람들은 우리의 지각세계가, 한치의 오류도 없이, 어떠한 이론적 체계를
선택해야 할지를 실질적으로 결정한다는 사실을 부정하지 못할 것이다.
그럼에도 불구하고 이론의 모든 원리로 이끄는 논리적 방법은 존재하지
않는다.

말하자면 다양한 이론들은 동일한 적합성을 지니지만 어떤 특정한
한 이론이 우월하다면 그 우월성은 단지 실제적 동기에 기인하는 것
이다. 모든 사실들은 이 특정 이론을 권장하기는 하지만 그것을 강
제하지는 않는다.

물리학의 학설은 단지 일정한 점에 있어서만 자연의 실재와 접할
뿐이다. 물리학에서는 실험이 바로 이 일정한 점이다. 실험을 통해
물리학자들은 언제나 학설을 변경할 수 있다. 실험은 하나의 조작이
다. 이 실험을 통해 우리는 자연에 간섭해 이것을 우리에게 반응하
도록 강제한다. 그러므로 실험이 우리에게 제시하는 자연은 자연 고
유의 자연이 아니라 단지 우리들의 특수한 간섭에 대한 자연의 특수
한 반응에 불과할 뿐이다. 따라서 나는 이 사실을 다음과 같이 공식
적인 표현으로써 강조하고자 한다. 소위 물리학적 실재란 인간에 대
해 조건적이며 상대적이기에 절대적 실재가 아닌 의존적 실재, 즉
유사 실재이다. 요컨대 물리학자가 실재라고 일컫는 것은 다름 아닌
그가 조작을 가할 경우 발생하는 것일 뿐이다. 오직 이 경우에만 이
실재가 존재한다. 반면 철학이 추구하는 본연의 실재는 우리들의 행

위에 종속되지 않는, 우리들의 그 어떤 행위로부터 완전히 독립적인 것이다. 오히려 우리들의 행위가 철학이 추구하는 실재에 완전히 종속되어 있다.

철학자들이 이와 같은 다양한 인식론을 수립한 이후에야 비로소 물리학자들이 자신들 인식의 성격에 궁극적인 정확성을 부여하고, 또 물리학이란 인식의 모범 혹은 원형을 대변하기는커녕 자신이 관통하고자 하는 대상과는 거리가 먼 일종의 하위 이론에 불과할 뿐이라고 우리에게 밝히지 않으면 안 되었다는 사실은 부끄럽기 그지없는 일이었다.

따라서 이들 과학들, 무엇보다도 물리학은 자신들의 한계였던 것들로부터 개념의 창조적 원리를 형성하면서 진보하고 있다. 모든 학문은 자신을 향상시키기 위해 자신의 그림자를 뛰어넘는 몽상적 비약이나 자신의 숙명적이며 태생적인 한계를 극복하려 하지는 않는다. 이와는 반대로 모든 학문은 자신의 한계를 기꺼이 받아들여 그것에 의지한 채 그것의 테두리 내에서 자신을 유감없이 정주시키면서 과학이 지니고 있는 고유의 절정을 추구한다. 지난 세기에는 이와는 정반대의 태도가 지배적이었다. 즉 개별 학문들은 자신의 범위를 넘어 다른 학문을 포괄하려 하는, 무한계의 학문이 되고자 하는 욕망을 지녔었다. 전세기에 바그너의 음악은 음악으로서 만족하지 않고 철학의 대용물, 심지어는 종교의 대용물이 되고자 했다. 전세기에 물리학은 형이상학이 되고자 했으며 철학은 물리학이 되길 열망했다. 또 시는 회화나 음악이 되길 갈망했고 정치는 정치에 만족하지 않고 종교적 신조가 되고자 했는데 가장 터무니없었던 것은 이것이 심지어는 인간을 행복하게 만들길 희망했다는 점이다.

개별 학문들이 자신을 자기 고유의 영역에 정주시키려는 이 새로운 행동 양상 속에는 삶의 문제를 과거에 지배적이었던 방법과는 완전히 대비되는, 즉 모든 존재나 모든 역할이 자기 고유의 운명을 받아들여 그 속에 자신을 침윤시키면서 다른 영역으로까지 확장하고자 하는 환상을 접은 채 자신의 양도할 수 없는 진정한 특성을 그 경계에 이르기까지 꽉 채우는 방법으로 해결하고자 하는 인간의 새로운 감각에 대한 징후가 존재하지 않는가? 이 문제는 여기서 접고 후에 다시 본격적으로 다룰 것을 약속한다.

그럼에도 불구하고 이론으로서의 물리학이 최근에 중대하게 축소된 사실은 철학자들의 정신 상태에 영향을 미쳐 철학자들로 하여금 물리학에 대한 예속에서 벗어나 철학 고유의 사명에 전념하도록 하는 결과를 가져왔다. 실험에 대한 맹목적 숭배가 극복되고 물리학적 인식이 자기 본연의 위치로 퇴각함에 따라 정신은 다른 인식 방법을 추구하기 위해 자유로우면서도 개방되어 있고, 또한 감성은 진정한 철학적 문제를 해결하기 위해 다시 예리하면서도 예민해져 있다.

이러한 현상이 물리학으로부터 그것이 쟁취한 영광을 빼앗는 것은 아니다. 오히려 이것은 물리학의 놀랄 만한 견고성과 현재의 다산성을 강조한다. 물리학은 학문으로서 자신이 지니는 권력을 인식하고 있기에 오늘날에는 하나의 기만과도 같은 자신의 신비적 우월성을 스스로 경멸하고 있다. 물리학은 자신이 단지 하나의 상징적인 인식이라는 사실을 알고 있으며, 또한 그것만으로도 충분하다. 왜냐하면 단순한 하나의 상징적 인식임에도 불구하고 오늘날 물리학은 세계에서 일어나고 있는 가장 경이적이며 극적인 어떤 것이기 때문이다. 만일 유럽이 교양이 풍부한 대륙이라는 것이 사실이라면, 비록 사실과는 거리가 먼 가정이겠지만, 수많은 사람들이 매일 물리학 연구의 상황을 알기 위해 신문 판매소로 몰려들 것이다. 왜냐하면 물리학의 상황은 매우 다산적이며 마치 우화적인 발견처럼 매우 흥미진진하기 때문이다. 그래서 지금까지 우리들을 보호해 온 세계와는 근본적으로 다른 새로운 우주의 풍경, 새로운 물질적 세계의 개념이 갑자기 우리 앞에 나타날 것이라는 예언은 조금도 과장이 아니다. 이 상황은 너무나도 긴박하게 돌아가고 있기에 지금 현재 이 순간에 영국인이나 독일인의 머리에서 굉장히 새로운 아이디어가 떠올랐는지에 대해서는 나뿐만 아니라 이 강의를 경청하는 유명한 물리학자들도 말할 수 없을 것이다.

지금 우리는 소위 과학적 진리라는, 말하자면 물리학 및 물리학과 관련된 학문들 고유의 진리의 유형 앞에 무릎을 꿇은 것은 미신이었음을 목도하고 있다.

그런데 또 다른 중요한 사실이 철학의 물리학으로부터의 해방에 기인했다.

여러분은 위에서 내가 한 말을 다음처럼 정식화할 수 있음을 상기하기 바란다. "개별 과학은 자신의 태생적 한계를 인정하며 그 한계로부터 적극적 방법을 모색한다." 나는 이 표현을 보다 진일보시켜 다음과 같이 표현하고자 한다. "개별 과학은 다른 과학들로부터 독립되어 있다. 즉 다른 과학의 지배를 수용하지 않는다."

여기서 또한 새로운 물리학은 우리에게 가장 유명하면서도 명료한 본보기를 제공한다. 갈릴레오에게 물리학의 사명은 일반 기하학 법칙의 상위에 있는, 실체를 지배하는 특수한 법칙을 발견하는 데 있었다. 이 기하학 법칙이 물질적 현상을 지배한다는 것에 대해 갈릴레오는 한 치의 의심도 품지 않았다. 따라서 그는 자연이 유클리드 기하학에 순응함을 증명하는 그 어떤 실험도 하지 않았다. 그는 물리학에 대한 기하학의 우월적 지배를 자명하면서도 필연적인 것으로 받아들였다. 환언하면 갈릴레오는 기하학적 법칙이 물리학적 법칙보다 우월하다고 믿었던 것이다. 내가 보기에 아인슈타인의 업적 중 가장 천재적이며 뛰어난 것은 전통적인 편견에서 벗어나고자 하는 그의 결단이었다. 세계의 현상이 유클리드 법칙에 따라 발생하는 것이 아니라는 사실을 관찰하고, 기하학적 지배권과 오직 물리학의 영역에 속하는 지배권 간의 충돌을 목도했을 때 아인슈타인은 물리학의 지배권을 선언하는 데 조금도 주저하지 않았다.

아인슈타인의 해결 방법과 로렌츠의 해결 방법을 상호 비교해 보면 우리는 대조되는 두 정신 유형을 발견할 수 있다. 마이컬슨의 실험을 설명하기 위해 로렌츠는 전통적인 견해에 따라 물리학은 자신을 기하학에 적응시키고자 한다는 결론을 내렸다. 그에 따르면 물질은 기하학적 공간이 완전하면서도 유효할 수 있도록 수축되지 않으면 안 되었다. 이와는 반대로 아인슈타인은 기하학과 공간이 물리학과 물질 현상에 자신을 적합하게 한다는 견해를 제시했다.[6]

우리는 이와 동일한 태도를 다른 학문에서도 종종 접할 수 있기에 나는 현대 사상에 있어 일반적으로 두드러지게 나타나는 성질이 어디에서나 주목받고 있는 데 대해 그리 크게 놀라지 않는다.

이 시대의 하나의 고전인 파블로프의 조건반사 이론과 헤링[7]의 인

---

6) 1887년 마이컬슨(Michelson)과 몰리(Morley)는, 우주 공간에서 빛을 전달시키는 매질이 에테르라는 가상물질이라고 가정할 때 이 에테르에 대해서 지구가 움직이는 속도를 측정하는 마이컬슨-몰리 실험을 한다. 이 실험은 에테르란 물질을 찾아내기 위한 것이었으나 예상과 달리 실제 실험 결과는 빛의 속도가 항상 일정하다는 것을 보여주었고, 이에 에테르 이론은 심각한 위기를 맞게 되었다. 네덜란드의 물리학자인 로렌츠(Lorentz)는 이 실험 결과를 인정하여 뉴턴역학의 수식들을 변형시켜 보았고 그 결과 로렌츠 변환이라는 공식이 만들어졌다. 그러나 로렌츠는 에테르라는 가정을 버리지 못해 자신의 식을 설명하지 못했고, 아인슈타인은 마이컬슨-몰리 실험과 로렌츠의 변환에서 에테르라는 가정을 빼내고 생각한 결과 그 유명한 특수상대성이론을 정립했다.

7) Hering(1834~1918) : 독일의 생리학자, 심리학자. 주로 시각의 생리, 전기 생리학, 정신 생리학에 관한 연구를 했다. 시각에 관해서는 색채 감각의 이론을 발전시켰고, 공간 지각에서는 생득설(生得說)을 주장했다.

간에 대한 빛의 영향에 관한 이론은 물리학과 심리학으로부터 독립적인 생리학을 구축하고자 하는 시도이다. 이 두 이론에서 생물학적 현상은 물리학적, 심리학적 사실의 공통 조건과 거리가 먼 것으로 간주되며 생리학 특유의 연구 방법을 통해 다루어진다.

그런데 이 새로운 과학적 기질이 가장 첨예하게 나타나는 곳이 수학이다. 수학의 논리학에의 종속은 최근 수 세대 동안 두 학문을 동일화시킬 정도에까지 이르렀었다. 그런데 네덜란드 수학자 브로우웨르[8]는 '배중률'이라는 논리학의 공리가 수학적 실체의 가치를 지니지 못한다는 사실과, 따라서 논리학 부재의 수학, 즉 오로지 수학 자신에게만 충실하고 수학적 공리 이외의 다른 공리를 따르지 않는 수학은 수학을 창조하는 것이 필요하다는 사실을 발견했다.

새로운 사상들 속에서 이와 같은 경향을 한번이라도 목도했다면 우리는 철학의 권위에 반역하는 신학이 최근에 등장한 것을 보고도 그리 크게 놀라지 않을 것이다. 왜냐하면 최근까지 신학은 계시된 진리를 철학적 이성에 적응시키고자 하는 열망, 즉 신비가 지닌 비이성을 이 철학적 이성에 용인될 수 있도록 하려는 시도를 보였다. 그러나 새로운 '변증법적 신학'은 신학의 오래된 학문적 관습과 근본적으로 결별해 신에 대한 인식은 독립적이며 '완전히' 자주적인 것이라고 선언한다. 이처럼 변증법적 신학은 신학자들의 학문 방법을 완전히 뒤집어 버렸다. 종래 신학자들의 특수한 과제는 인간과 인간의 과학적 규범으로부터 계시된 진리를 취하는 것이었다. 말하자면 인

---

8) Brouwer(1881~1966): 수학의 본성을 자명한 법칙에 의해 지배되는 정신적 구성물이라고 보는 수학적 직관주의의 선구자. 힐베르트 등의 형식주의에 반대하고, 수학의 기초는 자연수열의 직관에 있다고 해, 직관의 기초가 없는 곳에 배중률을 사용해서는 안 된다고 했다. "수학은 학문(Lehre)이기 보다는 오히려 행위(Tun)이다."라고 한 그의 말은 그러한 입장을 잘 나타내고 있다.

간의 관점에서 신을 논했던 것이다. 이것은 인간중심적 신학을 성립시켰다. 그러나 바르트[9]와 그의 동료들은 이 과정을 원상태로 되돌려 신중심주의적 신학을 형성했다.

인간은 자기 자신과 그 내적 정신으로부터는 결코 신에 대해 알 수 없다. 인간은 단지 계시를 통해 약간씩 인간에게 보내는, 신이 신 자신에 대해 가지고 있는 지식의 수용자에 불과할 따름이다. 신학자란 그 어떠한 인간적 진리와 비교할 수 없는, 신성하기 그지없는, 그래서 독립적인 신 고유의 진리를 신이 그에게 들려주는 자신의 귀를 정화하는 일 이외 그 어떤 의무도 가지고 있지 않다.

이렇게 신학은 철학의 지배로부터 벗어나고 있다. 그러나 이 변화가 신학의 인간화와 신학의 철학에 대한 예속 현상이 가톨릭보다 훨씬 그 정도가 심했던 프로테스탄티즘의 내부에서 발생하고 있기에 더욱 주목할 만하다.

오늘날 모든 학문에서는 지난 삼사십 년 전과는 완전히 대조되는 경향이 지배적이다. 당시 몇몇 학문은 다른 학문을 지배하기 위해 자기 고유의 학문적 방법론을 다른 학문 분야로 확대하려 기도했고 다른 학문들은 이 침략을 겸손하게도 용인했다. 하지만 현재, 각 학문은 자신이 태생적으로 지니는 결점을 기꺼이 수용할 뿐만 아니라 다른 학문이 자신을 통제하려는 모든 구실들을 배격하고 있다.[10] 이

---

9) Barth(1886~1968) : 스위스의 개신교 신학자. 1919년 변증신학의 시초라 할 수 있는 『로마서 주해 Der Römerbrief』를 출간하여 당시 주도적이던 자유주의 신학의 인간중심주의에 대해 비판을 가했다. 그의 대표작이자 미완성으로 끝난 『교회교의학 Die Kirchliche Dogmatik』(1932~1967)은 아퀴나스의 『신학대전』에 비견되는 대작이다. '하느님 말씀의 신학'이란 점에서는 다른 변증 신학자들과 공통되나, 그는 신학을 인간학을 바탕으로 해 확립하려 하지 않고 오로지 하느님 말씀 그 자체, 즉 그리스도론에서만 구하려 했다.

10) 여러분은 이와 유사한 현상이 현대 예술과 정치에서도 나타나고 있음을 주목

것은 최근 몇 년 동안 보인 지적 양식의 가장 중요한 특징들이다. 나는 이것들이야말로 인간 지성의 위대한 시대를 개막할 것이라는 데에 그 어떤 의심도 하지 않는다. 하지만 여기에는 하나의 조건이 있다. 모든 학문이 다른 학문과 어떤 관계도 맺지 않은 채 완고하게 독립적인 상태로 있는 것은 불가능하다. 따라서 오늘날 획득한 것을 보존하면서, 또 한 학문을 다른 학문에 종속시키지 않은 상태에서 학문 간의 융합을 꾀하는 것이 필요하다. 이것은 각 학문이 철학의 영역 속에서 확고한 기반을 다질 때에야 비로소 가능하다. 과학자 개개인이, 자신의 영역에서 나타나는 문제들의 긴급성으로 인해 철학의 바다 속으로 뛰어 들어가야만 한다고 생각하는 빈도가 증가하고 있다는 사실은 이들이 새로운 체계화를 향해 나아가고 있다는 명백한 징후이다.

그런데 내가 이 강의에서 다루려고 하는 주제는 학문의 미래에 대한 고찰이 아니기에 이 문제에 대해서는 여기서 그만 접고자 한다. 내가 학문의 현실에 대해 언급한 것은 지난 한 세기 동안 위축되었던 철학을 다시 철학 본연의 상태로 회귀하게 한 지적 분위기의 조건들을 여러분에게 보여주기 위함이었다. 지금 철학자들은 또한 우리를 둘러싸고 있는 여론 속에서 자신을 독립시키고 자기가 지닌 운명의 한계에 충실하려는 새로운 용기를 발견하고 있다.

그런데 철학의 재탄생이 가능하게 된 데에는 또 다른 강력한 이유가 있다. 개별 학문들이 자신의 고유한 한계를 받아들이고 독립을 선언하려는 경향은 지난 백 년간 철학적 소명을 마비시킨 장애물을 제거하기에는 단지 불충분한 부정적 조건에 불과할 따름이지 철학적 소명에 자양분을 제공해 주거나 활성화시키지는 못한다.

하기 바란다.(원주)

그렇다면 인간은 왜 철학으로 회귀하고 있는가? 왜 철학은 다시 정상적 상태, 즉 본연의 소명으로 회귀하고 있는가? 명백히 말해 인간은 철학에 전념하지 않으면 안 되는 그 본질적 이유로 인해 철학으로 회귀하고 있다. 만일 그렇지 않다면 이 회귀는 진지함을 결여한 거짓된 회귀, 즉 회귀를 가장한 회귀일 것이다.

이것은 우리에게 왜 인간은 절대적으로 철학을 하게 되었는가라는 의문을 제기한다.

왜 인간은 과거와 현재 그리고 미래에 철학을 했고, 하고 있고, 할 것인가? 우리가 왜 철학을 하는지에 대한 해답을 찾기 위해서는 소위 철학이라고 하는 것에 대해 심사숙고할 필요가 있다.

이 새로운 시각 속에서 우리의 학문은 최절정기 때 지녔던 모든 특질들을 함유한 채 사유의 진보로 인해 보다 새롭고 엄밀하게 변용되어 재출현하고 있다. 그렇다면 재탄생된 철학은 우리에게 어떻게 보이는가? 이 문제에 대해 나는 강의를 진행하는 과정에서 일련의 개괄적 설명을 통해 점진적으로 그 전체적인 의미를 드러낼 수 있도록 할 예정이다.

우선 첫 번째로 우리는 철학을 우주에 대한 인식이라고 정의하면서 출발하도록 하자. 그런데 이 정의는 어떠한 오류도 없는 완벽한 정의이기는 하지만 철학이 지니고 있는 특수한 사실들, 즉 철학 특유의 극적(劇的)인 성질 및 오직 철학만이 향유하고 있는 지적 영웅주의의 성격을 내포하고 있다. 사실 이 정의는 우리가 물리학이란 물질에 대한 인식이라고 정의를 했을 때 이것과 대응되는 것처럼 보인다. 그러나 여기에는 중대한 차이가 있다. 물리학자는 물질이라는 가시적이며 현실적인 대상과 직면하고 있는 반면 철학자는 철학 연구의 대상이 되는 우주와 직접적으로 대면하고 있지 않다. 또한 물리학자는 물질의 형태에 대한 정의를 내리고 난 후에야 비로소 물질의 내적 구조에 대한 연구를 시작한다. 수학자 역시 동일한 과정을 통해 자신의 연구를 진행한다. 이처럼 모든 개별 학문은 우주의 한 부분을 다른 부분과 구별하면서, 즉 문제를 한정하면서 연구를 시작한다. 왜냐하면 이렇게 문제가 한정될 때에야 비로소 어느 정도 그 문제가 해결되기 때문이다. 환언하면 물리학자와 수학자는 연구 대상의 범위와 본질적 속성을 사전에 파악한다. 따라서 이들은 문제를 가지고 연구를 시작하는 것이 아니라 기존의 지식을 교차시키면서 연구를 시작한다.

그러나 철학자가 연구하는 우주에 대해서는, 아르고 호[11]의 선원처럼 대담하게, 그것이 무엇인지 아무도 모른다. 우주란 '존재하는 모든 것'이라는 엄밀한 개념을 전언하기보다는 은폐하고 있는, 막연하면서도 광범한 의미의 몸짓과 같은 거대하고 전일적인 단어이다. 존재하는 모든 것, 이것이 곧 우주이다. 그런데 우리가 이 의미를 심사숙고해 보면 이것은 그 이상도 그 이하도 아닌 단지 '이것'일 뿐이라는 사실을 알 수 있다. 왜냐하면 우리가 '존재하는 모든 것'이라는 개념에 대해 사유할 때 우리는 '존재하는 모든 것'이 무엇인지를 모르기 때문이다. 우리들이 사유하는 유일한 것은 하나의 부정적 개념, 즉 우주의 한 부분, 한 측면, 하나의 단편에 지나지 않는 부정일 뿐이다. 그러므로 과학자들과는 달리 철학자는 이 세상에 알려지지 않은 낯선 것을 향해 항해한다. 이 세상에 그나마 어느 정도 알려진 것은 우주의 일부분, 단편, 파편일 따름이다. 그래서 철학자는 다른 학문에 종사하는 학자들과는 다른 태도로 자신의 연구 대상과 대면한다. 철학자는 그의 연구 대상이 무엇인지를 모른다. 그것에 대해

---

11) 그리스 신화에 나오는, 이아손이 황금 양털을 구하러 떠나기 위해 만든 50개의 노가 달린 커다란 목선(木船). 이아손을 비롯해 헤라클레스, 오르페우스, 테세우스, 카스토르, 폴리데우케스 등의 영웅 50명이 선원으로 함께 떠났다.

그는 단지 다음과 같은 사실만을 알 뿐이다. 첫째, 그것은 다른 모든 대상 중 하나가 아니라는 점이다. 둘째, 그것은 완전한 대상이고 진정한 전체이며 그 외부에 어떤 흔적도 남겨두지 않으며, 그래서 자족적인 유일자이다. 그런데 엄밀히 말해 이미 알려져 있거나 추측되는 그 어떤 대상 중 이 조건을 충족하는 것은 아무것도 없다. 그러므로 우주는 근본적으로 우리가 모르는, 그 긍정적 의미에 관한 한 우리가 절대적으로 간과하고 있는 그러한 것이다.

우리는 위의 사실들을 다음과 같이 말할 수 있을 것이다. 다른 여타 학문에 있어 대상은 이미 주어져 있지만 철학의 대상은 정확히 말해 주어질 수 없는 것이다. 왜냐하면 철학의 대상은 전체이기 때문이며, 또한 그것은 주어지지 않기에 매우 본질적 의미에 있어 탐구되는 것, 영원히 탐구되는 것이지 않으면 안 된다. 처음부터 그 대상을 탐구해야만 하는 학문, 즉 그 대상과 주제마저도 문제적인 학문은 다른 학문에 비해 순탄치 못한 삶을 영위하리라는, 칸트가 "확실한 길(der sichere Gang)"이라고 명명한 것을 향유하지 못하리라는 사실은 전혀 이상한 것이 아니다. 순수 이론적 영웅주의와 같은 철학은 결코 확실하고 순탄하면서도 부르주아적인 단계를 거치지 못할 것이다. 그래서 철학의 제일의 스승인 아리스토텔레스는 철학이란 탐구되는 학문(ζητουμένη ἐπιστήμη)이라고 정의를 내렸던 것이다.

앞에서 우리는 철학이란 우주에 대한 인식이라고 정의를 내렸다. 그런데 이 정의에서조차 인식은 다른 개별 학문에서의 인식과는 구별된다. 엄밀하고 근본적인 의미에 있어서 인식은 어떠한 문제에 대한 적극적이며 구체적인, 즉 주체의 이해에 의한 대상에의 완벽한 관통을 의미한다. 만일 인식이란 것이 단지 이와 같은 것에 불과하다면 철학은 이러한 인식에 구속될 수는 없을 것이다. 우주의 궁극적 현실이 완전히 변덕스러운 존재, 모험적이며 비합리적인 의지로 구성되어 있다는 사실을, 쇼펜하우어가 자신이 이것을 발견했다고 믿었던 이 사실을 철학이 보여주어야 한다는 것을 상상해 보라. 이러할 경우 주체에 의한 대상에의 총체적 관통이란 불가능할 것이다. 지성에 있어 비합리적 현실은 불투명하기 짝이 없을 것이다. 하지만 이것의 존재가 사유에 완전히 드러나 있고 또한 모든 합리주의의 기본 개념인 이성에 순종하는 다른 철학들과 마찬가지로 완전한 철학일 것이라는 데에는 의심의 여지가 없다.

그러므로 우리는 인식이라는 단어가 지닌 의미를 구원해야만 한다. 또한 실제로 인식이 본원적으로 우주에 대한 사유 속으로의 완전한 함입을 의미한다면 이 사유에 인식이 얼마나 범접해 있는지에 따른 인식에 대한 가치 척도가 존재 가능할 것이라는 점에 주목을 해야 한다. 철학은 먼저 저 최상의 개념을 정의하는 것에서부터 시작되어야 하며 동시에 자신을 자신보다 열등한, 그러나 결국에는 하나의 인식 방법론이 될 것들에게까지 개방하지 않으면 안 된다. 이러한 연유로 나는 철학을 우주에 대한 인식이라고 정의할 때 절대적 인식에 대한 열망이 방법적으로 조직화되는 지적 행위의 총체적 체계를 우리가 이해해야 한다고 말하고 싶다. 그러므로 사유의 복합체가 결정적으로 철학이 되기 위해서는 우주에 대한 지성의 반응 역시 보편적이며 완전해야 할 것이다. 즉 어떤 절대적 체계가 되어야 한다.

따라서 철학의 의무 중 하나는 이론적 입장을 취하고 모든 문제와 대결하는 것이다. 그런데 이것은 문제를 해결한다는 것이 아니라 그것을 해결할 수 없다는 사실을 적극적으로 보여주어야만 한다는 의미이다. 이것이야말로 기타 학문과 대비되는 철학의 고유한 특성이다. 과학의 경우 해결 불가능한 문제에 직면했을 때 과학은 이 문제의 해결을 단지 포기해 버린다. 반면 철학은 처음부터 세계는 그 자체가 해결 불가능한 문제일 가능성을 인정한다. 이 사실을 완전히 보여주는 것이야말로 자신의 존재적 조건을 엄격히 완수하는 완전한 철학일 것이다.

실용주의를 비롯해 소위 학문이라고 하는 모든 것들에 있어 해결할 수 없는 문제는 문제가 아니다. 이때 해결할 수 없다는 것은 사전에 이미 알려진 방법에 의해서는 해결될 수 없음을 의미한다. 따라서 이것들에 있어 문제란 '해결될 수 있는 것'이며, 또한 해결이란 어떤 조작을 통해 이루어지는 것이기에 '처리될 수 있는 것'이라는 의미도 내포하고 있다. 사실 실용주의는 모든 이론을 대신하는 실천주의이다. 이 점에 대해서 여러분은 퍼스(Peirce)의 실용주의에 대한 정의를 상기해 보기 바란다. 그러나 동시에 실용주의는 실천 행위의 부분을 포함하는 개별 학문의 인식 방법이 표출되어 있는 진솔한 이론이다. 이때 실천 행위의 부분이란 인식에 대한 순수한 열망도 아니고 문제를 무제한적으로 수용하는 것도 아니다.

그렇다면 철학의 근본인 우주를 알고자 하는 욕구, 세계를 전체적으로 알고자 하는 욕구는 어디에서 기인하는가? 대답은 간단하다. 철학에서만 독특한 것처럼 보이는 이 욕구는 우리 삶에 있어 정신의 태생적이며 자발적인 행위이다. 명백하든 그렇지 않든 간에 삶을 영위하는 데 우리는 우리가 감지하고 예지하는 우리 주위의 세계를 지향하며 살아간다. 과학자나 수학자는 생동하는 세계의 전체상(全體像)을 절단해 그 절단된 부분을 다른 것들과 격리시켜 이것으로부터 의문을 제기한다. 만일 우주에 관한 인식, 즉 철학이 과학적 진리와 동일한 유형의 진리를 우리에게 제공하지 않는다면 과학적 진리는 훨씬 더 저급한 진리라고 말할 수 있을 것이다.

과학적 진리는 정확성과 가정에 있어서의 엄밀성으로 특징지어질 수 있다. 그런데 실험 과학은 궁극적이며 결정적인 문제에 대해 손도 대지 않고 방치해 놓은 채 이차적 문제에만 매달리면서 이 경탄할 만한 특성을 완전히 말살해 버렸다. 궁극적이며 결정적인 문제에 대한 해결을 포기하는 것으로부터 실험 과학은 자신의 본질적인 미덕을 형성했으며, 바로 이 이유로 칭찬을 받을 만하다. 하지만 실험 과학은 단지 인간 정신 및 기관의 얼마 되지 않는 한 부분에 불과하다. 실험 과학이 멈추는 곳에서 인간 역시 멈추는 것은 아니다. 만일 물리학자가 자신의 방법이 끝나는 곳에서 세계에 존재하는 다양한 사실들을 묘사하는 것을 중단한다면 모든 물리학자들의 뒤에 서 있는 인간은 원하건 원치 않건 간에, 부서진 아치를 볼 때 우리들의 시각이 자동적으로 사라진 부분의 곡선을 보충하는 것처럼, 결코 중단하지 않고 끊임없이 이 다양한 사실들을 묘사하기 위해 노력할 것이다.

물리학의 사명은 현재 그 기원으로부터 발생되는 각각의 사실, 즉 현재적 사실의 전거가 되는 선행 사실이 무엇인지를 탐구하는 것이다. 그런데 이 현재적 사실의 기원은 동시에 또한 자신보다 앞선 기원을 가지고 있고, 이 기원 역시 선행 기원을 가지고 있어 연속적으로 거슬러 올라간다면 최초의 기원에 도달할 수 있다.

물리학자는 이와 같은 우주의 최초 기원에 대한 탐구를 포기했다. 그는 이것을 적절한 결정이라고 생각한다. 반복해서 말하지만 인간이란, 모든 물리학자를 포함하는 인간이란 결코 이 탐구를 중단하지 않을 것이며, 자신의 의지와는 상관없이 그의 영혼은 최초의 불가사의한 원인으로 끊임없이 이끌릴 것이다. 이는 매우 자연스러운 것이다. 삶이란 분명 세계와 관계를 맺고, 세계를 지향하며, 세계 속에서 행동하고, 세계에 관여하는 것이다. 이렇게 세계에 대한 완전한 개념, 우주에 대한 총체적 관념을 가지려는 것을 포기한다는 것은 인간의 심리적 필연성으로 인해 본질적으로 불가능하다. 세계에 대한 초과학적 형상은 그것이 엉성하고 조잡하든 혹은 세련되었든 간에, 혹은 우리가 동의를 하건 하지 않건 간에 우리 각자의 정신 속에 구현되어 있으며 과학적 진리보다 더 효과적으로 우리의 실존을 지배한다. 지난 세기는 인간 정신의 활동을 마비시켜 그것을 정확성에 의해 설정된 한계 내에 억제시키기를 원했던 시대였다. 이 폭력, 궁극적 문제에 대한 이 회피를 지난 세기는 '불가지론'이라고 명명했다.

이와 같은 시도는 정당화될 수도 없고 시인될 수도 없다. 실험 과학이 그 고유의 방법을 통해 근본적인 문제들을 해결할 수 없다는 이유로 마치 높은 가지 위에 달린 포도송이 앞에 서 있는 여우의 익살스러운 행동처럼 이 문제들을 '신화'로 치부한다거나 포기할 수는 없다. 궁극적이며 극적인 문제를 어떻게 우리가 회피하며 살 수 있겠는가? 세계는 어디에서 와서 어디로 가는가? 우주의 결정적인 능력은 무엇인가? 삶의 본질적 의미는 무엇인가? 우리는 간접적이며 이차적인 문제들로만 제한되어 있는 공간 속에서는 결코 숨을 쉴 수가 없다. 우리에게 필요한 것은 일차적이며 궁극적인 것을 모두 포괄하는 총체적 전망이다. 불완전한 전경, 배경이 단절되어 버린 지평선은 우리에게 필요하지 않다. 기본적인 방위를 설정하지 않는다면 우리는 어디로 가야 할지 방향을 상실할 것이다. 기본적이며 궁극적인 문제들을 해결할 수 있는 방법을 아직 발견하지 못했다고 주장하는 것은 이 문제들에 대한 감각의 결여를 정당화할 수 있는 충분한 변명이 되지 못한다. 변명을 하면 할수록 우리 존재의 기저에서는 더욱더 이 문제들에 대한 압박과 고통이 심해진다. 배가 고픈 어떤 사람이 자기 앞에 놓인 것이 먹을 수 없는 것임을 안다고 해도 결코 그의 배고픔은 해소될 수 없다.

이 궁극적인 의문들은 비록 해결 불가능한 것일지라도 구름 가득한 밤하늘에 처연하게 떠올라 빛을 발해 우리에게 윙크하는 별처럼 계속 우리들의 정신세계 속에서 일어나 우리를 자극할 것이다. 하이

60

네[12)]가 말했듯이 별은 밤이 지닌 지칠 줄 모르는 황금의 사상이다. 남쪽과 북쪽은 비록 쉽사리 목적지까지 데려다 주는 철도 승차권과 같은 것은 아니지만 우리를 인도해 나아갈 방향을 제시해 준다.

이상 내가 하고자 하는 말은 우리는 결코 궁극적인 주제들을 회피할 수 없다는 사실이다. 우리가 원하건 원치 않건 간에 이 주제들은 다양한 형태로 우리 내부에 존재한다. 과학적 진리는 비록 정확하기는 하지만 궁극적이며 완전한 진리는 아니다. 진정 궁극적이며 완전한 진리는 비록 정확하지는 않지만 '신화'라고 부를 만한 것이다. 그러므로 과학적 진리는 신화 속에서 부동(浮動)하며 과학 자체는 전체적으로 보아 하나의 신화, 즉 경탄할 만한 유럽의 신화이다.[13)]

후기

그런데 만일 우리가 철학의 근원이라고 할 수 있는 세계의 총체적 상으로서의 우주를 인식하고자 하는 우리들의 욕구가 어디에서 기원하는지 질문을 던진다면 아리스토텔레스는 필히 확정적이며 단정적인 답변을 통해 우리가 다른 생각을 하지 못하도록 할 것이다. 그에게 있어 이 질문은 단순하기 그지없다. 그는 자신의 대표작인 『형이상학 Metaphysica』을 다음과 같은 말로 시작하고 있다. "인간은 본능적으로 인식에 대한 욕구를 느낀다." 인식한다는 것은 우리에게 현현되는 현상 그대로의 사물에 만족하는 것이 아니라 그것의 배면에 있는 그 '존재'를 추구하는 것이다. 사물의 이 존재란 정말 기이한 조건을 지니고 있다. 이것은 사물 내부에 명백하게 나타나는 것이 아

---

12) Heine(1797~1856) : 독일의 서정시인. 『노래책 Buch der Lieder』으로 국제적인 명성을 얻었다.

13) 이 문단은 오르테가 전집 2권에 실린 『국가의 스포츠적 기원』에서 인용되었다.(편집자주)

니라 언제나 사물의 배후에서, 사물 저편에서 고동친다. 근본적으로 우리의 삶은 사물에 둘러싸여 있기에 우리는 사물이 우리에게 현현하는 그대로의 모습에 만족한다. 따라서 아리스토텔레스는 우리가 사물 '저편'에 대해 의문을 갖는 것은 당연하다고 생각한 것이다. 우리에게 주어진 것은 사물이지 사물의 존재가 아니다. 사물 속에는 자신의 배후에 그 존재를 가지고 있다는 그 어떠한 긍정적 징후도 없다. 명백히 사물의 '저편'이란 그 어떤 방법으로도 사물 내에 존재하지 않는다.

혼히들 인간은 태생적으로 호기심을 가지고 있다고 말한다. 이것이 바로 아리스토텔레스가 생각했던 바이다. "왜 인간은 무엇을 알고자 하는가?"라는 질문을 받았을 때 그는 마치 몰리에르(Molière)의 희곡에 등장하는 의사처럼 "태생적이기 때문에"라고 대답했다. 계속 그는 "무엇을 인지하고자 하는 열망, 특히 무엇을 관찰하고자 하는 열망이야말로 인간이 태생적으로 호기심을 가지고 있다는 표식"이라고 말한다. 여기에서 아리스토텔레스는 과학자와 철학자를 필로테아모네스(philotheamones), 즉 관찰의 친구, 광경을 지향하는 사람들로 분류한 플라톤을 떠올린다. 그런데 관찰한다는 것은 인식한다는 것과 대조되는 의미를 지닌다. 관찰한다는 것은 지금 현재 여기 있는 것을 눈을 통해 보는 행위를 의미하는 반면 인식한다는 것은 현재 부재한 것, 즉 사물들의 존재를 추구하는 의미를 지니고 있다. 그러므로 정확히 말해 인식이란 보여질 수 있는 것에 대해 만족하지 않는 것, 보여질 수 있는 것이란 불충분하다는 확신, 보여지지 않는 것, 즉 '저편'에 있는 본질적인 그 무엇에 대한 요구인 것이다.

위와 같은 사실들 및 기타 다른 사실들을 통해 아리스토텔레스는 그의 저작들에서 인식의 기원에 관한 자신의 생각을 전개하고 있다. 그의 논리에 따르자면 그 무엇을 보는 행위란 단지 시각의 기능을 이용하는 것과 마찬가지로 인식의 원천 역시 인간이 지니고 있는 기관의 단순한 이용에 있을 것이다. 우리는 감각을 가지고 있고, 감각이 수집한 자료를 저장할 수 있는 기억력을 지니고 있으며, 그 내부에서 이 기억력이 스스로 한 가지를 선택해 어떤 결과를 따르는 경험을 소유하고 있다. 이 모든 것들은 인간이 원하건 원치 않건 간에 행하고 있는 인간 기관의 태생적인 메커니즘이다. 하지만 이런 것들은 결코 인식이 아니다. 비록 우리가 추상함, 비교함, 추측함과 같은 엄밀히 말해 인간의 지적인 기능을 여기에 덧붙인다고 하더라도 이것들 또한 인식이 될 수는 없다. 지성 혹은 위 모든 능력의 총체 역시 하나의 메커니즘일 뿐이다. 이것들은 인간으로 하여금 자신들이 그 무엇을 본질적으로 부여받았다는 사실을 깨닫게 하면서 인식 행위를 위해 명백하게 복무하는 것들이다. 그러나 인식 자체는 결코 하나의 기능도 아니고 능력도 아니며 메커니즘도 아니다. 이런 것들과는 정반대로 인식은 인간에게 부여된 하나의 과제, 상술하면 해결 불가능한 과제이다. 즉 인식은 결코 인간이 지닌 단순한 하나의 본능이 아니다.

우리는 그 무엇을 알고자 할 때 감각 기능을 비롯한 우리가 지니고 있는 기능들을 이용한다. 이때 우리가 기능들을 이용하는 것은 이것을 이용하고자 하는 욕구 때문이 아니라 우리가 느끼는 필요성을 해결하기 위함이다. 이 필요성은 인간이 지닌 기능과는 전혀 상관이 없으며 이 기능들은 우리가 느낀 필요성을 해결하는 데 적합하지도, 혹은 적어도 충분하지는 않은 그러한 것이다. 따라서 인식이란 인간이 기능의 사용을 통해 획득할 수 있는 것이 아니기에 지적 기능이 아니다. 유일하게 확실한 것은 인간은 처절할 정도로 그 무엇을 알고자 노력하며 현상의 초월로서의 존재를 탐구하고 또한 그 의미에 도달하고자 총력을 기울인다는 점이다.

인식의 기원에 관한 진정한 질문은 언제나 그 메커니즘에 대한 연구로 대체되면서 폄하되었다. 훌륭한 장비를 소유하고 있다는 사실이 그것을 잘 사용할 것임을 보증하지는 않는다. 내 집이나 여러분 집에는 그 용도가 더 이상 우리들의 관심을 끌지 않아 사용하지 않는 연장들이 꽤나 있을 것이다. 후안은 수학에 재능을 타고난 사람이다. 그러나 유일하게 그의 관심을 끄는 것은 문학이지 수학이 아니기에 그는 수학에 전혀 신경을 쓰지 않는다. 게다가 내가 이미 지적했듯이 인간이 소유하고 있는 지적 능력이 인식을 가능하게 하는 것도 아니다. 만일 아리스토텔레스처럼 우리가 인간의 본성에 의해 인간이 지닌 육체적, 정신적 능력 및 그 기능을 이해한다고 한다면 인식은 결코 인간에게 자연적으로 부여된 것이 아니라는 사실을 우리는 인정해야만 할 것이다. 반면 인간이 자신이 지닌 모든 메커니즘을 이용할 때 그는 인식이라는 단어가 제시하는 그 모든 것을 완전히 획득하지는 못한다는 사실을 발견할 것이다. 인간이 지닌 그 무엇을 알고자 하는 기도, 인식적 열망은 인식에 다다르기 위해 그가 채택하는 모든 방법 및 그가 태생적으로 가지고 있는 자질을 초월한다. 그는 자신이 지닌 모든 도구와 방법을 동원해 그 무언가를 알고자 하지만 그는 결코 이것들로는, 아니 이것들의 총체로도 자신이 알고자 하는 것에 대해 만족스럽게 알지를 못한다. 여기서 획득되는 것은 단지 부분적인 인식일 뿐이다. 따라서 인간은 그 무엇을 알고자 하는 기이한 열망을 가지고 있지만 아리스토텔레스가 '본성'이라고 정의한 인간의 자질은 그를 좌절시키고 마는 것이 현실이다.

우리는 이 사실을 통해 인간의 진정한 본성이란 매우 광범위하고 또한 특유의 자질을 소유하기는 하지만 동시에 필연적으로 무언가가 결핍되어 있는 것임을 알 수 있다. 인간이란 자신이 소유한 것과 소유하지 않은 것으로 구성되는 존재이다. 만일 인간이 장기간 필사적으로 그가 지닌 지적 능력을 사용한다면 이는 단순히 그가 이와 같은 능력을 소유하고 있기 때문이 아니라 이와는 반대로 그에게 결핍되어 있는 그 무언가를 필요로 하기 때문이며 그것을 획득하기 위해 그가 지닌 모든 수단을 동원하기 때문이다. 모든 인식론의 근본적인 오류는 인간이 느끼는 인식에 대한 필요성과 이 필요성을 획득하기 위해 그가 의지하는 기능 간의 본질적인 부조화에 주목하지 않는 데 있다. 오직 플라톤만이 우리가 인식의 본질이라고 부를 수 있는 인식의 근원은 정확히 말해 인간이 지닌 능력이란 그 무엇을 결핍하고 있다는, 즉 인간은 무지하다는 혹독한 사실에 있을 것이라고 추측했을 뿐이다. 신도 짐승도 이와 같은 조건을 가지고 있지 않다. 신은 전지전능하기에 그 무엇을 알고자 할 필요를 느끼지 않는다. 짐승은 아무것도 모르기에 역시 인식의 필요성을 느끼지 않는다. 그러나 인간은 언제나 무언가가 결핍되어 있는 생명체이며, 무언가를 알고자 하고 또한 자신이 무지하다는 사실을 처절하게 느낀다. 이것은 다음과 같은 사실을 위한 분석에 유용한 개념으로 작용한다. 왜 자신이 무지하다는 사실이 인간에게 고통을 주는 것일까? 어떻게 그가 한 번도 지니지 않았던 한 기관이 그에게 고통을 줄 수 있는가?

4강
우주 혹은 다원적 세계에 대한 인식,
문제 해결에 대한 문제 자체의 우월성,
이론적 문제와 실천적 문제, 범논리주의와 생적 이성

　　본 강의는 굽이굽이 흐르는 과디아나 강[1]의 강물처럼 어떤 곳에서
는 솟아올랐다가 곧 사막의 모래밭 밑으로 사라졌고, 결국 지금 다
시 여기서 나타났다. 마드리드 대학교에서 있었던 첫 강의부터 지금
까지 나는 급작스러운 화재나 재앙이 발생했을 때 사람들이 일반적
으로 행동하는 것처럼 단지 두 가지 사실만을 구출해 냈다. 하나는
"철학이란 무엇인가"라는 강의의 제목에 대한 언명이었고 다른 하나
는 내가 몇 번에 걸쳐 여러분에게 상기시켰던, 우리가 다루고자 하
는 주제에 직접적으로 접근하는 대신 나의 사유를 연속적인 원환을
따라, 즉 나선형으로 전개하면서 그 중심을 향해 나아가고자 한다는
의도였다. 이러한 방법을 통해 우리는 각각의 근본적인 문제를 가장
범박하면서도 엄밀하지 않게, 하지만 가장 이해하기 쉬운 형식을 통
해 다룰 수 있었다. 또 이 문제들은 우리로 하여금 그러한 방법을

---

1) 스페인 남중부 지역으로부터 포르투갈 남동부로 흘러 내려가는 이베리아반도
　의 주요 하천.

취하지 않을 수 없도록 했다. 분명히 우리는 나중에 보다 좁혀진 원환 속에서 이 문제들이 언제나 보다 정력적이며, 보다 다양한 형식으로 다루어지고 있었음을 발견하게 될 것이다. 이미 여러분에게 말했듯이 얼핏 보아 단순한 하나의 문구 혹은 사소한 것처럼 보이는 것들이 후에는 보다 진중하고 독창적인 형태로 향상되어 나타나는 경우가 비일비재하다.

지난번 강의를 통해 우리는 나선형에서의 첫 번째 선회를 마쳤다. 그렇다면 지금부터 우리는, 플라톤이라면 제2의 세계일주($\tau\grave{o}\nu$ $\dot{\eta}\mu\acute{\epsilon}\tau\eta\rho o\nu$ $\delta\epsilon\acute{u}\tau\epsilon\rho o\nu$ $\pi\lambda o\hat{u}\varsigma$)라고 명명했을 종류의 것을 시작하지 않으면 안 될 것이다. 우리는 앞에서 과학적 진리, 물리학적 진리는 정확성이라는 경탄할 만한 특성을 가지고 있지만 그것은 불완전하며 궁극적인 진리는 되지 못한다는 사실을 살펴보았다. 즉 물리학의 진리는 결코 자기 충족적인 진리는 되지 못한다. 물리학의 대상은 부분적이며 단지 세계의 한 부분에 지나지 않는다. 더욱이 물리학은 완벽한 것으로 주어지는 무수한 전제로부터 그 연구를 시작한다. 따라서 물리학적 진리는 자립적이지도 않고, 자신의 내부에 근거와 근원을 가지고 있지 않은, 즉 근원적 진리가 아니다. 이러한 이유로 물리학적 진리는 물리학적 진리도 과학적 진리도 아닌, 진정 궁극적인 진리 속에 자기 자신을 통합시키고자 한다. 물리학이 끝나는 지점에서 문제 역시 해결되는 것은 아니다. 즉 과학자의 배후에 서 있는 인간은 총체적 진리를 필요로 하며, 그가 좋아하든 싫어하든 간에 그의 삶의 구조에 의해 우주에 대한 전체적 개념이 형성되는 것이다.

여기서 우리는 완벽하게 대조를 이루는 과학적 진리와 철학적 진리라는 두 유형의 진리를 목도할 수 있다. 전자는 정확성을 특징으로 하지만 불충분하며 후자는 충분하지만 부정확하다. 결국 철학적 진리는 그 주제가 과학적 진리보다 더 광범위하고 인식의 유형으로서도 보다 폭이 넓기에 과학적 진리보다 더 근본적인 진리이며, 따라서 의심의 여지 없이 과학적 진리보다 우월한 상위 진리이다. 결론적으로 말하자면 부정확한 철학적 진리가 보다 진정한 진리이다.

그런데 이 사실은 결코 이상한 것이 아니다. 정확성을 진리의 가치에 영향을 미치는 속성으로 파악하려는 경솔하면서도 일반적인 경향은 결코 그 정당성과 의미를 지니지 못한다. 정확성이란 수량적인 대상, 혹은 데카르트가 말한 대로 대소의 차를 수용하는 것(quod recipit magis et minus), 즉 계산되고 측정되는 것에 관해 언급될 때만이 존재 가능하다. 따라서 정확성이란 엄밀히 말해 진리의 속성이 아니라 우주 내에 존재하는 어떤 특정 사물의 속성일 뿐이다. 결국 정확성이란 단지 양적이고 물질적인 속성이며 근사치적 가치를 지니고 있을 뿐이다.

한 진리가 매우 정확할 수는 있다. 그럼에도 불구하고 이 진리는 보잘것없는 진리일 따름이다. 예를 들어 거의 모든 물리학적 법칙은 매우 정확하게 표현되지만 이것은 단순히 통계적인 계산, 즉 개연성의 계산에 의해 획득된 것이기에 단지 개연적 가치만을 지니고 있을 뿐이다. 물리학이 더욱더 정확성을 갖춤에 따라 물리학자들이 물리학을 단순한 개연성의 체계, 즉 이류급 진리의 체계, 의사(擬似) 진리의 체계로 변환시켜 버린 기이한 경우를 여러분들은 곧 보게 될 것이다. 이 주제는 매우 중대하고 논쟁적인 것이어서 별도로 다룰 가치가 있다. 이와 같은 사태의 결과는 새로운 우주적 광경의 위대한 창시자들인 현대 물리학자들을 자신들이 발견한 특수한 진리들을 보다 완벽하면서도 생생한 진리 속에 위치시키기 위해 철학으로 이끈 하나의 요인이었다.

지난 시간 우리는 근본적인 사실, 즉 세계에 존재하는 모든 것들이 '우리의 삶' 및 이 삶의 지평인 세계를 구성한다는 본질적인 사실과 처음으로 대면했다. 이 대면은 아직까지는 매우 부정확하며 또한 명증성을 결여하고 있다. 이것은 마치 막연한 시적 반응 혹은 감정적 반응에 불과한 것처럼 보인다. 그럼에도 불구하고 이것은 우리가 앞으로 밟아야 할 여정이 어떠한 것인지를 충분히 짐작할 수 있도록 그 어떤 것을 암시해 준다.

오십 년 전인 1880년대의 철학은 기껏해야 개별 학문의 보완물적인 역할을 하고자 했다. 개별 과학이 아직까지는 명확한 진리를 획득할 수 없다는 한계점에 도달했을 때 이들 학문들은 '모든 학문의 시녀'와 같은 처지가 되어버린 불쌍하기 짝이 없는 철학에게 막연하면서도 숭고한 선언을 통해 이 과업의 완수를 맡겨버렸다. 사람들은 스스로 물리학의 세계 속에 안주하고 있었고, 물리학이 멈춘 지점에서 철학자는 물리학이 남겨놓은 과제를 설명하기 위해 물리학이라는 성 밖에 존재하는 물리학을 이용하면서 타성적으로 곧장 앞으로 나아갔다. 물리학(física) 저편의 물리학은 형이상학(metafísica), 즉 물리학 자신의 외부에 있는 물리학이었다.(러셀과 화이트헤드 유의 현대 영국 철학이 아직 이와 같은 종류의 물리학이다.)

그러나 이전에 내가 여러분에게 말했던 것은 우리가 나아갈 길은 위와는 반대 방향이라는 것을 우리에게 알려준다. 우리는 물리학자, 수학자, 역사학자, 예술가 혹은 정치인까지도 자신에게 주어진 임무의 한계를 인식했을 때 자기 임무 고유의 영역으로 회귀한다고 주장하려 한다. 이제 물리학자는 스스로 자신이 물리학자가 아니라 물리학이란 그가 인간으로서의 삶에서 행하는 수많은 것들 중의 하나라는 사실을 발견한다. 물리학자는 그의 존재 기저에서, 혹은 그의 심층에서 결국 자신이 하나의 인간임을, 자신의 삶 역시 인간적인 삶이라는 결론과 만나게 된다. 그리고 이 인간적 삶은 끊임없이 우주라고 하는 총체적 세계와 관련될 수밖에 없는 필연적인 조건을 지닌다. 물리학자는 물리학자이기 이전에 한 인간이며, 또 한 인간이기에 우주에 관심을 기울인다. 환언하면 물리학자는 잘하건 못하건 간에, 인위적이건 자연적이건 간에, 세련된 방법이건 조잡한 방법이건 간에 여하튼 철학을 하는 것이다.

우리가 나아가는 길은 물리학 저편을 향해서가 아니라 이와는 반대로 물리학에서 근본적 삶으로 회귀하는 길이며 여기서 우리는 철학의 근원을 발견하게 될 것이다. 따라서 결국 철학을 한다는 것은 후물리학적(meta-fisica)인 것이 아니라 전물리학적(ante-fisica)인 것이다. 철학은 삶 그 자체에서 태동되며 앞으로 우리가 철저하게 고찰하겠지만 삶은 그 형태가 아무리 원초적인 것이라 할지라도 철학함을 피할 수 없다. 그러므로 "철학이란 무엇인가?"라는 질문에 대해 우리는 우선 "철학이란 필연적인…… 그 무엇이다."라고 답변할 수 있을 것이다.

지난 강의에서 나는 철학이란 무엇인가라는 질문에 대해 철학적 사유의 형태를 규정하고 있는 일련의 속성, 특징, 면모 등에 대한 서술을 통해 해답을 찾아보기로 약속했다. 그런데 시간이라고 하는 저 위대한 수확자는 우리가 추구하던 개념이 한참 무르익고 발전되려는 순간 나의 강의를 중단시켜 버렸다. 어쩔 수 없이 나는 시간에 쫓겨 나의 논지 전개를 접어야만 했다.

하지만 여러분이 지난 강의를 상기한다면 우리는 아직 우리가 본격적으로 다루어야 할 주제의 문턱도 밟지 못했다는 사실을 발견할 것이다. 그러므로 이제는 이 문제의 내부로 들어가 그것을 탐구하지 않으면 안 된다. 우리는 철학을 우주에 대한 인식으로 정의하고자 했다. 그런데 이 점에 있어서 여러분이 이 정의가 지닌 명백한 단호함으로 인해 우리가 철학이라고 부르는 지적 양식의 본질적이며 특수한 것을 간과해 버리는 상황을 방지하고자 나는 여러분에게 미리

주의를 환기시키려 한다. 엄밀히 말해 이 위험은 정의 자체에서 비롯된 것이 아니라——이 정의는 정확한 것이다——우리 인간들, 특히 정열적인 사람들이 그 무엇을 읽고 듣고 하는 데 있어서의 습관적 방법에서 비롯된 것이다. 지난 이십오 년 동안 철학을 연구해 오면서——그렇다고 내가 이미 철학계의 원로라고 자랑하는 것은 아니다. 하지만 나는 열여덟 살부터 철학 저서를 발표했다——나는 스페인인이건 아르헨티나인이건 간에 거의 예외 없이, 그 무엇을 읽고 듣는 행위를 한 단어의 자연적이며 인상적인 의미에서 다른 단어의 의미로 전이하는 이상으로, 한 문구가 지닌 단순한 의미에서 다음 문구의 의미로 전이하는 그 이상으로 이해할 수 있을 것이라는 모든 환상과 희망을 상실해 버리고 말았다. 하물며 철학적 표현을 이해한다는 것은 절대 불가능하다. 이것은 의심할 수 없는 사실이다.

철학은 읽힐 수 없으며 읽혀서도 안 된다. 즉 철학에 있어서는 반(反)독서가 필수적이다. 우리는 각각의 철학적 문구에 대해 재사유해야 하며 그러므로 이것은 우리가 각 문구를 그것을 구성하는 단어들로 분해하고 그것들을 하나하나 세밀히 다루는 것을 전제로 한다. 또한 이 단어들을 다루는 데 있어 그 단어들의 표면적 의미에 만족하는 대신 그것의 내부로 우리의 몸을 던져 침잠해 그 단어가 지닌 의미의 기저로까지 내려가서 그 본질을 파악해야 하며, 이 단어가 지닌 내적 비밀의 주인으로서 자유로운 대기 속으로 다시 나오기 위해서는 이것의 해부학적 구조와 한계를 잘 살펴야 한다. 우리가 한 문구 내에 나타나 있는 모든 단어를 이와 같이 고찰하게 되면 이 단어들은 서로 단순히 수평적으로 연결되어 있는 것이 아니라 그 기저에서 이것들이 지닌 관념의 동일한 근원으로 연결되어 있다는 사실을 발견하게 될 것이다. 그러므로 이 단어들만이 진정 하나의 철학적 문구를 구성하게 되는 것이다. 한 단어가 지닌 의미의 기저를 검토하지 않고 다른 단어로 슬며시 넘어가 버리는 수평적인 독서, 말하자면 한 문구를 엄밀히 파헤치지 않고 다른 문구로 넘어가 버리는 단순한 정신적 스케이팅 같은 독서 대신 우리는 각 단어의 조그마한 심연 속으로까지 내려가는, 잠수복을 착용하지 않은 풍요로운 잠수와 같은 수직적인 독서를 하지 않으면 안 된다.

이렇게 나는 위의 정의를 구성하는 각 단어들 속에 여러분을 차례로 정주시키기 위해 노력했다. 오늘 우리들이 나아가야 할 사유의 궤적을 재개하기 위해 우리가 지금까지 전개해 왔던 강의 내용을 요약해 본다면 우리는 그 내용들을 재확인할 수 있고 또한 그것을 풍성하게 할 기회를 가질 수 있을 것이다. 이것은 내가 알고 있는 한 완전히 새로운 하나의 분석이기에 매우 중요하며, 그래서 나는 이전보다 엄격히 분석할 수 있기를 스스로에게 바란다.

그러면 지금부터 우리의 과제를 본격적으로 다루어보기로 하자. 우주는 어떤 주제 혹은 과제의 한 명칭이며 철학은 바로 이 우주를 연구하기 위해 탄생했다. 그런데 철학의 대상인 우주는 매우 기묘하고 다른 모든 대상과는 근본적으로 구별되기에 철학자는 각 개별 학문들이 그들의 고유한 연구 대상과 직면했을 때 취하는 태도와는 판이하게 다른 지적 태도로 이것과 직면하지 않으면 안 된다.

나는 우주를 형식적으로 '존재하는 모든 것(todo cuanto hay)'으로 이해하고자 한다. 따라서 철학자는 존재하고 있는 개별 사물의 독자적 존재 혹은 사적 존재에 관심을 가지는 것이 아니라 존재하는 일체의 전체성에 관심을 가진다. 결국 철학자가 진정 관심을 기울이는 것은 존재하는 모든 사물의 전체성 속에서 각 사물의 위치, 역할, 지위와 같은 각 사물이 다른 사물들과 맺고 있는 관계 양상, 말하자면 각 사물의 공적인 삶, 즉 보편적 존재의 지고한 공연성(公然性) 속에서 개별 사물이 무엇을 형상화하고 어떠한 가치를 지니는지에 대해서이다. 여기서 사물이란 실재적이면서도 물리적이고 생명적인 것뿐만 아니라 비실재적이며 관념적, 환상적, 초현실적인 것까지도 의미한다. 그래서 나는 '존재하다'라는 의미를 가장 포괄적으로 가지고 있는 '존재한다(haber)'라는 동사를 선택해 살펴보고자 한다. 나는 앞으로 '존재하는 모든 것(Todo lo que hay)'이라는 표현을 사용할 것이지 결코 '현존하는 모든 것(Todo lo existe)'이란 표현을 사용하지는 않을 것이다.[2] '존재한다'라는, 결코 단순한 고통의 외침이 아닌 이 동사는 존재는 하지만 현존하지는 않는다고 말해야 하는 것까지도 포괄하는 광범위한 대상권을 형성한다. 예를 들어 사각의 원, 날이나 손잡이 없는 칼, 혹은 말라르메(Mallarmé)가 말하는 시계판 저편에 존재하는 시간과 같은 숭고한 시간, 너무나도 이상적인 여성이라 여성이 아닌 여성인 최상의 여성과 같은 불가사의한 모든 존재는 결코 현존하지는 않지만 존재한다고는 말할 수 있는 것들이다. 사각의 원에 대해 우리는 그것의 현존재는 불가능하기에 단지 현존하지 않는다고 말할 수 있을 뿐이다. 그런데 이 불쌍하기 짝이 없는 사각의 원에 대해 잔혹한 선고를 내리기 위해서는 우리는 이것을 이전에 미리 사유하고 있어야만 하는, 즉 어떤 의미에 있어서 우리에게 존재해 있지 않으면 안 된다.

나는 수학자와 물리학자는 그의 연구 대상을 한정시키고 그것을 정의하면서 자신들의 연구를 시작한다고 이전 강의에서 여러분에게 밝힌 바 있다. 그리고 이와 같은 수적인 것, 양적인 것에 관한 혹은 수학이 자신의 연구를 시작하면서 내리려고 하는 그 무엇에 대한 정의는——물질적인 것에 있어 물리학이 물리적 현상에 대한 정의로부

---

2) 스페인어에서는 동사 Haber와 Existir가 공히 '있다', '존재하다'라는 의미를 가지는데 Haber가 더욱 포괄적인 의미를 가지고 있다. 그런데 이 동사들을 정확히 한국어로 구별해 번역하는 것은 거의 불가능하다.

터 자신의 연구를 시작하는 것과 마찬가지로 —— 물질의 가장 본질적인 속성을 포함하고 있다고 말했다.

그러므로 개별 학문은 자신이 직면하는 문제를 분리하고 한정하면서 자신의 연구를 시작한다. 그리고 이와 같이 하기 위해 개별 학문은 그 문제의 가장 핵심적이며 중요한 것을 인식하고 있거나 혹은 미리 인식한다고 믿으면서 연구를 진행한다. 개별 학문의 과제는 대상의 내부 구조, 즉 우리가 조직학이라고 명명할 만한 대상의 섬세한 내적 조직을 연구하는 것으로 한정되어 있다. 반면 철학자는 존재하는 모든 것에 대한 탐구를 시작할 때 그는 근원적인 문제, 한계가 없는 문제, 절대적인 문제를 수용한다. 철학자가 탐구하고 있는 대상인 우주에 대해서 철학자는 아무것도 알지 못한다.

그렇다면 철학자가 알지 못하는 것이 무엇인지에 대해 정확하게 살펴보자. 이 시도는 철학적 문제가 지닌 가장 기이하면서도 다른 것과 비교할 수 없는 양상을 매우 엄밀하게 정의하는 것을 의미한다.

첫째, 우리가 '존재하는 모든 것'이란 무엇인가라는 질문을 스스로 제기했을 때 우리는 '모든 것'이란 것이 무엇인지에 대해 전혀 아는 바가 없다. 우리가 철학에 앞서 미리 알고 있는 유일한 것은 이것, 저것, 그 이외의 것들이 존재하고 있다는, 정확히 말해 우리가 탐구하고 있지 않는 것들이 존재하고 있다는 사실뿐이다. 우리는 '전체'를 탐구하고 있는데 우리가 소유하고 있는 것은 언제나 전체가 아니다. 이 '전체'에 대해 우리는 아무것도 모르며 아마도 우리가 이미 소유하고 있는 전체의 모든 부분들 중에서 우리는 우리에게 가장 중요한 것들, 존재하고 있는 것 중 가장 중요한 것은 결여하고 있을 것이다.

둘째, 그런데 우리는 또한 '존재하는 모든 것'이 실제로 하나의 전체, 즉 우주(universo)인지 아니면 '존재하는 모든 것'이란 다양한 전체, 말하자면 다원적 우주(multiverso)를 구성하는지에 대해서도 전혀 모른다.

셋째, 하지만 우리는 더욱 아무것도 모르고 있다. '존재하는 모든 것'이 우주 혹은 다원적 우주를 형성하는지에 대해서도 우리는 모르며 지적인 작업을 수행할 때도 우리는 이 작업이 인식 가능한 것인지, 말하자면 우리가 가지고 있는 문제가 해결 가능한 것인지 불가능한 것인지에 대해서도 아는 것이 전혀 없다. 여러분은 지금 내가 한 이 말을 절대 간과하지 말기를 바란다. 이것이야말로 철학적 사유의 기이한 차원을 구성하며 또한 이 차원이 사유의 철학적, 지적 형태를 다른 모든 것들과 가장 잘 구별시켜 사유 고유의 특징을 형성케 하는 것이다.

개별 학문은 그 대상이 인식 가능한 것임에 대해 어떤 의심도 품지 않는다. 단지 그것을 완벽하게 인식할 수 있는지에 대해서만 의심할 뿐이며 자신이 가진 일반적 문제의 내부에서 해결 불가능한 특수한 문제들을 발견할 것이다. 그리고 이것들을 수학과 마찬가지로 해결 불가능한 문제라고 선언해 버릴 것이다. 그러나 과학자의 태도는 그 연구 대상을 인식할 수 있다는 가능성에 대한 신념을 내포하고 있다. 이 신념은 단순히 막연한 인간적 확신이 아니라 과학이 자신이 지닌 문제를 정의할 때 이것은 그 문제를 해결할 수 있는 일반적 방법론을 확정하는 것과 동일하기까지 한, 즉 과학 자체를 구성하는 하나의 구성물이다.

환언하면 물리학자에게 문제란 원칙적으로 해결 가능한 것이다. 그러므로 그에게 있어 해결은 어떤 면에서는 문제에 선행한다. 따라서 이 경우 문제에 허용되는 문제 처리 방법을 물리학자가 해결 혹은 인식으로 명명하는 것을 우리는 이해할 수 있다. 예를 들어 색조나 소리 그리고 감각 기관에 인지되는 변화들에 대해 물리학자는 일반적으로 단지 양적 관계만을 인식할 수 있을 뿐이며, 시공간에서의 상황조차도 상대적으로만 알 수 있을 뿐이다. 또한 물리학자는 이 상대성마저도 우리의 감각과 기관이 허용하는 근사치를 통해서만 알 수 있을 뿐이다. 물리학자는 이처럼 근사치를 통해 얻은, 이론적으로 만족스럽지 않은 이 결과를 해결 또는 인식이라고 명명하는 것이다. 반면 물리학자는 측정 가능한 것과 이 방법적 처리를 수용하는 것만을 물리학적 문제로 간주할 것이다.

자신이 다루는 대상이 인식 불가능할 것이라는 가능성을 자신의 인식 활동에서의 본질적 요소로 파악하는 이는 오직 철학자뿐이다. 이것은 철학이 주어진 문제를 미리 폭력적으로 길들이지 않고 있는 그대로 받아들이는 유일한 학문이라는 것을 의미한다. 철학자는 서커스단의 사육사처럼 맹수를 다루기 전 미리 맹수에게 약을 먹이는 존재가 아니라 정글에서 야성을 그대로 간직한 채 살아가는 맹수를 사냥하고자 하는 사냥꾼인 것이다.

그러므로 철학적 문제는 존재하는 모든 것을 포괄하면서 그 한계를 가지고 있지 않기에 그 범위가 무한할 뿐만 아니라 그 강도 역시 무한히 문제적이다. 즉 철학적 문제는 절대적인 것에 대한 문제일 뿐만 아니라 동시에 절대적인 문제이다. 반면 우리가 개별 학문은 상대적이며 부분적인 문제를 다룬다고 말할 때 우리는 개별 학문이란 오직 우주의 한 부분에만 전념한다는 것을 암시할 뿐만 아니라 그 문제 자체도 이미 인식되고 해결된 상태로 주어진 자료에 의존하고 있으며, 따라서 그것은 부분적인 문제에 불과할 뿐이라는 사실을 말하는 것이다.

지금이 이전에는 내가 결코 표현한 적이 없는 근본적인 고찰을 시도해야 할 순간인 것 같다. 우리가 우리의 인식 행위 혹은 이론적 행위에 대해 언급할 때 이 행위는 매우 적절하게 문제에 관한 의식에서 해결 방법의 획득으로 진행되는 정신적 작용으로 정의된다. 그런데 이 행위에 있어 그릇된 점은 정신적 작용의 모든 과정을 중요시 여기지 않고 문제의 처리와 해결이라는 최종 단계만을 중요하게 생각하는 경향이 있다는 것이다. 그러므로 학문에 대해 사유할 때 우리는 그것을 해결의 목록으로 간주하곤 한다. 내가 보기에 이것은 하나의 오류이다. 왜냐하면 첫째, 엄밀히 말해서, 또한 현대의 분위기가 요구하는 것처럼 이상주의적 경향을 탈피해 말한다면, 어떤 문제들이 완전히 해결되었는지에 대해 생각해 볼 때 여기에는 매우 많은 논쟁이 뒤따를 것이며, 그래서 우리가 학문이 무엇인지를 정의할 때 강조해야 할 점은 과학이 도달한 그 해결에 있지 않다는 사실이다. 둘째, 학문은 그 해결점을 향해 나아가는 유동적이며 열린 하나의 과정이라는 점이다. 즉 과학은 그렇게도 갈망하던 해안에의 도착이 아니라 그 해안을 향해 가는 폭풍 속에서의 항해인 것이다. 셋째, 가장 결정적인 점은 이론적 행위가 활동화되어 문제에 대한 의식에서 문제에 대한 해결로 진행될 때 우리는 문제에 대한 의식이야말로 가장 중요하고 근본적이라는 사실을 망각한다는 것이다.

왜 이렇게 중요한 사실이 마치 무의미하고 사소한 것처럼 방치되어 있는가? 왜 인간이 문제를 가져야만 한다는 사실이 자연스러운 것으로만 간주될 뿐 특별히 숙고해야 할 문제로는 여겨지지 않는가? 그런데 문제라는 것이 학문의 심장이자 중핵이라는 것은 명백한 사실이다. 그 이외의 모든 것은 문제와 관련해서만 작동하는 이차적이며 부수적인 것이다. 만일 우리가 역설이 언제나 우리에게 제공하는 지적 쾌락을 잠시 향유하고자 한다면 학문에서 유일하게 문제적이 아닌 것은 적확하게도 과학이 지닌 문제 그 자체라고 말할 수 있을 것이다. 이외 다른 모든 것들은, 무엇보다도 이 문제에 대한 해결은 언제나 불안정하고 논의의 여지가 있으며 불확실하고 가변적이다.

근본적으로 각 학문은 불변적인 혹은 매우 제한된 범위 내에서만 변하는 문제들의 체계이며, 또한 그것은 여러 세대를 걸쳐 한 정신에서 다른 정신으로 전승되는 문제들의 보고이고 천 년 학문의 역사에서 전통의 유산과 그 수호신을 동시에 구성하는 것이다.

그런데 이 모든 것들은 내가 보다 근본적인 고찰을 할 수 있도록 그 도약을 도와주는 디딤판 역할만을 할 뿐이다. 우리가 문제 그 자체인 이론적 행위를 문제의 시작이란 측면에서 보지 않고 문제의 해결이란 측면에서 파악할 때 발생하는 오류는 인간의 내면에 이미 문제가 존재한다는 기막힌 무지함에서 비롯된다. 그런데 여기서 문제가 되는 것은 대부분의 사람들이 이 말이 지닌 상이한 두 의미를 구별하지 못한다는 사실이다. 삶은 언제나 인간에게 문제를 제기한다. 그런데 이 문제는 인간 스스로 자신에게 제기하는 것이 아니라 외부에서부터 인간에게 떨어지는, 즉 삶에 의해 그에게 제기되는 것으로 실천적인 성격을 지닌다.

그렇다면 실천적 문제를 제기하는 정신적 태도란 무엇인지를 정의해 보자. 우리는 우주적 실재에 의해 둘러싸여 있으며 그 실재 속에 침잠되어 있다. 이렇게 모든 것을 포괄하는 이 실재는 물질적인 동시에 사회적이다. 예를 들어 돌이 우리가 가는 길을 막고 있을 때 우리는 갑자기 현재 우리를 둘러싼 실재와는 다른 실재를 요구하고자 하는 충동 혹은 욕망을 느낀다. 실천적 문제는 기존의 실재를 새로운 실재로 대체하는 데 있다. 즉 돌이 길을 막고 있을 경우 우리는 이 기존의 실재를 돌이 우리가 가고 있는 길을 방해하지 않는 새로운 실재로 대체하고자 하는 실천적 문제를 갖게 되는 것이다. 이것은 이전에 존재하지 않던 새로운 것의 창조를 의미한다. 그러므로 실천적 문제는 실재적인 것의 변형을 계획하는, 혹은 아직 존재하지는 않지만 존재할 경우 우리에게 보다 편리할 것이라고 생각하는 정신 행위이다.

이 행위는 이론적 문제를 야기시키는 행위와는 전혀 다르다. 통상적으로 어떤 문제는 "이것은 무엇인가?", "저것은 무엇인가?"라는 의문의 형태로 표현된다. 여러분은 이 정신적 행위의 기묘함에 대해, 이와 같은 유사한 질문이 지닌 특이함에 주목할 필요가 있다. 우리가 "그것은 무엇인가?"라는 질문을 던질 때 그 무엇은 존재하고 있다. 즉 어떤 의미에서 혹은 다른 어떤 의미에서 그 무엇은 존재를 소유하고 있다. 그렇지 않다면 우리가 그 무엇에 대해 질문하는 일은 결코 발생하지 않을 것이다. 그런데 우리는 그 무엇이 존재한다는 사실에 단순히 만족하지 않는다. 우리는 그것의 존재, 또 그것의 존재 상황 및 존재 양태에 대해 불안해한다. 즉 그 무엇의 존재는 우리를 자극하는 것이다. 그렇다면 왜 우리는 그 무엇의 존재에 대해 자극을 받는가? 이유는 명백하다. 우리 앞에 존재하고 있는 것은 그 존재 자체만으로는 불충분하기 때문이다. 만일 존재하는 것의 배후에 그것을 완성하고 지탱해 주는 그 무엇이 없다면 우리는 그것에 대해 존재의 이유가 결여된, 단지 외형만이 존재할 뿐인, 따라서 그 존재는 불완전한, 결국 존재가 아닌 단순한 유사 존재에 불과할 따름인, 존재해서는 안 될 존재로 간주한다. 그러므로 만일 존재하는 것, 이론의 여지가 없이 현존하는 것으로부터 출발하지 않는다면 이론적 문제는 성립 불가능하며, 그럼에도 불구하고 이런 것으로부터 이론적 문제가 출발한다면 우리는 이 문제의 출발점이 된 존재하는 그 무엇을 존재하지 않는 것, 혹은 존재해서는 안 되는 것으로 생각할 것이다. 그러므로 이론은 실재를 부정하면서, 실질적으로 세계를 파괴하고 무효화하면서 시작된다. 이렇게 이론은 기묘하기 짝이 없는 사실이다. 이론은 세계가 존재한다는 것은 놀라운 사실이기에, 또 자신의 목적은 세계 창조의 길을 새롭게 추적하는 것이기에 세계를

80

무의 상태로, 즉 창조 이전으로 회귀시키고자 하는 하나의 이상이다. 그러므로 실천적인 문제가 그 무엇이 존재할 경우 우리에게 편리할, 존재하지 않는 것을 존재하는 것으로 만드는 것이라면 이론적인 문제는 존재하는 것을 존재하지 않는 것으로 만드는 것이라고 말할 수 있다. 그리고 이 존재의 불충분함이 지성을 자극하는 것이다.

나는 우리로 하여금 일시적으로 존재를 부정하고, 그 부정을 통해 존재를 하나의 문제로 전환시켜 그것을 문제로 창조하는 인간이 지닌 이 대담성이야말로 이론적 활동의 특징이며 본질이라고 생각한다. 그러므로 나는 그 어떤 이론 행위도 실천적 목적으로, 그것이 무엇이든 간에, 환언될 수 없다고 본다. 이것은 생물학적이며 공리주의적인 인간의 내부에 실재적인 것을 이용해 삶을 용이하게 하는 대신 세계의 존재적 평온함을 문제들의 존재적 불안으로 대체하면서 삶을 복잡하게 만드는 대담하면서도 역동적인 또 다른 인간이 존재하고 있음을 의미한다. 이처럼 이론을 지향하는 인간 존재의 근본적 성향은 우리가 우주에서 발견하는 하나의 궁극적 사실이다. 그러므로 우리들의 살아 있는 유기적 구조에 관한 다른 모든 것들을 이해하기 위해 이용되는 공리주의적 원리의 결과로 이것을 설명하려는 것은 별 실효가 없는 무익한 일이다. 그러므로 여러분은 우리 스스로에게 이론적 문제를 제기하게끔 하는 것이 어떤 필연성이라든가 실천적 문제라고는 말하지 말기 바란다. 그렇다면 왜 이 현상은 의심할 여지 없이 실천적인 문제를 가지고 있고 또 그것을 인식하고 있는 동물에게는 발생하지 않는가? 이론적 문제와 실천적 문제라고 하는 두 문제는 근본적으로 그 기원이 상이하며 서로 환원을 허용하지 않는다. 왜냐하면 역으로 말해 욕망도 필요성도 기호도 없는, 이론적 문제만 취급하려는 단순히 지성에 불과한 존재는 결코 실천적 문제를 지각할 수 없을 것이기 때문이다.

지금까지 우리가 해온 근본적 고찰을 철학이란 무엇인가라는 연구에 적용해 보면 우리는 다음과 같이 말할 수 있을 것이다. 만일 인식 행위에서의 이론적 인간(Homo theoreticus)이 지닌 본질적 속성을 자신의 잠재적인 존재론적 비극을 발견하는 데 있어 사물을 문제로 전환하는 천부적 재능이라고 한다면 의심할 여지 없이 문제가 더욱 문제적일수록 이론 행위는 더욱 순수한 것이 될 것이다. 역으로 문제가 부분적일수록 과학은 실천 행위, 인식적이 아닌 맹목적 공리주의, 순수정관(純粹靜觀)이 아닌 행위에 대한 갈망의 유물을 간직한다. 순수정관은 오직 이론이며 어원학적으로도 그것은 직접적으로 이론을 의미한다.

철학의 문제는 유일한 절대적 문제이기에 철학의 행위야말로 진정 근원적으로 이론적인 순수 행위이다. 그것은 최고의 의지가 수행되는 인식이며 지적 영웅주의이다. 철학자는 자신의 발밑에 안락한 받침대나 견고한 토대와 같은 역할을 해주는 그 어느 것도 남겨두지 않는다. 그는 이전의 모든 안전함과 확실함을 포기하고 스스로를 절대적인 위험 속에 빠뜨리며, 그의 소박한 신념을 희생시키며 순수 지성 속에서 변형된 채 다시 태어나기 위해 살아 있는 인간처럼 자살을 해버린다. 철학자는 프란치스코 성인의 말과 같이 "나는 조금밖에는 필요로 하지 않으며, 그것조차도 나는 더욱 조금밖에는 필요로 하지 않는다."라고 말할 수 있을 것이다. 혹은 피히테(Fichte)처럼 "철학함이란 정확히 말해 삶이 아니며, 삶은 정확히 말해 철학함이 아니다(Philosophieren heisst eigentlich nicht leben, leben heisst eigentlich nicht philosophieren)."라고 말할 수 있다. 그럼에도 불구하고 우리는 철학이, 적어도 내가 생각하는 철학이 어떠한 새롭고도 본질적인 측면에 있어 역시 삶을 포함하고 있는지를 살펴볼 것이다.

이와 같은 우리의 문제는 그 해결 불가능성을 인정하면서 출발했기에 절대적 의미에서의 문제였다. 우리는 우주 혹은 존재하는 모든 것은 아마도 인식 불가능한 것이라고 말했다. 그런데 이 우주는 상이한 두 가지 이유로 인해 인식 불가능하다. 하나는 실증주의나 상대주의 혹은 일반적으로 비판주의가 믿고 있듯 우리의 인식 능력이 제한되어 있을 수 있다는 점이다. 하지만 기존의 인식론이 무시하고 있는 또 다른 이유로 인해 우주는 역시 인식 불가능하다. 즉 우리의 지성이 비록 무한대일지라도 존재와 세계, 그리고 우주 그 자체가 비이성적이기에 구조적으로 사유에 대해 불투명하다는 점이다.

최근까지 그 누구도 인식에 관한 문제를 고차원적이며 고전적인 형식으로 다시 제기하려 하지 않았다. 자신의 연구 분야에서 영속적인 가치를 지니는 가장 예리한 천재였던 칸트야말로 이 문제를 총체적으로 파악하는 데 가장 걸림돌이 되었던 장본인이다. 오늘날 우리는 인식에 관한 문제가 부분적인 형식으로 다루어질 때조차도 일반적 문제를 회피하려는 사실을 기이하면서도 수용하기 어려운 것으로 간주하기 시작했다. 만일 내가 인간 주체가 무엇을 그리고 얼마나 많이 인식하고 있는가에 대해 자문한다면 나는 무엇보다도 우선 인식의 주체가 누구이든 간에 인식이란 무엇인가라는 인식의 의미에 대한 탐구를 할 필요가 있다. 이 같은 탐구를 수행해야만 나는 비로소 개별적 인간 주체의 경우에 있어 그것 없이는 그 어떤 인식도 불가능한 포괄적 조건들이 충족되는지를 알 수 있을 것이다. 오늘날, 특히 위대한 독일 철학자 니콜라이 하르트만(Nicolai Hartmann)의 최근 저서가 출간된 이후 우리는 인식 가능성의 근본적인 조건들이 무엇인지를 결정하는 것으로부터 철학 연구를 수행해야만 한다는 사실을 인정하기 시작했다. 저 유명하면서도 진부한, 그러나 가장 근본적의미의 정의에 따르자면 인식이란 사물과 지성의 일치(adaequatio rei et intellectus), 즉 사유와 존재의 상호 동화라고 말할 수 있었다. 하지만 이미 우리가 보았듯 이 일치는 전체적이며 완전한 일치가 아니라 최소한의 일치, 단지 상징적 인식만을 부여하는 것이다. 이 상징적 인식에서의 실재에 관한 나의 사유는 마치 한 언어가 다른 언어의 단어들과는 상이한 단어들로 구성되어 있는 것처럼 실재와는 전혀 유사하지 않으며 따라서 우리는 단지 대응적 혹은 평행적 의미에 만족할 뿐이다. 물론 이 최소한의 경우에도 두 개의 상이한 언어가 결국 공통되는 형식적 구조, 즉 적어도 부분적으로 공통적인 문법 구조를 가지고 있지 않다면 이 언어들 간의 일치점이란 존재하지 않을 것이다.

이 같은 사실은 인식에서도 마찬가지이다. 가장 단순한 인식에서조차도 인식 대상과 인식 주체의 사유 혹은 주관적 상태 사이에는 최소한의 실제적 상호 동화가 존재해야만 한다. 만일 나의 정신 구조와 세계의 구조 간에 부분적으로 일치되는 점이 있을 때만, 즉 나의 사유가 세계의 존재와 어떠한 방법으로든 일치되는 방향으로 작동될 때만 비로소 세계는 나의 정신 속으로 진입할 수 있다. 이처럼 과거의 스콜라 철학적 표현은 새로우면서도 보다 중요한 의미를 획득하게 된다. 나는 스콜라 철학이 지금까지 견지해 왔던, 거의 경박한 수준의 의미, 즉 만일 지성이 사물을 인식한다면 지성은 사물의 유사성을 획득한다는 혹은 사물을 모방한다는 이와 같은 자세를 다루고 있는 것이 아니라 인식 활동에 필수 불가결한 근본적인 조건들을 말하고 있는 것이다. 실제로 나의 사유는 실재가 나의 사유와 어떤 유사성을 지니고 있지 않다면 실재를 모방할 수도 수용할 수도 없다. 그런데 나의 사유와 실재 간의 일치(adaequatio)는 서로 상호적이어야 한다. 즉 나의 사유는 사물과 일치해야 한다. 그런데 이 일치는 사물 그 자체가 나의 사유 구조와 일치해야만 가능하다. 나는 이 정식 역시 새로운 것이라고 생각한다.

결국 모든 인식론은 무의식적이건 혹은 자신의 의사에 반하건 간에 하나의 존재론이었다고 말할 수 있다. 환언하면 모든 인식론은 한편으로는 존재란 무엇인가에 관한 이론이며 다른 한편으로는 한 존재 혹은 특수한 사물과 같은 존재 일반에 관한 사유란 무엇인가라는 이론으로 궁극적으로는 이 두 이론의 비교였다고 볼 수 있다. 결국 사유는 어떨 때는 존재의 결과로 간주되었고(이것이 실재론이다.) 어떨 때는 이와 반대로 존재의 구조는 사유 자체로부터 유래한다고 판명되었다.(이것이 관념론이다.) 그런데 이 두 경우에는 인식을 정당화하기 위해 사유와 존재 간의 구조적 동일성을 증명할 필요가 있다는 의식이 명확하게 표출되지는 않았지만 그 기저에 녹아 있었다. 그래서 칸트는 자신의 대표작인 『순수이성비판』을 난해하기 그지없는 전문용어로, 하지만 내가 보기엔 가장 겸허하고 솔직하며, 그래서 가장 명확하게 자신의 관념을 표현하는 다음과 같은 말로 요약한다. "경험의 혹은 사유의 가능성들이 지닌 조건들은 대상의 혹은 실재의 가능성들이 지닌 조건들과 동일하다."

반복해서 말하지만 오직 이러한 방법을 통해서만이 우리는 인식에 관한 문제를, 그것이 지닌 모든 이상적이며 지독한 연극성을 진지하게 논박할 수 있을 것이다. 이 연극에서 존재의 구조는 사유의 구조와 완벽하게 일치한다. 다시 말해서 존재는 사유와 동일한 본질과 기능을 가지는 것이다. 이것은 합리주의의 대명제이며 최고의 인식론적 낙천주의이다. 만일 실제로 합리주의가 믿는 대로 존재와 사유가 동일하다면 사유는 단지 자기 스스로에 대해 사유를 함으로써 인식을 획득할 수 있을 것이다. 즉 사유의 외부에 존재하는 모든 실재는 사유 혹은 로고스가 따르는 그 법칙을 따르기에 사유의 내적 분석 결과와 일치하리라는 것이 확실하다. 그리하여 아리스토텔레스는 우주의 원리인 신을 단지 사유에 대한 사유(nóesis noésis)라는 명제

위에 위치시켰다. 즉 신은 단지 자기 자신에 대해 사유함으로써 자신의 우주를 인식한다. 여기에 따르자면, 또 다른 합리주의자이자 범논리주의자인 헤겔이 역시 철학사의 다른 한 극에서 말하듯이, 실재적인 것은 논리적 사실에 기반을 두고 있으며 또한 합리적이다.

만일 우리가 합리주의자들이 하는 철학의 사유양식을 파악하고자 한다면 라이프니츠의 『인간오성에 관한 새로운 시론 *Nouveau essais sur l'entendement humain*』의 끝부분에 나오는 구절을 인용해 보자. 이 위대한 낙천주의자는 다음과 같이 말하고 있다. "내가 미지의 것, 혹은 막연히 알고 있는 것을 아는 것 역시 우리에게 명확하게 알려져 있는 것을 아는 것과 동일한 방식에 의해서일 뿐이다(Je ne conçois les choses inconnues ou confusément connues que de la manière de celles qui nous sont distinctemente connues)." 라이프니츠는 미지의 것, 말하자면 우리 사유의 저편에 존재하는 실재적인 것 역시 이미 인식된 실재와 동일한 방식, 동일한 구성, 즉 그것의 존립이 우리 사유의 존립과 일치하는, 그러한 실재의 부분과 일치하는 양태를 소유하고 있으리라고 확신한다. 나는 이것을 내가 지적 유토피아주의라고 명명한 것의, 사유가 실재라는 무한한 형체의 어떠한 부분이든지를(u-topos) 관통하고자 할 때 자신과 일치하는 투명한 것을 발견하리라고 믿는 광적인 신앙의 고전적인 예라고 생각한다. 라이프니츠의 주장이 정확한 것이라면 나는 미지의 실재에 대한 발견을 기다릴 필요가 없다. 왜냐하면 나는 미지의 실재를 이미 예상하고 있기 때문에, 말하자면 그것이 어떻게 반응할 것인지를 알고 있기 때문이다.

그럼 이 낙천주의의 선두주자 앞에, 존재는 사유와 전혀 일치하지 않으며 따라서 모든 인식은 불가능하다고 생각하는 극단적 회의주의를 대체해 보자. 그리고 가장 신중해 보이는 그 중간 지점, 즉 존재는 단지 부분적으로 사유와 일치하며 오직 일정한 대상들만이 사유의 행위양식과 동일하게, 말하자면 논리적으로 행동한다고 생각하는 그 지점에 우리를 위치시키자. 이 제3의 입장을 취하는 인식론은 우주와 사유 간의 일치와 불일치를 진중하면서도 진지하게 그리는 데 주의를 기울일 것이다. 또한 사유가 관통할 수 있는 합리적이며 일반적인 지역과 그것의 관통이 불가능한 비합리적 지역을 표시한 대상 세계의 지도를 그릴 것이다. 예를 들어 수는 로고스와 최대한으로 일치하는 대상의 영역을 형성하기에 사람들은 모든 수학을 합리화하고 그것을 순수 논리로 구성하는 것이 가능하다고 믿었다.

그러나 지금 우리는 인류의 지성사에서 가장 찬란하고 위대한 지적 전쟁 중의 하나를 경험하고 있다. 이것은 현대 물리학과 더불어 오랜 시간이 경과한 뒤 우리의 시대를 고귀하게 만들어줄 것이다. 나는 브로우웨르와 바일의 수의 확실성과 개념의 확실성 간의 부분적 불일치를 증명하려는, 따라서 논리적 혹은 형식주의적 수학의 불가능성과 그 대상의 특수성에 충실하는 이른바 직관주의적 수학, 즉 논리적 수학이 아니라 엄밀히 말해 수학적 수학이라고 할 수 있는 것의 필요성을 보여주려는 시도를 언급하고자 한다. 만일 우리가 수학으로부터 물리적 물질, 유기적 삶, 심리적 삶, 사회적 삶, 역사적 삶과 같은 보다 복잡한 사물로 나아간다면 순수 사유에 대한 비합리성 혹은 불가해성의 정도는 더욱 증대될 것이다. 특히 다루고자 하는 대상이 우주일 경우 순수한 로고스로 그것을 이해하고자 한다면 우주의 이해 불가능한 부분은 틀림없이 어디론가 숨어버릴 것이다.

물리학에 있어 아직도 이성은 유유자적하게 전진하고 있다. 그러나 경탄할 만한 베르그송의 말과 같이, 비록 그렇게 말한 동기는 별로 경탄할 것이 못 되지만, "물리학의 외부에서 이성은 양식(buen sentido)에 의해 점검되어야만 한다." 베르그송이 "양식"이라고 명명한 것은 내가 정식(定式)으로 명명했던 "생적 이성(生的 理性, razón vital)"에 다름 아니다. 생적 이성은 양식보다 더 광범위한 이성이며 기존의 이성, 즉 개념적 이성이나 순수이성에 있어서는 사실 비이성적이었던 많은 대상들이 생적 이성에 있어서는 이성적이다.

하지만 철학에 대한 정의를 우주에 관한 학설로 해석하고 철학적 총체의 최대를 구축하려는 경향을 낡은 형이상학으로의 소박한 전락으로 간주하는 것은 또한 적절치 않은 지적 태도일 것이다. 내적 원인으로 인해 진보하는 사상에 대한 외적, 정치적, 교육적, 위생적인 모든 이론(異論)들은 언제나 유치하고 경박하며 —— 여기에 대해서는 더 비판을 가하고 싶지만 —— 이론적 성실성을 결여하고 있다. 일반적으로 어떤 이론적 작업에 대해 그것과는 무관한 이유로, 즉 인간에 대한 인간적 논거에 의해 그것을 공격하는 모든 사람들은 자동적으로 이론가로서의 자신의 무능함을 선언하는 것이나 다름없다. 사물의 내면 속으로 들어가지도 않은 채 단지 그 앞에서 외형만을 보고 말하는 것은 아무 소용이 없다. 어떤 판단을 요구하는 문제에 대해 그것을 회피한 채 아무 의미 없는 말들을 하는 것은 일말의 가치도 없는 것이다. 나는 스페인의 젊은 세대 지성인들에게 그들이 이런 면에서는 매우 긴박한 상황에 처해 있음을 강조하고자 한다. 왜냐하면 이것은 한 나라에 있어 진중하면서도 진정한 지적 삶을 가능하게 하는 본질적 조건이기 때문이다. 스페인 소설에 등장하는 한 인물이 말하듯 "다른 모든 것은 단지 자동차 차체에 도색을 하는 것에 불과할 뿐이다."

우리가 앞에서 보았듯이 미리 대상의 인식 가능성을 인정하는 것이 본질적이라고 간주하는 철학은 저질 철학이라고 말할 수 있다. 이것이야말로 진정 낡은 형이상학으로의 소박한 전락일 것이다. 내가 알고 있는 한 지금까지 철학 연구의 시발점에 있어 비판정신과 신중함을 이렇게 절실히 요구했던 표현은 한번도 없었다. 그러나 철학의 본질인 인식과 사유의 영웅적 양태에 원하건 원하지 않건 간에 충실한 우리는 단지 신중함만으로 만족할 수 없고 완전해질 필요가 있다. 그러므로 우리는 신중해야 한다. 하지만 신중하면서도 의심이 없어야 한다. 즉 우리는 인위적 신중함이 아니라 자연적 신중함을 필요로 한다. 촌뜨기처럼 의심을 가지고 우주를 대해서는 안 된다. 실증주의는 촌스러운 철학이었다. 헤겔이 말했듯이 "오류를 범할 가능성에 대해 두려워하는 것은 이미 하나의 오류이다. 우리가 이것을 분석해 보면 그 기저에는 진리에 대한 두려움이 자리 잡고 있음을 발견할 수 있을 것이다."

최대한의 지적 모험을 감행할 준비가 되어 있는 철학자는, 자신의 사유를 총체적으로 전개하려는 철학자는 어떤 가능한 형이상학 앞에서의 촌스러운 의심을 포함한 그 모든 것들로부터 벗어나 자유를 완벽하게 구가해야 할 의무가 있다. 그러므로 우리는 그 어떤 비판적 엄밀성도 포기하지 않는다. 오히려 우리는 그것을 극단까지 밀고 나간다. 하지만 우리는 여기에 대단한 중요성도 부여하지 않고, 감상적이며 비판적인 행동도 수용하지 않는다. 그저 단순히 그렇게 할 뿐이다. 현재를 살고 있는 모든 동시대인들과 마찬가지로 우리는 공허하면서도 과장된 태도, 즉 행위의 과장을 혐오한다. 무엇보다 우리는 자기 자신에 대한 장식이나 과장을 피하면서 어떠한 과장도 없이 있는 그대로의 본연의 모습대로 존재해야만 한다.

지금 우리가 길을 잃지 않기 위해 모든 개념의 전개에서 필수적인 아리아드네의 실[3]을 붙잡는다면 우리는 제일 정식을 상기하면서 지

---

3) 머리는 소에 몸은 사람인 괴물 미노타우로스를 처치하기 위해 아테네의 영웅 테세우스가 미노타우로스가 살고 있는 미궁 속으로 들어갈 때, 테세우스를 보고 한눈에 사랑에 빠진 아리아드네가 그의 몸에 묶어준 실. 미노타우로스를 없앤 테세우스는 그 실을 따라 무사히 미궁 속에서 빠져나올 수 있었다.

금까지 말한 것을 요약할 수 있을 것이다. 그리고 이 정식은 여러분에게 보다 많은 의미로, 충만한 상태로 다가갈 것이다. 철학은 우주 혹은 존재하는 모든 것에 대한 인식이다. 그러나 우리가 우주란 무엇인가라는 연구에 착수할 때 우리는 존재하는 것이 무엇인지도 모르며 또한 존재하는 모든 것이 우주를 형성하는지 다원적 우주를 형성하는지, 혹은 우주 그리고 다원적 우주라는 것이 인식 가능한 것인지 불가능한 것인지에 대해서도 전혀 아는 바가 없다.

따라서 이와 같은 연구는 미친 짓처럼 보일 수 있다. 왜 이러한 연구를 기도하는가? 이것을 회피한 채 오직 삶에만 전념하면서 철학함을 배제하는 것이 보다 더 신중하며 현명하지 않을까? 하지만 고대 로마 영웅들을 보면 그들에게 항해는 필수적이지만 삶을 영위하는 것은 필수적인 것이 아니었다. 언제나 인간은 두 계급으로 분류된다. 그중 우월한 계급을 형성하는 사람들이 삶에 있어 무용한 것이 곧 필수적인 것이라고 간주한다. 근동의 한 작은 집 정원에서 "마르타여, 마르타여, 실상 필요한 것은 한 가지뿐이다."[4]라고 말하는 예수 그리스도의 성유를 머금은 달콤하면서도 떨리는 음성이 마치 샘에서 솟는 물소리처럼 퍼져 나온다. 이 말을 통해 예수는 근면하면서도 실용적인 마르타에게 쓸데없는 짓만 하지만 사랑스럽기 그지없는 마리아를 은연중에 말하고 있는 것이다.

___

4) 「누가복음」 10장 38~42절. 예수가 마르타와 마리아라는 자매의 집을 방문했을 때 언니인 마르타는 예수를 위해 부지런히 음식을 준비하는 반면 동생인 마리아는 오직 예수 곁에서 그의 말만을 경청했다. 화가 난 마르타가 예수에게 "주님, 마리아에게 제 일을 도우라고 해주세요."라고 청하자 예수는 "마르타여, 너는 많은 일에 다 마음을 쓰며 걱정하지만 실상 필요한 것은 한 가지뿐이다. 마리아는 참 좋은 몫을 택했다. 그것을 빼앗아서는 안 된다."라고 대답한다.

5강
철학의 필요성, 현재와 공재, 근원적 존재, 자율과 전체성, 신비주의자에 대한 신학자의 방어

철학의 문제에 대해 진술할 때 우리는 철학이란 상상할 수 있는 가장 근원적인 문제, 즉 모든 문제의 원형이라는 사실을 발견했다. 다른 한편으로 우리는 문제가 보다 문제적일수록 그것을 인지하고 탐구하는 인식적, 이론적 행위는 보다 순수해진다는 사실을 살펴보았다. 따라서 철학은 탁월한 지적 노력이다. 철학과 비교해 볼 때 순수 수학을 비롯한 기타 모든 과학들은 실재주의의 잔재를 지닌다.

그런데 철학을 고무시키는 이 순수성과 최상의 지적 영웅주의는 이 학문에 기묘하면서도 열광적인 성격을 부여하는 것이 아닐까? 철학적 문제와 같은 특수한 문제를 스스로 제기한다는 것은 좋은 의미를 지니고 있는 것이 아닐까? 개연성이라는 측면에서 볼 때 우리는 소위 철학이라고 불리는 학문이 자신의 목적을 달성할 가능성이란 이 세상에서 가장 희박하다고 인정할 필요가 있다. 이미 앞에서 이야기했듯이 철학이란 하나의 정신 나간 시도와 같은 것이다. 그런데도 왜 철학을 하려고 하는가? 왜 우리는 우리의 안온한 삶에 만족하지 않고 철학을 하려고 하는가? 만일 철학적 탐구의 성공이 불확실하다면 철학은 아무 소용도 없고 또한 그것을 할 필요조차도 없다.

현실적 측면에서 볼 때 정말 철학은 필요 없는 것이다. 하지만 불필요한 것이 필요하다고 생각하는 사람들이 존재하는 것 또한 사실이다. 유용하고 현실적인 것을 추구하는 마르타와 쓸데없는 짓만 하는 마리아의 신적인 대립을 상기하자. 사실 이와 같은 결정적인 이원성이란 존재하지 않는다. 예수의 말이 암시한 것은 바로 이 사실이다. 유기적 혹은 생물학적 삶을 포함한 삶 자체는 궁극적으로 유용성만으로는 이해 불가능하다. 우리의 삶은 스포츠적 성격을 지닌 무한한 현상으로써만 설명 가능한 것이다.

그렇다면 철학함이라고 하는, 궁극적으로는 중차대한 삶의 행위는 정말 필요한 것인가? 아니면 아무 쓸모 없는 것인가? 만일 '필요함'이란 것이 다른 무엇을 위해 유용한 것이라는 의미를 지닌다면 철학은 적어도 일차적으로 필요한 것은 아니다. 그러나 유용한 것에 관한 필요성의 정도란 단지 상대적인 것, 즉 그 목적에 대해 상대적일 뿐이다. 진정한 필요성이란 새가 날기 위해, 물고기가 헤엄을 치기 위해, 지성인이 철학을 하기 위해 필요한, 환언하면 모든 존재가 존재 그 자체가 되기 위해 느끼는 필요성이다. 우리 존재의 본질을 규정하는 기능 혹은 행위를 수행해야 한다는 필요성이야말로 이 단어가 지니는 의미의 최고 수준이자 본질적인 필요성이다. 그리하여 아리스토텔레스는 "모든 과학은 필요한 것이다. 하지만 그중 어느 것도 우월한 것은 없다(anankatióterai pâsai, ameínon d'oudemía)."라고 말하는 데 주저하지 않았다.[1] 그리고 플라톤은 그의 사유가 가장 엄밀한 순간에 이른 시기라고 할 수 있는 『대화 *Dialogues*』의 정점인 「소

---

1) 『형이상학』 983-10.(원주)

피스테스 *Sophistes*」에서 철학에 대해 다음처럼 번역할 수 있는 대담하기 그지없이 정의를 내리고 있다. "철학이란 스포츠적 학문이다(he epistéme ton eleutheron)." 만일 플라톤이 지금 여기에서 철학에 대해 이렇게 정의했다면 그에게 무슨 일이 일어났을까? 만일 그가, 소크라테스의 원숙한 학식에 매료된 품위 있는 아테네 청년들이 그의 강연을 듣기 위해 등불 주위로 몰려드는 나방들처럼 갑자기 몰려들어 이 철학자를 향해 목을 길게 뽑았던 공공경기장에서 자신의 학설을 발표했다면 그에게 무슨 일이 일어났을까?

하지만 우리는 우리의 친구 플라톤과는 이쯤에서 이별한 채 우리의 연인인 진리에 대해 계속 탐구해 보자.

철학은 유용성이란 원인으로 발생한 것도 아니며 변덕 때문에 태동된 것도 아니다. 철학은 지성에 구조적으로 필요한 것이다. 그 이유는 무엇인가? 철학의 근본적 목적이란 유니콘을 사냥하는, 우주를 파악하는, 즉 전체를 탐구하는 것이었다. 그런데 왜 이러한 열망이 발생하는가? 왜 우리는 철학을 하지 않고서는 세계 내에서 발견하는 것, 이미 존재하는 것, 우리 앞에 명백히 현전하는 것에 대해 만족하지 않는가? 그것은 다음과 같은 단순한 이유 때문이다. 존재하는 모든 것, 현재 명백하게 우리에게 주어진 그 모든 것은 그 본질에 있어 단순한 파편이며 단편이고 부분에 불과할 뿐이다. 그래서 우리는 그것들을 볼 때 필연적으로 그것들에 부재한 것들을 인지하고 아쉬워한다. 모든 소여존재(所與存在) 속에서, 즉 세계에 주어진 모든 존재 속에서 우리는 그것들의 본질적인 특성인 부분으로서의, 단순한 부분에 지나지 않는 것으로서의 특성을 발견한다. 환언하면 우리는 소여존재의 존재론적 단절의 상흔을 목도하는 것이다. 이것은 그 절단의 고통으로 인해 우리에게 절규하며, 자신에게 결여된 부분에 대한 향수와 그에 대한 신성한 불만을 우리에게 토해 낸다. 나는 십이

년 전 부에노스아이레스에서 있었던 강연에서 불만을 사랑받지 못하면서 사랑하는 것, 우리가 가지고 있지 못한 신체에 대해 느끼는 고통과 같은 것으로 정의한 적이 있다. 그것은 결국 우리 본연의 존재가 아닌 것에 대한 아쉬움이며 우리의 존재가 불완전하고 불구적이라는 것을 인식하는 것이다.

내가 말하고자 하는 것은 엄밀히 말해 다음과 같다. 만일 우리가 세계 내에서 발견하는 대상들 가운데 하나를 선택해 그것을 우리 목전에 두고 주의를 집중한다면 우리는 곧 그것이 단지 하나의 단편에 불과할 따름이며 그러하기에 그것을 완전하게 하는 다른 실재를 우리로 하여금 사유토록 한다는 사실을 이해하게 될 것이다. 그러므로 우리가 보고 있는 색, 우리 눈앞에 그토록 아름답고 화려해 보이는 색은 우리 눈에 비치는 색 본연의 색이 아니다. 즉 우리가 보고 있는 색은 단순한 색만이 아닌 것이다. 모든 색은 다소간 자신을 연장(extención)시킬 필요가 있다. 존재란 바로 이와 같은 연장 속에서 점재되어 있다. 따라서 연장이 없는 색이란 존재하지 않는다. 색이란 단지 우리가 색채화된 연장 혹은 연장적 색채라 명명할 수 있는 전체의 한 부분에 불과할 따름이다. 그러나 이 색채화된 연장 또한 동시에 단순히 색채화된 연장일 수만은 없다. 연장이 연장이기 위해서는 연장이 되는 그 무엇, 즉 연장과 색을 지탱해 주는 실체 혹은 기체(基體)를 전제로 한다. 라이프니츠가 데카르트에 대해 말한 것처럼 연장은 선행적 연장(extensione prius)과 같은 그 무엇을 필요로 한다. 우리는 이 연장적 색채의 기체를 전통적으로 명명되어 온 것처럼 물질(materia)이라고 부르도록 하자.

물질에 도달함으로써 우리는 비로소 자족적인 그 무엇에 도달한 것 같다. 물질은 이미 다른 어떤 것에 의해 지지될 필요가 없다. 다른 무엇에 의해 존재하며 물질이라는 지지자에 의해 현전하는 색과는 달리 물질은 스스로 존재한다. 그런데 바로 이 점에 대해 의심이 발생한다. 만일 물질이 일단 존재하고 또한 자족적이라고 한다면 물질은 자신에게 존재를 부여할 수도 없고 자기 고유의 능력에 의해서도 존재에 이를 수 없을 것이다. 활시위를 당긴 손을 보지 않고서는 공중을 가로질러 날아가는 화살을 볼 수 없듯이 우리는 물질을 다른 힘에 의해서 존재를 가지게 된 그 무엇으로 보지 않고서는 물질에 대해 생각할 수 없다. 그러므로 물질 또한 그것을 창출한 보다 넓은 과정의 한 부분, 즉 그것을 완전하게 만드는 광범한 실재의 한 단편이다. 이 모든 것은 진부하기 짝이 없다. 나는 단지 지금 우리가 다루고 있는 것을 명확하게 설명하기 위해 이것을 이용하고 있을 뿐이다.

다음의 다른 예가 보다 명확하고 직접적일 것 같다. 지금 우리가 있는 이 극장에 대한 우리의 지각 속에서는 극장 전체가 현전하고 있다. 적어도 우리 생각에는 이 극장은 완전하며 충족적인 사물인 것 같다. 이 극장은 그 내부에서 우리가 보고 있는 것으로 구성될 뿐 다른 그 무엇도 극장을 구성하지는 않는다. 적어도 만일 우리가 이 극장을 볼 때 우리의 지각 내부에 있는 것을 분석해 본다면 이 극장 내부의 색깔, 빛, 형태, 공간만 있을 따름이며 그 외에는 아무것도 필요치 않은 것 같다. 그런데 만일 우리가 곧 이 극장을 나가려 한다고 가정해 보자. 그러면 우리는 극장 출구에서 세상이 끝나고, 극장 외부에는 아무것도, 심지어는 공허한 공간조차 없다는 사실을 발견할 것이며, 이때 우리의 정신은 놀라운 충격을 받을 것이다. 왜 우리는 이렇게 놀라게 되는 것일까? 만일 우리의 정신 속에 우리가 이 극장에 대해 본 것 이외에는 아무것도 없다면 왜 우리는 그 주위에 주택, 거리, 도시, 대지, 공기 등이 없다는 사실을 깨닫고는 곧 놀라게 되는 것일까? 명백히 우리의 지각 속에는 우리가 보고 있는 이 극장 내부의 직접적인 현전과 더불어 비록 막연하고 잠재적인 형태이긴 하지만 만일 없다면 아쉬워할 그러한 기저가 존재하고 있었던 것이다. 말하자면 이 극장은 우리의 단순한 지각 행위에 있어서조차도 완전한 그 무엇이 아니라 단지 우리가 은근히 의지하고 있는 막연한 기저 위에 두드러지게 펼쳐진 하나의 전경에 불과할 따름이다. 이 기저는 비록 첨가된 상태로 숨겨져 있지만 실제로 우리가 보는 것들을 포괄하면서 우리에게 이미 존재하고 있다. 이렇게 막연하면서도 포괄적인 기저는 지금 현재하고 있는 것이 아니라 공재(共在)하고 있는 것이다. 실제로 우리가 그 무엇을 볼 때 그것은 언제나 어둡고 거대하며 윤곽이 무제한적인 잠재적인 기저 위에서 현현한다. 이 기저가 곧 세계이다. 우리가 보고 있는 그 무엇은 이 세계의 한 부분을 형성하며, 따라서 세계의 한 단편이다. 모든 경우에 있어 우리가 목도하는 것은 단지 세계의 잠재적인 다른 부분들이 우리를 향해 불거져 나와 잘 보이는 곳에 불과할 뿐이다. 그러므로 우리는 이 고찰을 일반 법칙 수준으로 끌어올려 다음과 같이 말할 수 있다. 그 무엇이 현재할 때 세계는 언제나 그 무엇과 공재한다.

이와 동일한 사실이 우리가 우리의 내적 실재, 즉 심리적인 것에 주의를 기울일 경우에도 발생한다. 우리가 언제나 우리의 내면적 존재 속에서 보는 것은 우리가 지금 사유하고 있는 관념, 우리가 겪고 있는 고통, 우리의 내적 영상에 새겨진 조그마한 이미지, 우리가 지금 느끼고 있는 감정과 같은 인간의 내적 실재의 작은 한 부분에 불과하다. 그런데 지금 우리가 우리에 대해 보고 있는 이 빈약한 사물의 집적물들은 우리의 시선이 언제나 우리의 내부로 향할 때 포착되는, 말하자면 완전하고 실질적인 우리 존재의 어깨와도 같은 것에 불과할 따름이다. 우리 존재의 나머지 부분은 큰 계곡이나 거대한 산맥처럼 언제나 그 기저에 머물고 있으며 우리는 매 순간 그 전경의 한 구석만을 볼 따름이다.

그러므로 세계는, 지금 우리가 이 단어에 부여하고 있는 의미 면에서, 우리가 앞으로 계속 차례로 목도할 사물들의 총체일 뿐이다. 지금 우리가 보지 못하는 것들은 우리가 보고 있는 것들의 기저로 작용한다. 그러나 그것들은 결국 우리 앞에 직접적이며 명료하게 주어진 상태로 존재하게 될 것이다. 그런데 각 사물이 단지 하나의 파편에 불과하고 세계란 이 파편들의 집합 혹은 집적일 뿐이라고 한다면 세계 역시 우리에게 주어진 것들의 총체이며 우리에게 주어짐으로 인해 '우리의 세계'라고 부를 수 있는 이것 또한 하나의 거대한 파편이지만 아무리 거대하다 할지라도 하나의 단편이며 그 외 아무것도 아닐 것이다. 세계 역시 자신에 대해 스스로 설명하지 않는다. 이와는 반대로 우리가 세계와 직면했을 때 우리에게 주어지는 것은 단지, 문제일 뿐이다.

그렇다면 문제의 문제적 양상은 어디에 존재하는가? 오래된 예를 하나 들어보자. 물속에 있는 막대기는 우리가 만질 때는 곧바르지만 볼 때는 휘어져 있다. 지성은 이 현상들 중 하나를 수용하려고 하지만 수용되지 않는 다른 현상 역시 동등한 권리를 주장한다. 지성은 두 현상 중 그 어느 것에도 의지할 수 없음을 괴로워하다 하나의 해결점을 찾는다. 즉 지성은 두 현상 모두 단순한 현상에 불과할 뿐이라고 결론 내림으로써 자신을 구하고자 한다. 문제란 곧 존재와 비존재에 대한 의식, 즉 모순에 대한 의식이다. 햄릿이 절규했듯이 "사느냐 죽느냐 그것이 문제로다."

이와 유사하게 우리가 발견하는 세계는 존재하지만, 동시에 스스로 충분하지 못하며, 자기 고유의 존재를 지지하지 못하고, 자신에게 결여되어 있는 것에 대해 절규하며, 자신의 비존재를 선언하고 우리로 하여금 철학을 하도록 강요한다. 왜냐하면 철학을 한다는 것은 세계에 완전성을 부여하고 세계를 우주로서 완성시키며 세계가 그

안에서 정주하고 휴식할 수 있는 어떤 전체를 부분으로부터 건설하는 것이기 때문이다. 세계는 불충분하며 단편적인 대상, 즉 세계 자신과는 다른 그 무엇, 세계 자신에게는 주어지지 않은 그 무엇에 기반을 둔 하나의 대상이다. 그러므로 그 무엇은 엄밀한 의미에서 창조자로서의 사명을 지니고 있다. 즉 그 무엇은 곧 근원적 존재인 것이다. 칸트가 말한 대로 "조건적인 것이 우리에게 주어졌을 때 무조건적인 것이 하나의 문제로 우리에게 제기된다." 바로 여기에 결정적인 철학적 문제가 있으며 우리로 하여금 그 문제로 향하게끔 하는 정신적 필요성이 있는 것이다.

여러분은 우리에게 요구는 되지만 주어지지는 않는 이 근원적 존재와 직면할 때 우리에게 발생하는 특수한 상황에 잠시 주목하기 바란다. 이 기초적 존재를 지금까지는 아직 우리에게 현전하지 않았지만 내일쯤에는 우리 앞에 현전할지도 모를 세계 내의 한 사물로서 탐구할 수는 없다. 근원적 존재란 본질적으로 하나의 사실도 아니고 인식을 위해 현전하는 것도 아닌 모든 현전에 결여되어 있는 바로 그것이다. 그렇다면 우리는 어떻게 그것을 인식할 수 있는가? 이것은 기묘한 존재를 탐색하기 위한 기이한 모험이다. 모자이크 중 한 부분이 빠져 있을 때 우리는 그 빠진 부분을 보고 그것을 인식한다. 즉 우리가 이 빠져버린 부분에 대해 보고 있는 것은 그것의 부재이다. 이 부분이 현전하고 있는 존재 방식은 결여 혹은 부재라는 것이다. 이와 유사하게 근원적 존재는 영원하고 본질적인 부재, 즉 세계 내에서 언제나 부재하고 있는 것이며, 그러므로 우리는 근원적 존재를 볼 때 마치 외팔이의 없는 팔을 보듯 단지 부재가 남긴 상처만을 보는 것이다. 따라서 우리는 상처의 윤곽을 그리고 절단선을 묘사하면서 근원적 존재에 대한 정의를 내려야 한다. 근원적 존재는 자신의 본질적 특성상 이미 주어짐으로 인해 이차적이며 확정적인 존재와는 결코 유사해질 수 없다. 그것은 본질적으로 완전히 다른, 형식적으로 구별되는, 절대적으로 이국적인 것이다.

그러므로 나는 근원적 존재와 우리에게 주어진 주지의 사물들과의 근사성이나 유사성을 추구하는 착각에 빠져 드는 대신 근원적 존재는 세계 내에 존재하는 모든 존재와는 구별되고 비교 불가능하다는 그것의 이질성을 강조해야만 한다고 생각한다. 이러한 의미에서, 비록 단지 이 의미에서만이긴 하지만, 나는 초월적 존재를 가정적이며 내부적인, 거의 우리의 이웃 같은 존재로 만들기를 거부하는 사람들과 동감한다. 철학에서 세계의 근원에 대한 문제가 종교에서는 신의 이름 아래 나타나므로 우리는 종교에서도 역시 두 가지 태도를 발견할 수 있다. 하나는 성녀 테레사[2]처럼 신을 너무 우리 가까이 데려와 마치 부엌 집기들 사이를 거닐게 할 것 같은 종류의 것이며 다른 하나는 신을 우리로부터 떨어뜨려 멀리 두는 것이다. 나는 후자가 전자보다 더욱 중요한 의미를 지니며 철학적 기지가 더 뛰어나다고 생각한다.

이러한 맥락에서 나는 기독교 최초의 위대한 이교적 교주였던 마르키온[3]의 모습을 상기할 때 항상 감동을 받는다. 교회는 그를 '사탄

---

2) Saint Teresa of Avila(1515∼1582) : 스페인의 유명한 신비주의자. 예수의 테레사(Santa Teresa de Jesus)라고도 한다. 평생을 병고에 시달리면서도 그것을 영적인 시련으로 받아들였으며, 1558년 성령을 기구해 기도하던 중 초자연적인 신비를 체험했다. 중년기에 알칸타라의 성 베드로 등에게서 용기를 얻어 초기 카르멜회의 엄격성을 부활시킨 '맨발의 카르멜회'를 창설했다. 1562년 아빌라의 성 요셉 수도원을 시작으로 이십 년 동안 스페인 전역에 17개의 남녀 수도원을 세웠으며 스페인 신비주의 문학의 꽃을 피웠다.
3) Marcion : 2세기에 활약한 그리스도교 최초의 개혁자. 이원적 신관과 그리스도 가현설(假現說)을 주창했다. 특이한 주장으로 많은 신봉자를 얻었으며, 초기 그리스도 교회에 큰 위협이 되었다. 137년경 로마로 가 당시 그리스도교의 유대적 요소를 배척하고 타협적인 교회의 근본적 개혁론을 주창했다. 그의 과격한

의 적자'라 부르지 않을 수 없었음에도 불구하고 교리 문제 이외의 모든 부분에서는 모범적인 인간이었기에 언제나 그를 특별한 경의로 대했다. 모든 그노시스 학파의 학자들과 마찬가지로 마르키온은 모든 세속적 사물이 지니고 있는 제한적, 결함적, 결핍적 특성에 대한 깊은 의식에서 출발했다. 그러므로 마르키온은 진실하면서도 지고한 신이 세계와 어떤 관계를 맺고 있다는 사실을 인정하지 않았다. 신이란 이 세계와는 절대적으로 구별되며 어떤 관계도 맺지 않는다. 결국 신은 타자(allotrios)인 것이다. 그렇지 않다면 신은 세계의 불완전성과 제한성으로 인해 도덕적으로, 존재론적으로 오염된 채 존재하게 될 것이다. 그러므로 마르키온에 의하면 지고하고 진정한 신은 결코 세계의 창조자가 될 수 없다. 왜냐하면 신이 세계의 창조자라면 그는 불완전한 것의 창조자일 것이고 따라서 그 자신이 불완전한 존재가 될 것이다. 세계에 대해 우리는 완벽한 충족성을 추구한다. 마르키온의 논리를 따르자면 무엇을 창조한다는 것은 결국 피조물에 의해 오염된다는 의미를 지닌다. 창조자로서의 신은 이차적인 권능이며 『구약성서』의 신이고 세계 내적인 것을 많이 소유한 신이며, 정의와 군대를 지닌 신이다. 정의와 군대를 지닌 신이란 확실히 범죄 및 투쟁과 관련되어 있음을 가정한다. 반면 진정한 신은 공정하지 않다. 단지 선할 뿐이다. 신은 정의가 아니라 자비이며 사랑이다. 신은 영원히 세계로부터 멀리 떨어져 세계와 절대적 거리를 두면서, 즉 세계 내에서는 부재한 상태로 세계와는 그 어떤 접촉도 없이 존재한다. 그러므로 우리는 단지 신을 '생소한 신(ξένος θεός)'이라고만 부를 수 있을 뿐이다. 그런데 신은 세계와는 절대적으로 다른 존재

주장이 교회에 받아들여지지 않고 이단으로 단죄되자, 144년경 분리해 새 교회를 결성했다. 『구약성서』와 『신약성서』의 모순을 규명한 『대조표 Antitheseis』를 저술한 인물이다.

이기에 세계의 균형을 유지하고 그것을 보충하며 완성한다. 즉 신은 세계와는 어떠한 관계를 맺고 있지 않기에 세계를 구원하는 것이다. 이것이 그노시스 학파에게는 최고로 신성한 과업이다. 말하자면 이 교적 조물주와 같이 사악한 세계를 창조하는 것이 아니라 이와는 정반대로 세계를 탈창조화하는 것, 세계의 구조적 악을 무효화하는 것, 환언하면 세계를 구하는 것이야말로 진정 신성한 과업인 것이다.

만일 우리가 곧 신과 세계 간의 이 구분을 강조할 필요가 있다고 한다면 이것만으로는 충분하지 않다. 그노시스주의는 이 구분에서 멈추어버린다. 말하자면 그노시스주의는 바로 이 구분의 순간의, 즉 절대적 신(Deus exsuperantissimus)의 과장인 것이다. 우리는 우리가 걸어왔던 여정을 되돌아가야 한다. 내가 마르키온주의자라고 여러분에게 고백했다고는 결론짓지 말기 바란다. 나는 이 이단자가 신에 대해 이야기하는 한, 즉 신학에 관련된 한에는 거의 그렇게 하지 못할 것이다. 마르키온의 논리는 우리에게 있어 단지 하나의 예증이었을 따름이다. 우리는 철학 고유의 주제인 근원적 존재에 대해서만 이야기하고 있을 뿐이다.

철학은 우주에 관한 혹은 존재하는 모든 것에 대한 인식이다. 우리는 이미 이 정의가 철학자에게 있어서는 절대적 문제를 스스로 제기할 의무가 있다는 것, 즉 철학자는 안온하게 기존의 신념을 자신의 출발점으로 삼을 수 없고 또한 이미 알려진 것을 수용해서는 안된다는 사실을 내포하고 있다는 것을 보았다. 이미 알려진 것은 문제가 아니다. 철학의 외부에서 철학과는 동떨어져 철학에 선행하는 기지(既知)는 보편적이 아닌 부분적 관점에서 파악된 것이며 철학적 인식이 자연적으로(nativitate) 활동하는 그러한 수준에 있어서는 어떠한 도움도 되지 못하는 저급한 지(知)이다. 철학적 수준에서 볼 때 다른 모든 지식은 소박함과 상대적 허위라는 성격을 지닌다. 즉 이것들은 다시 문제적이 된다. 그래서 니콜라우스 쿠자누스[4]는 학문을 무지의 지(docta ignorantia)라고 불렀던 것이다.

철학자의 이와 같은 상황은 극단적인 지적 영웅주의를 동반한다. 만일 철학자가 자신의 필연적 소명에서 이것을 배제한다면 그는 매우 불편한 상황에 처하게 될 것이다. 이러한 철학자의 상황은 내가 자율의 명령이라고 일컫는 것을 그의 사유에 부과한다. 이 방법적 원리는 철학자가 철학에 선행해 자신이 창조할 수 있는 그 무엇에 의지하는 것을 포기하고 전제된 진리에서 출발하지 않을 것을 맹세하는 것을 의미한다. 철학이란 전제가 없는 학문이다. 나는 이와 같은 무전제의 학문을 체계의 외부에서 증명된 것으로 주어진 그 어떤 진리도 기초로서 인정함 없이 구축된 진리의 체계로 이해하고자 한다. 그러므로 철학자는 자기 고유의 방법을 통해 철학적 용인 사항을 일구어내야 한다. 결국 철학은 자기 자신에 대한 지적 법률이며 자율적이다. 나는 이것을 자율의 원리라고 부르고자 한다. 그리고 이것이야말로 그 어떠한 상실도 없이 완벽하게 우리를 철학의 모든 비판주의적 과거와 연결시켜 준다. 즉 이 자율의 원리는 우리를 근대 사상의 위대한 추진자들에게로 다시 돌아가게 하고 데카르트의 마지막 후손으로서의 자격을 우리에게 부여한다. 하지만 여러분은 후손이 조상에게 갖는 그러한 정겨움을 믿지는 말기 바란다. 내일 우리는 우리의 조상들에 대해 모든 것을 청산할 것이다.

철학자는 자신의 정신으로부터 기존의 신념을 제거해 그것을 진리

4) Nicolaus Cusanus(1401~1464) : 독일의 신학자이자 철학자. 교회 개혁과 교회 일치를 위해 힘썼으며, 스콜라 학파의 전통과 신플라톤 학파의 사상을 이어받아, 신은 능산적 자연이고, 현상세계는 소산적 자연으로 이 모순은 신에게 있어 반대의 일치를 이룬다고 했다. 또한 그 대립술의 일치를 신에게서 인식하는 데는 인식의 최고 단계인 직관, 즉 '무지의 지'에 따른다고 했다. 그의 사상은 라이프니츠에게 커다란 영향을 주었다.

가 존재하지 않는 섬으로 옮기면서 자신의 연구를 시작한다. 그리고 이 섬에 자신을 유폐시킨 채 자신에게 로빈슨 크루소의 방법적 전통에 따라 생활하도록 선고한다. 이와 같은 것이 데카르트를 영원히 철학적 인식의 입구에 위치시키는 방법적 회의의 의미였다. 이것은 단순히 우리 내부에 의심을 유발시키는 모든 것을 의심하는 것이 아니라——지성인이라면 누구나 항상 그렇게 하겠지만——사실에 대해서는 의심할 수 없는, 그러나 원리적으로는 의심 가능한 것까지 의심하는 것이다. 철학의 수술용 메스와도 같은 이 도구적, 방법적 의심은 의심적인 것을 넘어 의심 가능한 것으로 확장되었기에 인간의 일상적 의심보다 훨씬 넓은 행동반경을 가지고 있다. 그래서 데카르트는 그의 유명한 성찰의 제목을 '인간이 의심하는 것에 관해(De ce qu'on revoque en doute)'가 아니라 '인간이 의심할 수 있는 것에 관해(De ce qu'on peut revoquer en doute)'로 했던 것이다.

여기서 여러분은 모든 철학의 특징적 양상의 근원인 역설적 형상을 목도한다. 모든 철학은 역설이며, 삶의 과정에서 우리에게 전혀 문제가 되지 않는 것처럼 보이는 가장 기본적인 신념들을 이론적으로 의심스러운 것으로 간주하기에 우리의 삶에서 통상적으로 개진하는 자연적 의견과는 분리되어 있다.

그런데 철학자가 자율의 원리에 의해 이론적으로 의심의 여지가 없고 그래서 자기 자신을 증명하고 확증하는 기초적 진리로 일단 물러난 후에 그는 다시 얼굴을 우주로 돌려 그것을 정복하고 또한 총체로서 그것을 껴안아야만 한다. 엄밀한 진리의 최소점 혹은 점들은 존재하는 모든 것을 포함할 때까지 고무줄처럼 늘어나야만 한다. 자율의 의미 속에 포함된 신중한 퇴각의 금욕적 원리에 대립해 그와는 반대되는 팽창의 원리가 작동한다. 이것이 전체를 향한 지적 열망인 보편주의이다. 나는 이것을 전체율(pantonomía)이라고 명명하고자 한다.

자율의 원리는 소극적이며 정태적이고 신중한 것으로 그것만으로는 부족하다. 이것은 우리를 신중하게 만들기는 하지만 우리가 앞으로 나아가게끔 하지는 않는다. 즉 우리의 전진 방향을 결정해 준다든가 이끌어주지는 않는 것이다. 우리의 일탈을 방지하는 것만으로는 불충분하다. 우리는 계속 올바른 길로 나아가야만 하며 지속적으로 우리의 문제를 공격해야만 한다. 그리고 이 문제란 존재하는 모든 것 혹은 우주를 정의하는 것이기에 고립된 부분 혹은 거짓된 전체로서의 부분에만 집중하는 개별 학문의 개념들과는 달리 각각의 철학적 개념들은 전체와의 연관선상에서 형성되어야만 한다. 물리학은 우주에 오직 물질만이 존재하는 것처럼, 아니 물질이 곧 우주인 것처럼 단순하게 이야기한다. 그래서 물리학은 자신이 마치 진정한 철학인 양 자랑하는 경향을 보였다. 이 전복적인 유사 철학이 바로 유물론이다. 반면 철학자는 우주의 한 부분으로서의 물질의 가치를 추구할 것이다. 그리고 각 사물의 궁극적 진리와 전체의 기능 내에서 각 사물이 지니는 가치를 우리에게 말할 것이다. 바로 이 개념적 원리가 내가 전체율, 혹은 전체성의 법칙이라고 명명하는 것이다.

르네상스 이후 오늘날까지 자율의 원리는 무수히 선언되어 왔고 때로는 치명적인 배타성을 지닌 채 철학적 사유를 마비시킬 정도로까지 그것을 억제하였다. 반면 전체율 혹은 보편주의의 원리는 단지 고대의 특정 기간과 칸트에서 헤겔에 이르는 짧은 기간 동안의 낭만 철학 시기에만 사람들의 적절한 주목을 받았다. 나는 이 원리가, 오직 이 원리만이 칸트 이후의 체계들로 우리를 가까이 이끈다고 감히 단언한다. 그런데 이 체계들의 이념적 스타일은 우리에게는 너무나 시대에 뒤떨어진다. 그러나 이 유일한 공통점은 참으로 중요한 의미를 지닌다. 우리가 칸트 이후의 체계들과 일치하는 점은 오류를 피하는 것만으로 만족하기를 거부하며, 우리가 지향하는 것을 획득하기 위한 최선의 방법으로 시야를 좁히는 것이 아니라 이와는 반대로 모든 것을 사유하고 그 무엇도 외부에 방치해 두지 않으려는 의도를 지적 명령 혹은 방법적 원리로 전환시키면서 시야를 최대한 넓히는 것으로 간주한다는 것이다. 헤겔 이후 사람들은 철학이란 총체적 사유이며, 그 모든 장단점을 그대로 지닌 전체적이며 완전한 사유 그 이외 아무것도 아니라는 사실을 망각해 왔다.

철학일 뿐 그 외 아무것도 아닌 철학, 그 영광과 고통을 지닌 자신의 운명을 수용하는 그러한 철학을 우리는 원한다. 수학적 진리의 정확성이나 물리학적 진리의 감각적 확신 및 실천주의 등과 같은 다른 학문들이 지닌 인식적 장점을 갈망하면서 선망의 눈초리를 보내지 않는 철학 본연의 임무에만 충실한 철학을 우리는 원한다. 지난 세기의 철학자가 자신의 태생적 조건에 충실하지 않았다는 것은 우연이 아니었다. 이 시기 서구에서는 자신의 운명을 받아들이지 않고 자신이 아닌 존재가 되기를 희구하는 것이 하나의 특징이었다. 그러므로 지난 세기는 구조적으로 혁명의 시대였다.

궁극적인 의미에 있어서 '혁명 정신'은 무엇을 향상시키고자 하는 열망—이것은 언제나 탁월하고 고귀하다—뿐만 아니라 무제한적으로 자기 존재가 아닌 존재, 즉 근본적으로 자신이 아닌 타자의 존재가 될 수 있다는 믿음과 세계나 사회는 다른 것들과 교환이 불가능한 본질적 구조를 가지고 있다는 것을, 그리고 이와 같은 구조가 우리의 욕망 실현을 제한하며 그것에 의지하지 않는 모든 개혁주의에 어떤 경박한 성격을 부여한다는 사실을 보지 않은 채 최적으로 보이는 세계 혹은 사회의 질서를 실현하기 위해서는 단지 그것에 대해 사유하기만 하면 된다는 신념을 의미한다. 유토피아적 방식을 통해 사물을 그것들이 절대 될 수 없는 것, 그렇게 되어야 할 하등의 이유가 없는 것으로 전환시키려는 혁명 정신을 우리는 핀다로스[5]가

서정적으로 설파한 "본래의 너 자신이 되라."라는 위대한 윤리적 원칙으로 대치해야만 한다.

철학은 자신의 본질적 상태인 가난한 존재 그 자체에 대해 만족해야만 하며 자기 고유의 속성이 아닌 은총들은 인식의 또 다른 방법과 종류를 장식할 수 있도록 옆으로 치워놓아야 한다. 철학이 우주를 포괄해 그것을 집어삼키고자 할 때 나타나는 과대망상적 양상에도 불구하고 이것은 엄밀히 말해 다른 과학보다 더 신중한 것도 아니며 덜 신중한 것도 아니다. 왜냐하면 우주 혹은 존재하는 모든 것은 존재하는 사물들의 각개가 아니라 단지 각 사물의 보편적 양상, 따라서 각 사물의 한 단면에 불과할 뿐이다. 이러한 의미에서, 그러나 단지 이 의미에 있어서만 철학의 대상 역시 부분적이다. 왜냐하면 각 사물은 바로 이 부분을 통해 전체 속으로 삽입되며, 따라서 우리는 이것을 전체의 배꼽 부분에 해당한다고 말할 수 있다. 그러므로 결국 철학자 역시 전문가, 즉 우주에 관한 전문가라고 확언하는 것도 그릇된 것은 아닐 것이다.

앞에서 이미 보았듯이 아인슈타인이 경험적이며 따라서 상대적인 측정으로부터, 환언하면 일견 하나의 제한이며 정확히 말해 오류의 원리라고 말할 수 있는 것으로부터 모든 물리학적 개념의 원리를 창안해 내듯 철학 역시 지적인 방법을 통해 우주를 포괄하고자 하는 열망으로부터 관념에 대한 논리적, 방법적 원리를 창출한다. 나는 이 사실을 매우 강조하고자 한다. 그러므로 철학은 결점 혹은 미친 열망처럼 보이는 것으로부터 자신의 엄밀한 운명과 풍요로운 미덕을 생산한다.

---

5) Pindaros(기원전 522~438경) : 그리스의 유명한 서정시인. 특히 승리를 축하하는 합창용 송가에 능했다.

철학적 문제에 가장 정통한 사람들에게는 전체를 포괄한다는 이 명령을 논리적 원리로 명명해야 한다는 것이 이상해 보일 것이다. 논리학은 전통적으로 동일률, 모순율, 충족 이유의 원리, 배중률 등만을 알고 있을 뿐이다. 그러므로 내가 위에서 언급한 것들은 하나의 이설인데 지금 여러분은 단지 주목만 하기 바란다. 이 이설이 포함하고 있는 진중한 의미와 중요한 이유들을 언젠가는 살펴보게 될 것이다.

그런데 지금 우리는 철학의 개념에 새로우면서도 매우 중요한 속성 하나를 첨가해야만 한다. 이 속성은 너무나도 자명한 것이기에 공식화될 수는 없을 것 같다. 그럼에도 불구하고 이것은 중차대한 것이다. 우리는 철학을 어떤 이론적 인식 혹은 하나의 이론이라고 일컫는다. 이론은 개념이란 단어가 지닌 엄밀한 의미에 있어 개념의 총체이다. 이 엄밀한 의미는 개념을 언표 가능한 정신적 내용으로 정의한다. 언표될 수 없는 것, 즉 말해질 수 없는 것은 개념이 아니다. 대상의 언표 불가능한 시각에서 형성되는 인식은 여러분이 원하는 모든 것, 혹 여러분이 원한다면 인식의 최고 형식이기조차 할 것이다. 하지만 이것은 결코 우리가 철학이라는 이름하에서 의도하는 것은 아니다. 만일 우리가 진정한 인식은 의식의 탈아(extasis)이며 여기에서 의식은 지적 혹은 개념적인 것의 경계를 초월해 실재와 직접 접촉을 하고 따라서 개념의 중재나 매개가 필요치 않다는 것을 개념을 통해 보여주는 플로티노스[6]나 베르그송의 철학체계와 같은 것을

6) Plotinos(205~270) : 신플라톤주의의 창시자로 아우구스티누스, 아퀴나스 등에 강력한 영향을 미친 철학자. 그는 플라톤으로부터 '일자'라는 개념, 즉 '이데아 중의 이데아'라는 개념을 적극적으로 받아들이고 거기에 '유출설'이라는 자신만의 사상을 끼워 넣어 더 구체적으로 신의 존재에 대해 설명한다. 유출설이란 흘러넘침이라는 의미를 지니고 있는데 그에 따르면 '일자'의 존재가 너무 풍만해서 그 존재가 마치 넘치는 우물처럼 우리가 살고 있는 세계로 넘쳐 우리 세계

상상한다면 우리는 그것이 비탈아적 방법으로 탈아의 필요성을 증명하는 한에 있어서는 철학이지만 그것이 개념으로부터 신비적 황홀에의 몰입으로 도약할 때는 철학이기를 그친다고 말할 수 있을 것이다.

여러분은 신비주의자들의 저작들을 다룰 때 받는 진지한 인상을 상기해 보라. 저자는 우리를 경이로운 여행, 가장 경이로운 여행으로 이끈다. 그는 우리에게 자신이 우주의 중심, 즉 절대자의 심장에 있었노라고 말한다. 그는 우리에게 그와 함께 다시 길을 떠나자고 제안한다. 기꺼이 우리는 떠날 채비를 하고 순순히 그의 안내를 따른다. 그런데 그 후 신이나 절대자 혹은 유일자와도 같은 불가사의하고 경이적인 장소와 요소 혹은 중차대하기 그지없는 심연으로 침잠했던 그가 전혀 당황하거나 놀라지도 않고 비인간화되어 있지도 않으며 우리들과는 구별되는 색다르며 새로운 어조 또한 가지고 있지 않다는 사실에 우리는 어느 정도 놀란다. 테오필 고티에[7]가 스페인 여행을 마치고 파리로 돌아왔을 때 사람들은 그의 검게 그을린 얼굴을 보고 그가 스페인 여행에서 돌아온 것을 알았다. 브레타뉴의 전설에 따르면 성 패트릭의 연옥에 떨어진 자들은 다시는 웃지 않는다고 한다. 미소를 지으려 무진 애를 쓰는 노동자와도 같은 안면 근육의 경직은 이들의 연옥행을 확증해 주었다. 하지만 신비주의자는 잠시 동안 그를 덮은 최상의 비투과성 물질로 인해 어떤 변화도 없이 본연의 모습 그대로 돌아왔다. 만일 누군가가 우리에게 자신이 해저

의 '존재'들을 떠받친다. 이런 사유로 인해 플로티노스는 만물 그 자체가 곧 '신'의 존재라는 '범신론'으로 나아간다.

7) Théophile Gautier(1811~1872) : 프랑스의 낭만파 시인이자 소설가, 평론가. 예술을 위한 예술의 주창자로 유명하다. 여행을 좋아해 스페인, 이탈리아, 그리스, 터키, 러시아 등을 두루 돌아다니며 이를 주제로 한 많은 풍물기와 시들을 썼다. 특히 이베리아반도의 거칠고 햇빛으로 가득 찬 풍경과 스페인 화가들의 그림을 주제로 아름다운 시들을 썼다.

에서 막 돌아왔다고 말한다면 우리는 그의 옷에 해초나 산호, 그리고 심해의 동식물 흔적이 묻어 있으리라는 기대에 자동적으로 그의 옷을 보게 될 것이다.

하지만 신비주의자가 우리에게 제안했던 여정이 준 환상은 너무나도 컸기에 우리는 일시적 기이함의 감각에 대해서는 함구한 채 군은 결의로 신비주의자의 길로 나아간다. 그의 말, 그의 로고이(logoi)는 우리를 유혹한다. 신비주의자들은 가장 두려운 언어의 기술자이며 가장 정확한 문필가였다. 앞으로 살펴보겠지만 세계의 모든 언어에 있어 언어의 고전주의자들이 바로 신비주의자들이었다는 사실은 매우 흥미로우면서도 역설적이다. 경이적인 연설가인 신비주의자들은 또한 언제나 연극적 재능을 가지고 있었다.

연극성(dramatismo)은 미래에 대한 약속으로 우리에게 공표되는, 그 무엇에 의해 산출되는 우리 영혼의 특이한 긴장이다. 미래의 그 무엇에 의해 유발된 호기심, 공포, 욕구가 새로운 매 순간마다 자신을 축적하면서 스스로 증대될 수 있도록 우리는 단계적으로 미래를 향해 접근해 간다. 만일 그토록 매혹적이면서도 두려운 미래로부터 우리를 분리시키는 거리가 여러 단계로 나뉘어 있다면 우리는 각 단계에 도달할 때마다 우리가 느끼는 긴장이 새로워지면서 또한 증가된다는 사실을 발견할 것이다. 사하라 사막을 횡단하려는 사람은 문명이 끝나는 경계에도 호기심을 느끼지만 경계 저편, 본격적으로 사막이 시작되는 곳에 더욱 호기심을 느끼며 사막의 중심에 대해서는 마치 최고 형태의 사막이 그곳에 있는 것처럼 더더욱 호기심을 느낀다. 이렇듯 호기심은 가지면 가질수록 줄어들기는커녕, 운동을 하면 할수록 근육이 발달하는 것처럼 증대된다. 처음 단계 다음에 오는 것이 흥미롭고 다음 단계는 더욱 흥미롭다. 이렇게 각 단계를 거칠수록 흥미는 누증된다.

모든 훌륭한 극작가는 공표된 미래로 향하는 길의 분화가 야기하는 역학적 긴장 효과를 잘 인식하고 있다. 그래서 신비주의자들은 탈아로의 여정을 실질적으로 몇 단계로 나눈다. 때때로 이것은 항상 보다 조그만 상자를 안에 지니고 있는 일본식 상자들처럼, 겹겹으로 싸인 성벽들로 분리되어 있는 하나의 성처럼 출현한다. 성녀 테레사가 이와 같은 방법을 취한 대표적인 신비주의자이다. 어떤 경우에는 십자가의 성 요한네스[8]처럼 등산 도중 휴게소에서 쉬어가며 오르는 방식으로도 나타난다. 또 성 요한 클리마쿠스[9]의 영적 사다리와 같이 각 발판에 오를 때마다 새로운 시각과 전경을 약속하는 방식으로 현현하기도 한다. 그런데 우리는 이 발판에 올라설 때마다 어떤 환멸을 느낀다는 사실을 고백하자. 왜냐하면 각 발판에서 우리가 목도하는 것이 그리 중요치 않은 것들이기 때문이다. 하지만 한 칸 더 올라 다음 발판에 도달하면 특이하면서도 장엄한 그 무엇이 나타나리라는 희망이 계속 우리에게 주의를 갖게 하면서 우리를 고무한다.

그런데 우리가 마지막 성벽, 최후의 단계, 카르멜 산의 정상에 도달하게 되면 잠시도 쉬지 않고 말하던 우리의 안내자인 신비주의자는 우리에게 다음과 같이 말한다. "이제 그대는 여기에 홀로 머물라. 나는 탈아의 경지로 몰입할 것이다. 돌아와 그것에 대해 그대에게 이야기하리라." 우리는 신비주의자가 아직도 신비의 물방울을 떨어뜨리면서 피안의 바람에 실려 온 신산한 향기가 아직도 가시지 않은 여행복을 입은 채 심연으로부터 곧바로 우리 눈앞에 나타나리라는

---

8) Johannes(1542~1591): 카르멜회 수도사로 성녀 테레사와 함께 스페인 신비주의 문학의 정수를 이룬다. 신비주의적인 상승 단계들을 도식화했으며, 대표작으로 『카르멜 산의 등반 *Subida al monte Carmelo*』 등이 있다.
9) John Climacus(579~649): 비잔틴제국의 성인. 대표작인 『하느님께 오르는 사다리』를 통해 자신의 영성신학을 전개했다.

환상에 사로잡혀 온순히 그를 기다린다. 여기 그가 돌아왔다. 그는 우리에게 다가와 다음처럼 말한다. "그대는 내가 그대에게 아무것도 말할 수 없음을 아는가? 왜냐하면 심연에서 내가 본 것은 설명 불가능한, 말해질 수 없는, 언술 불가능한 것이기 때문이다." 그렇게도 달변가였던 신비주의자는 결정적인 순간에 침묵으로 돌변해 버린다. 또는 설상가상으로 종종 우리에게 피안의 세계의 위신을 떨어뜨리는 진부하기 짝이 없고 별 흥미도 없는 소식을 전해 준다. 독일 속담처럼 "긴 여행 뒤엔 이야깃거리가 생긴다." 그런데 저 먼 피안으로의 여행을 떠났던 신비주의자는 그 어떤 이야깃거리도 가지고 오지 않았다. 결국 우리는 시간만 낭비한 셈이다. 이제 언어의 고전주의자인 신비주의자는 침묵의 전문가가 된다.

이러한 사실로 볼 때 신비주의에 대한 진중한 자세는, 그 용어의 엄밀한 의미에 있어, 신비주의자들의 작품에 담긴 어떤 본질적인 것을 명확하게 하려는 듯 정신병리학의 한 예로 신비주의자를 연구하려는 현학적 태도 혹은 미리 그들에 대한 반론을 제기하는 것이 아니라고 나는 지적하고 싶다. 이와 반대로 우리는 신비주의자들이 우리에게 제시하는 모든 것을 수용하고 그들이 하는 말을 받아들여야 한다. 신비주의자들은 실재보다 우월한 어떤 인식에 도달하려고 한다. 만일 탈아가 신비주의자들에게 제공하는 지식의 전리품이 실제로 이론적 인식보다 우월하다면 우리는 한순간도 망설이지 않고 이론적 인식을 포기한 채 신비주의자가 될 것이다.

그러나 신비주의자들이 우리에게 이야기하는 것은 매우 진부하며 단조롭기 짝이 없다. 여기에 대해 신비주의자들은 다음과 같은 변명을 늘어놓을 것이다. 즉 탈아적 인식은 그 자체의 우월성으로 인해 모든 언어를 초월하며 그리하여 그것은 무언의 앎이라고 말이다. 또한 오직 스스로 개별적으로만 이와 같은 앎에 도달할 수 있으며 자신들의 저서들이 일반 과학서들과 구별되는 것은 그것이 초월적 실재에 관한 교리가 아니라 이 실재에 도달하기 위한 지도와 방법에 관한 하나의 담론, 절대자를 향한 정신의 여정이기 때문이라고 우리에게 변명할 것이다. 신비주의적 앎은 양도 불가능한 앎이며 무엇보다도 침묵의 앎이다.

사실 어떠한 앎이 가지고 있는 침묵성과 양도 불가능성에 대해서는 아무리 그것이 신비주의에 대한 반론이라고 할지라도 가치를 부여할 수는 없을 것이다. 우리가 보는 색과 우리가 듣는 음은 엄밀히 말해 언술 불가능하다. 실제적 색의 독특한 색조는 말로 표현될 수가 없다. 우리는 그것을 직접 보아야 하고 오직 그것을 본 자만이 그것이 무엇인지를 안다. 우리에겐 명백한 세계의 색수차(色收差)는 1급 시각장애자에게는 전달될 수 없다. 그러므로 신비주의자가 보는 것을 경멸한다는 것은 하나의 오류일 것이다. 왜냐하면 오직 그만이 자신이 보는 것을 볼 수 있기 때문이다.

우리는 모든 세계가 알고 있는 것만이 존재하는 것이라고 믿는 앎의 민주주의를 우리의 인식에서 근절시켜야만 한다. 현실은 결코 그렇지 않다. 분명히 다른 사람들보다 더 많이 볼 수 있는 사람이 존재하며 이들은 자신들보다 더 많이 볼 수 있는 사람의 우월성이 명백하게 되었을 땐 그 우월성을 받아들이는 수밖에 없다. 환언하면 보지 못하는 사람은 볼 수 있는 사람을 신뢰해야 한다. 그런데 어떤 이는 이와 같은 질문을 던질 수도 있을 것이다. "우리가 보지 못하는 것을 어떤 사람이 실제로 본다는 것을 어떻게 증명할 수 있는가? 세상은 야바위꾼, 허풍쟁이, 사기꾼, 정신병자로 가득 차 있지 않은가!" 이 경우 기준을 발견하는 것은 그리 어려울 것 같지 않다. 내가 볼 수 없는 것을 볼 수 있는 사람이 지닌 우월한 시각 능력이 그에게 나에 대한 시각 능력의 우월성을 부과한다면 나는 그 사람이 나

보다 더 많이 볼 수 있을 것이라고 믿을 것이다. 나는 그것의 결과에 따라 판단하는 것이다.

그러므로 신비주의적 앎의 언술 불가능성이나 양도 불가능성이 신비주의를 폄하시키는 것은 아니라는 사실을 명기하기 바란다. 우리는 앞으로 그 자체의 확실성 혹은 견고성으로 인해 소통 불가능하며 또한 침묵의 감옥에 갇힌 포로들을 열렬히 격려하는 그러한 앎들이 실제 어떻게 존재하는지를 살펴볼 것이다. 내가 신비주의를 반대하는 이유는 신비주의적 비전으로부터는 어떠한 지적 은총도 받을 수 없기 때문이다. 다행히 플로티노스나 에크하르트[10] 그리고 베르그송과 같이 몇몇 신비주의자들은 신비주의자이기 이전에 천재적 사상가들이었다. 이들에게서는 논리적, 표현적 사유의 풍요함이 탈아적 탐구의 빈곤함과 특이한 대조를 이루고 있다.

신비주의는 심오함을 탐구하려고 하며 심연적인 것에 관해 사색하려는 경향을 가진다. 신비주의는 적어도 깊은 것에 열광하며 그것에 이끌린다. 그러나 철학의 경향은 이와는 정반대이다. 철학은 신비주의처럼 깊은 것에 침잠하는 데에는 관심을 두지 않는다. 이와 반대로 철학은 심연에서 표면으로 나오기를 갈망한다. 일반적으로 생각하는 것과는 대조적으로 철학은 표면성에 대한 거대한 열망이다. 즉 철학은 지하에 존재하는 신비적이며 잠재적인 것을 가능하다면 표면으로 끄집어내어 그것을 명확하고 명백하게 하며 분명히 하려는 위대한 노력이다. 철학은 신비적인 것과 신비주의자의 멜로드라마적인

---

10) Meister Eckhart(1260~1327) : 중세 독일의 신비주의 사상가이자 도미니쿠스 수도회의 수사. 청년 시절에 도미니쿠스 수도회에 들어갔고, 파리 대학교에서 수학한 다음, 1302년 수사 학위를 받았다. 그를 마이스터 에크하르트라고 부르는 것은 여기에서 유래한 존칭이다. 당시 가장 저명한 설교자의 한 사람으로 각광을 받았다. 그의 가르침은 훗날 개신교, 낭만주의, 관념론, 실존주의의 발전에 영향을 미쳤다.

행태를 혐오한다. 철학은 괴테가 말했듯 자기 자신에 대해 이렇게 말할 수 있을 것이다. "나는 애매한 것을 명확한 것으로 만들고자 갈망하는 그러한 부류의 사람에 속함을 선언하노라."

철학은 투명함에 대한 거대한 욕구이며 밝음에 대한 단호한 의지이다. 철학의 근원적 목적은 숨겨진 것, 가려진 것을 표면으로 끌고 와 그것을 명확히 하고 발견하는 것이다. 그리스에서 철학은 발생 초기에 알레테이아(Aletheia)로 불렸다. 이것은 숨겨진 것을 밝히는 것이며 드러내는 것이고 베일을 벗기는 것을 의미한다. 결론적으로 알레테이아는 그 무엇을 표명(manifestación)하는 것이다. 그리고 표명이란 말하는 것, 즉 로고스에 다름 아니다. 신비주의가 침묵을 지키는 것이라면 철학은 말하는 것, 환언하면 어떤 숨김도 없이 투명하게 사물의 존재를 발견하는 것이다. 결국 철학은 존재를 말하는 존재론인 것이다. 신비주의와 비교해 볼 때 철학은 공공연한 비밀이 되길 원한다.

몇 년 전 나는 다음과 같은 글을 발표한 기억이 난다.

나는 교회가 신비주의자들의 탈아적 모험이 종교의 위신을 실추시키지 않을까 두려워하는 것처럼 그들에게 보여온 동정의 결여를 완벽하게 이해하며 또 어느 부분 공감한다. 탈아론자는 어느 정도 열광적이다. 그러므로 그는 자신을 술 취한 사람과 비교한다. 그에게는 신중함과 정신적 명료함이 결여되어 있다. 그는 인간과 신과의 관계에 진정한 사제가 지니는 진중하기 그지없는 침착함과는 반대되는 주신적(酒神的) 성격을 부여한다. 매우 드문 일치이지만 유교의 선비가 도교적 신비주의에 대해 가지는 경멸은 가톨릭 신학자가 사교승에 대해 느끼는 경멸과 희한하게도 닮았다. 모든 종파에 있어 광신도들은 사제의, 즉 교회의 명료하고 질서 정연한 지성보다는 신비주의자들의 무질서와 도취를 선호할 것이다. 유감스

114

럽게도 나는 진실성의 문제로 인해 광신도들의 이와 같은 태도를 따를
수 없다. 왜냐하면 내가 보기에는 모든 신비주의자들의 모든 황홀경을 합
친 것보다도 어떤 하나의 신학이 신에 관해 보다 많은 것을, 신성에 대해
보다 많은 암시와 개념을 우리에게 전달해 주는 것 같기 때문이다.

　우리는 탈아론자들에게 회의적 태도를 가지고 접근하는 대신 내가 이
미 말한 바대로 그의 말을 그대로 수용하고 그가 자신의 초월적 몰입으
로부터 우리에게 가지고 온 것을 그대로 받아들이고 나서 우리에게 제시
된 것이 과연 가치가 있는지를 살펴보아야 할 것이다. 신비주의자와 함께
한 숭고한 여행을 통해 그가 우리에게 전달하는 것은 사실 별로 중요한
것이 아니다. 나는 유럽의 영혼이 신에 대한 새로운 경험으로, 즉 그 모
든 것 중에서 가장 중요한 실재에 대한 새로운 탐구로 가까이 다가가고
있다고 생각한다. 하지만 나는 신성에 대한 우리 관념의 풍성함이 담론적
사유의 밝은 길을 통해 오는 것이 아니라 신비주의자들이 파놓은 지하
통로를 통해 오는 것이 아닌가 회의가 든다. 내가 택하고자 하는 것은 신
학이지 황홀경이 아니다.[11]

이처럼 매우 한정적으로 말했기에 나는 신비주의적 사상가들의 저
작을 경시해서는 안 된다고 생각한다. 다른 의미와 다른 차원에서
그들의 저작은 매우 흥미롭다. 우리는 오늘날 다른 어떤 때보다도
그들에게서 많은 것을 배워야 한다. 황홀경에 관한 관념 —— 황홀경
자체는 아니다 —— 또한 의미를 지니고 있기에 우리는 이것에 대해서

---

11) 나는 독일에서 새로운 신학이 태동하는 데 대해 커다란 기쁨을 느낀다. 특히
　 카를 바르트의 저작은 바로 이 새로운 신학을 반영한다. 그는 신학이란 신에 대
　 해 함구하는 것이 아니라 신에 대해 말하는 것(θελέγειν)이라고 강조하고 있
　 다.(원주)
　『스탕달에 있어서의 사랑 Amor en Stendhal』, 『사랑에 관한 연구 Estudios sobre el
　 amor』 7장, 전집 5권.(편집자주)

도 연구해야 한다. 다음 기회에 우리는 그것이 어떤 의미를 지니고 있는지 살펴볼 것이다. 내가 주장하려는 것은 신비주의 철학은 우리가 철학이란 이름하에 추구하고 있는 것이 아니라는 점이다. 철학을 근원적으로 한정하는 유일한 것은 철학이란 이론적 인식, 개념의 체계, 따라서 진술된 것의 체계가 되고자 한다는 점이다. 나는 철학과 대비되는 현대 과학의 비교항을 찾으면서 ─ 앞으로 이런 비교는 계속해 나갈 것이다 ─ 다음과 같이 말할 것이다. 물리학이 측정 가능한 모든 것을 포함한다면 철학은 우주에 관해 말해질 수 있는 모든 것의 총체이다.

6강
신념과 이론, 유쾌함, 직관적 명증성,
철학적 문제에 관한 사실들

그러므로 철학이란 이론적 인식 행위, 즉 우주에 관한 이론에 다름 아니다. 세계의 전경을 우리에게 펼쳐주는 우주라는 단어가 중대한 의미를 지닌 '이론'이라는 단어의 의미론적 무게를 어느 정도 경감해 주는 듯 보일 때조차도 우리는 우리가 창조주인 양 우주를 창조하는 것이 아니라 우리가 창조하는 것은 오직 우주에 관한 이론이라는 사실을 잊어서는 안 된다.

따라서 철학은 우주가 아니며 또한 우리가 삶이라고 부르는 우주와의 직접적인 교섭도 아니다. 우리가 하려는 것은 사물을 실현하는 것이 아니라 그것을 이론화하고 정관하는 것이다. 한 사물을 정관한다는 것은 우리를 그것의 외부에 유지시키고 그것과 우리 간에 존재하는 순수 거리를 유지하기로 결정한다는 의미를 내포한다. 우리는 어떤 이론, 즉 우주에 관한 개념의 체계를 추구할 것이다. 우리가 하고자 하는 것은 이론에 대한 추구 그 이상도 그 이하도 아니다. 어떠한 질서 속에 정렬되어 있을 이 개념들의 발견을 통해 우리는 이 세계에 존재하는 모든 사물들, 즉 우주에 대해 말할 수 있을 것이다. 그러므로 우리가 다루려는 것은 대단하거나 거대한 것이 아니다.

철학적 문제들이 비록 그 근원주의적 성격으로 인해 감상적일 수는 있지만 철학 자체는 감상적인 학문이 아니다. 그것은 오히려 즐거운 운동과도 같은 취미생활이다. 그것은 단지 우리가 기존에 가지고 있던 개념을 다른 개념들과 결합하고 융합하는 퍼즐게임의 한 부분과 같은 것이다. 이렇게 나는 철학을 신성하면서도 엄숙한 특질을 지닌 것이라기보다는 하나의 취미생활과 같은 것이라고 여러분에게 말하고 싶다. 다른 모든 인간의 노동과 마찬가지로 철학은 어떤 스포츠적 차원을 지니고 있으며, 그러하기에 철학은 순수하고 정결한 성격과 엄격한 책임 의식을 지니고 있는 것이다.

나는 지금 여러분에게는 이상하게 보일지 모르지만 내 오랜 경험을 통해 배운 사실 하나를 말하고자 한다. 이것은 철학뿐만 아니라 모든 학문, 엄밀한 의미에서 모든 이론적인 것에 적용될 수 있는 것이다. 즉 학문적 경험이 전혀 없는 사람이 처음으로 학문을 하려 할 때 그를 학문에 별 어려움 없이 전념하게 하고 또 초학자인 그에게 무엇을 할 것인지를 명확하게 해주는 가장 좋은 방법은 다음처럼 이야기해 주는 것일 것이다. "당신이 앞으로 듣게 될 것이라는, 또 당신이 사유해야 될 것이라는 제안에 설득당한 채 그것들을 추구하지는 마라. 그것들을 심각하게 받아들이는 대신 오히려 자신들의 규칙을 완수하기 위해 당신을 초대한 하나의 게임으로 생각하라."

이와 같이 신성하거나 엄숙한 것과는 거리가 먼 태도에서 유래된 정신 상태는 과학적 연구를 시작하기 위한 최상의 환경이다. 그 이유는 매우 단순하다. 초학자에게 있어 '납득함', '심각하게 수용함'이란 말은 우리에게 가장 일반적이며 일상적인 것을 대할 때만 감각 가능한, 본질적으로 확정적이며 고정적이고 고지식한 정신 상태를 의미한다. 즉 태양은 수평선 뒤로 진다거나 우리가 보고 있는 우리의 신체는 사실 우리 자신의 외부에 존재하는 것이라고 믿는 그러한 확신은 너무나 맹목적이고 또한 우리가 삶을 영위하는 공간이자 우리를 형성하는 환경 속에 너무나 깊이 뿌리를 박고 있기에 천문학이나 관념 철학 등이 여기에 대해 제기하는 반론은 이 같은 맹목적인 심리적 타성 속에서 공허한 메아리로만 들릴 것이다. 과학적 확신은 진리와 이성에 기반을 두고 있기에 우리 영혼의 표면으로부터 오지도 않고 올 이유도 없으며 환영(幻影)적이지도 않다. 이것은 사실 특정한 이성에 의해 자신을 판단하게끔 되어 있는 순수한 지적 동의에 기반을 둔 확신이다. 이것은 우리 인격의 근원적 중심으로부터 태동하는 신념이나 생생한 믿음과 같은 것이 아니다. 과학적 확신은, 그것이 만일 진정한 과학적 확신이라면 아리스토텔레스가 말한 것처럼 우리의 외부(θὑραϑεν)로부터, 즉 우리 존재의 주변부에 포착되는 사물로부터 우리에게 다가오는 것이다.

이 주변부에 바로 지성이 존재한다. 지성은 우리 존재의 기저가 아니라 이와는 정반대이다. 지성은 우리의 가장 내밀한 부분을 감싸고 있는 촉수인 민감한 피부와 같은 것이다. 이 촉수는 엄밀한 의미에서 본질적으로 비지성적이며 비이성적이다. "지성이란 우리의 표면 위에 있는 작은 사물(L'intelligence, quelle petite chose à la surface de nous)"이라고 말한 바레스[1]의 표현은 매우 적절한 비유이다. 이렇게 지성은 사물과 존재의 중간에 위치한 채 우리 존재의 가장 내밀한 부분 위에 펼쳐진 막과 같이 우리의 표면에 위치하고 있기에 그것의 역할은 존재 그 자체가 되는 것이 아니라 그것을 비추며 반영하는

---

1) Barrès(1862~1923) : 개인주의와 극단적인 국가주의를 주장한 프랑스의 작가, 정치가.

것이다. 비록 사람마다 차이는 있지만 우리 자체가 곧 지성은 아니기에 지성은 모두에게 있어 동일하다. 결국 우리 모두는 지성이라는 동일한 것을 소유하고 있는 것이다. 2에 2를 더하면 4가 된다는 것은 우리 모두에게 유효하지 않은가? 그래서 아리스토텔레스와 아베로에스[2] 학파는 우주에는 오직 유일한 우리(un único nosotros) 혹은 지성이 존재한다고 믿었다. 즉 그들에게는 우리가 지성을 소유하고 있는 한 우리 모두는 유일한 하나의 지성인 것이다.

우리를 개인화시키는 것은 지성의 배후에 존재한다. 하지만 나는 지금 이 난해하기 그지없는 문제를 다루고 싶지는 않다. 지성은 확신을 둘러싼 경기에서 비이성적이고 관습적인 신념들과 헛된 싸움을 하고 있다는 말로 현재로는 충분할 것이다. 한 과학자가 일상적 신념과 유사한 신념을 자신의 사유로 견지할 때 그는 자신이 연구하고 있는 과학에 대해 회의를 품는다. 바로하[3]의 어떤 작품에서 한 등장인물은 다른 등장인물에게 다음과 같이 이야기한다. "이 사람은 필라르 성인을 믿는 것처럼 무정부주의를 믿고 있네." 여기에 대해 제3의 인물은 "믿는 것은 믿는 것이지. 그것은 언제나 마찬가지라네."라고 대답한다.

이와 유사하게 무엇인가를 먹고자 하는 배고픔과 무엇인가를 마시고자 하는 목마름은 심리학적인 면에 있어서보다 강렬하며 객관적인 배고픔이나 목마름보다 훨씬 강한 심리적 욕구를 내포하고 있다. 유기체 내에서 어떤 행위가 고무되면 될수록 이 행위는 활력을 상실하면서 불안정해지고 그 효율성이 저하된다. 성장 기능의 저하 속도는

---

2) Averroës(1126~1198): 이슬람의 종교철학자. 아리스토텔레스 철학을 발전시켰다.
3) Pío Baroja(1872~1956): 스페인 98세대의 대표적 작가. 니체, 쇼펜하우어 등의 작품에 심취하게 되면서 창작 활동을 시작, 대단한 다작가로 수십 권의 작품집을 남겼다. 대표작으로는 소설 『지혜의 나무 El árbol de la ciencia』(1911) 등이 있다.

감각 기능의 저하 속도보다 느리며 감각 기능은 자율 기능이나 반사 기능의 저하 속도보다 느리다. 생물학자들이 지적하고 있듯이 한 종(種)에 의해 마지막으로 획득된 기능은 가장 복합적이면서 우월하기는 하지만 제일 먼저 그리고 가장 쉽게 상실된다. 환언하면 가장 가치 있는 것은 언제나 가장 위험한 상황 속에 놓여 있는 것이다. 갈등, 좌절, 열정의 상태에 우리가 놓여 있을 때 우리는 곧 지성을 상실하게 된다. 이것은 우리가 지성을 완벽히 체질화시키지 못하고 있다는 증거이다. 말하자면 가장 지성적인 사람마저 가끔씩은 지성을 상실한다.

도덕적 감각이나 미학적 취향에 있어서도 이와 마찬가지이다. 언제나 인간에게 있어서는 바로 이와 같은 본질적 속성상 우월한 자는 열등한 자보다 비효율적이며 단호하지도 못하고 또한 체질화 속도 역시 느리다. 이 같은 인간 본성에 대한 기본적 생각을 가지고 우리는 세계사를 이해해야만 한다. 우월한 자가 역사 속에서 자신을 체현시키기 위해서는 열등한 자가 그에게 장소와 기회를 제공할 때까지 기다려야만 한다. 즉 열등한 자가 우월한 자의 역사 속에서의 체현이라는 임무를 맡고 있는 것이다. 열등한 자는 우월한 자에게 맹목적이지만 그에게 비교 불가능한 힘을 대여해 주는 것이다.

따라서 이성은 절대 교만해서는 안 되며 비이성적 힘에 주의를 기울이고 유의해야 한다. 관념이 본능과 대결한다는 것은 불가능한 일이다. 승리 불가능한 싸움 대신 관념은 헤라클레스처럼 완력이 아니라——그것을 가지고 있지도 않지만——맹수를 천상의 음악으로 매혹시킨 오르페우스처럼 자신을 조금씩 드러내면서 본능을 유혹해 길들이고 정복해야 한다. 그것은 결코 남성처럼 직접적으로 자신을 강요하지 않는다. 대신 수동적이지만 분위기를 이용해 자신이 지닌 여성성(feminidad)이라는 불멸의 전술을 구사한다. 여성은 타인을 지지

하고 또 그에게 자신을 양보하면서 행동이 부재한 듯한 달콤하면서도 부드러운 면모를 지닌 채 행동한다. 헤벨[4]이 말했듯이 "여성에게 있어 행동은 곧 고통 받는 것이다(durch Leiden tum)." 이것이 바로 관념이다.

고대 그리스인들은 관념은 그 존재의 명료함으로 인해, 또 오직 그것으로 인해 자기 스스로를 부과하며 충족시킨다는, 또 로고스 즉 말은 스스로를 육화한다고 믿음으로써 본질적 오류의 고통을 겪었다. 종교의 외부에서 이 같은 태도는 하나의 마술적 신념이다. 역사적 실재는 그것이 좋은 것이든 나쁜 것이든 결코 마술이 아니다.

이러한 연유로 나는 철학이란 심각하며 진중한 것이 아니라 이와는 반대로 운동을 하고 싶게끔 만드는, 혹은 놀이에 직접 참여하고 싶은 기분을 유발시키는 것이라고 생각하며, 그와 같은 정신적 기질을 가지고 철학에 접근하는 특이한 태도를 선호한다. 근원적 삶과 비교해 볼 때 이론은 하나의 놀이이지 결코 대단하며 근엄하고 형식적인 것이 아니다.

내가 말하고자 하는 것은 다음과 같다. 즉 인간은 마치 신의 손에 있는 장난감과 같다. 그리고 신 안에서 하나의 놀이가 될 수 있는 능력이야말로 정확히 말해 진정 최선의 존재 방법이다. 그러므로 남성과 여성, 우리 모두는 현재 지배적인 견해와는 반대로 하나의 놀이로서의 존재가 되기를 갈망해야 하며 가장 아름다운 놀이로부터 진정한 삶의 의미를 창조

---

4) Hebbel(1813~1863) : 독일의 극작가. 그의 희곡의 이념은 개체와 전체와의 변증법적 대립, 상극에 있으며, 결국은 개체가 전체에 포괄됨으로써 전체의 발전을 위해 복무해야 한다는 범비극주의의 양상을 띠고 있다. 대표작으로는 중세 독일의 전설을 극화한 『니벨룽족 Die Nibelungen』(1861)이 있다. 19세기 독일 사실주의의 완성자, 근대극의 선구자로 평가된다.

할 수 있도록 열망해야 한다. 확언컨대 놀이, 장난, 문화는 우리 인간에게 있어 사실 가장 심각하며 진중한 것이다.

지금 난 또 경망스러운 행동을 했다. 이를 밝히자면, 위 글은 내가 생각한 것도 아니고 이전에 발표한 적도 없으며 또 내가 쓰지도 않았다. 이 글은 다름 아닌 플라톤의 글이다. 이것은 플라톤이 별 주의 없이 아무렇게나 쓴 것이 아니라, 자신이 다루려는 주제는 플라톤 자신처럼 노년의 원숙기에 접어든 사람이 그것을 다룰 때 최고의 주의를 요하는 그러한 것 중의 하나라고 밝히면서 뒤이어지는 문장이다. 이 글은 언제나 자신의 저서 뒤에 숨어 있던 플라톤이 마치 무지갯빛 커튼처럼 자신의 글쓰기의 찬란한 노정을 반쯤은 열어둔 드문 공간이다. 그래서 우리는 이 글을 통해 플라톤의 고귀한 면모를 엿볼 수 있는 것이다. 이 글은 미완성으로 남아 있는 플라톤의 마지막 작품인 『법률 Laws』 7권에 나와 있는 구절이다. 플라톤은 한 친구의 죽음에 충격을 받아 이 저서에 매진했으며 결국 이것은 그의 불멸의 작품으로 남게 되었다.[5]
그런데 여러분이 계속 주의해야 할 점이 또 하나 있다. 플라톤은, 그답지 않게 집요하게, 우리 각각의 삶이 성숙해졌을 때 기반을 두는, 오늘날 우리가 정신 상태, 기질, 감정 성향이라고 부르는 것이 무엇인지를 정의하겠다고 공표하면서 위처럼 말을 하고 있다. 비록 고대 그리스인들은 우리가 심리학이라고 부르는 것에 대해 거의 무지했지만 ── 이 이유에 대해서는 곧 살펴볼 것이다 ── 플라톤은 모든 우리의 내적 삶은 각 주체를 구별하며 또 성격의 기반을 형성하는 근원적인 감정적 색조로부터 마치 씨앗처럼 발아한다고 보는 최

---

5) 『법률』 7권 803c.(원주)

신 심리학 연구 경향 중의 하나를 천재적으로 예견했다. 슬픔이나 환희, 우울함이나 확신과 같은 상황에 대한 우리의 구체적인 각 반응은 바로 이 감성적 기저에 의해 결정된다. 그러므로 성숙하고 교양을 갖춘 존재가 되기 위해서 인간은 목수가 배의 용골을 설치하듯 자기에게 적합한 감정적 색조를 스스로 마련해야 한다. 플라톤은 이 책을 쓸 때 자기 자신을 용골을 설치하는 목수로 간주했다고 우리에게 말하고 있다.

문화의 용골, 그리고 이것을 지탱하며 그 균형을 맞추는 정신 상태는 열정적인 놀이 혹은 스포츠와 유사한 성격을 지닌 진중한 농담, 즉 형식적 농담이다. 이 같은 놀이 혹은 스포츠는 하나의 노력이다. 그러나 이 노력은 노동과는 달리 우리에게 강제로 부여되지 않으며 유용하지도 않고 대가도 없는 자발적이며 유쾌한 노력으로 우리는 이것을 우리 스스로의 의지에 의해 행하며 또 그 자체에 만족한다. 괴테는 말한다.

목에서 나오는 노래야말로
그 노래를 부르는 사람에게 있어 최상의 상이다.

문화는 유머 감각이 충만한 정신적 기질, 즉 유쾌함(jovialidad) 속에서 움트고 생명력을 영위하며 번성하고 열매를 맺는다. 심각함, 진지함과 같은 것은 우리가 문화를 성취하고 지금 우리가 전념하고 있는 철학과 같은 문화의 한 형식에 도달한 이후에야 비로소 우리에게 다가온다. 하지만 지금 현재로는 유쾌함만이 있을 뿐이다. 즐거움은 결코 무시할 만한 정신 상태가 아니다. 여러분은 즐거움이란 유피테르(Jupiter, Jove) 신이 가지고 있던 정신 상태임을 명심하기 바란다. 유쾌함에 익숙해지기 위해 우리는 올림포스 산에 있는 유피테르 신을 모방해야 한다.

플라톤은 이렇게 자신의 말년 저작들 속에서 문화를 의미하는 '파이데이아(παιδεία)'와 놀이, 농담, 유쾌함이란 의미를 지니고 있는 '파이디아(παιδιά)'라는, 거의 동일한 의미를 지닌 두 단어를 가지고 반복해서 유희를 즐기고 있다. 이것은 플라톤의 스승인 소크라테스의 반어법으로 플라톤의 말년에 다시 개화된 것이다. 이 반어법, 적절하기 그지없는 이 양의어(兩義語)는 최고의 반의적 효과를 창출하며, 그래서 우리에게 전해진 플라톤 말년 저작의 사본에서 필사가는 파이데이아(문화)와 파이디아(농담)를 혼동하고 있는 것이다.[6] 이렇게 인간은 이미 가장 엄격한 놀이 속으로 깊이 빠져 들게 되었기에 우리는 이제 엄격하기 그지없는 놀이로 초대를 받게 된다. 이 즐거운 지적 엄격함이 바로 이론이며 또한 내가 이미 말한 것처럼 가련한 작은 사물이자 이론 그 자체인 철학이다.

하지만 우리는 또한 파우스트가 말했던 구절을 알고 있다.

친구여, 모든 이론은 회색이며 생명의 황금 나무는 푸른색이라네.

회색은 색의 금욕적이며 고행적인 양상이다. 이 같은 것은 우리의 일상 언어에 있어서 상징적 가치이며 괴테는 바로 이 상징성을 언급하고 있는 것이다. 회색이란 색이 색임을 포기할 때 가능한 바로 그 색이다. 반면 삶은 푸른 나무이며(이것은 호사스러운 표현이다.) 게다가 이 삶의 푸른 나무는 황금빛으로 도색이 되어 있다.(이것은 더욱 호사스러운 표현이다.) 삶에 대한, 황금으로 채색된 경이롭고 모순적인

---

6) 스텐첼(Stenzel), 「플라톤의 개시에 대한 개념 *Der Begriff der Erleuchtung bei Platon*」, ≪고대 *Die Antike*≫, II 256.(원주)

호사에 직면했을 때 회색 위로 물러나고자 하는 이 우아한 의지는 우리를 이론화의 길로 안내한다. 이론의 장에서 우리는 실재를 환영으로 대체한다. 이 환영이 곧 개념이다. 즉 우리는 실재를 삶으로 영위하는 대신 그것에 대해 사유를 한다. 그러나 엄밀한 사유 그 자체인 명백한 금욕주의와 삶으로부터의 퇴각 그 기저에 생명력의 최고 형태이자 극도로 풍요로운 활력이 숨어 있지 않다고 누가 확신하겠는가! 삶에 있어서 사유가 진솔한 삶의 영위에 삶의 생명력을 보다 연장하고자 하는 숭고한 열정을 더해 주지 않는다고 누가 자신하겠는가!

신비주의자들의 극적 전술에 따라 나는 여러분에게 지금 우리는 우리가 가고 있는 이 나선형의 여정에서 두 번째 선회를 마치고 이제는 세 번째로 접어들고 있다고 알려야 할 것이다. 그런데 이 세 번째 선회는 이전에 우리가 거쳐 왔던 두 번의 선회와는 질적으로 다른 특징을 지니고 있다. 우리는 어떤 과제나 계획을 정의하듯 철학이란 이름하에 우리가 추구하는 것을 정의했다. 우리는 철학이란 우주에 대한 인식이며, 그 무제한적인 폭과 주제의 근원적 문제주의로 인해 철학적 사유는 두 개의 법칙 혹은 의무를 충족시켜야만 한다는 사실을 말했다. 즉 철학은 첫째 자기 스스로를 구축하지 않는, 그 어떠한 진리도 인정하지 않는 자율적인 것이어야 하며 둘째 자기 스스로 우주적 가치를 표현하지 않는, 즉 우주를 열망하지 않는 그 어떠한 명제에도 만족하지 않는 범자율성을 완수해야만 하는 것이다.

이것이 지난 네 번의 강의를 통해 우리가 성취한 유일한 것이다. 이외 다른 모든 말들은 단지 이 작은 원리를 명확히 하고 또 거기에 의미를 부여하기 위한 것들이었다. 따라서 내가 지금까지 말했던 위 사실을 제외한 다른 것들은 그리 크게 중요한 것들이 아니었기에 우리는 이것들을 마치 하나의 단순한 언급처럼 취급하면서 상세하게 다루지 않았다. 우리는 이것들에 대해 어느 정도 거리를 둔 채, 간접적으로 마치 소문을 듣는 것처럼 대충 생각했다. 즉 우리가 말해 왔던 주제들은 우리의 정신 속에 현현하지 않았던 것이다. 우리는 지금까지 이런저런 다양한 사물에 대해 논의를 해왔다. 그러나 우리는 이것들을 이들의 형체와 존재 속에서 직접 관찰할 수 있도록 우리 앞으로 가져와 직면하지는 않았다.

결국 직접 대면하지 않은 그 무엇에 대해 말한다는 것은 명증성을 결여한 채 어느 정도 맹목적으로 말하는 것이다. 이론은 명증성으로 구성되고 또 명증성에 의해 진행될 때야 비로소 진정한 진리가 된다. 이론은 조합(combinación)과 개념 그리고 우리가 판단 혹은 명제라고 부르는 것으로 구성된다. 만일 여러분이 원한다면 이론이란 진술로 구성된다고 하자. 이 진술의 틀 안에서 우리는 어떤 사물에 대해 그것은 그와 같은 것이고 다른 것은 아니다라고 말한다. 그렇다면 어떤 한 진술이 이야기하는 것과 이 진술이 이야기하는 대상인 사물을 우리가 대비할 수 있을 때 이 진술은 진정한 진술이다. 그렇다면 우선 진리란 어떤 사물에 대한 진술과 진술된 사물 간의 일치이다. 진술된 사물 자체는 시각 면에서 우리에게 현전한다. 그런데 색이나 음처럼 지각 가능한 사물일 경우 이 사물은 감각적 시각의 형태 속에서 현전할 것이며 반면 우리의 정신 상태, 기쁨과 슬픔, 혹은 기하학적 삼각형, 혹은 정의나 자비, 사람들 간의 관계 등과 같은 비감각적 사물일 경우 이것은 비감각적 시각의 형태 속에서 현전할 것이다.

그러므로 하나의 진술은 진술된 사물이 보여질 수 있느냐에 따라 진리가 된다. 우리가 이해하고 있는 단어의 의미 그대로를 간직한 사물을 보고 있다는 사실에 의거한 채 한 진술의 진리를 받아들일 때 이 진술은 명백한 진리이다. 명증성이란 우리가 한 진술 혹은 다른 진술을 고수하게끔 우리를 충동하는 어떤 감정이 아니라 그와는 정반대이다. 만일 명증성이 감성이라고 한다면, 단지 감성일 뿐이라고 한다면 그것은 어떤 종류의 감성이 되었든 간에 우리로 하여금 한 명제를 진리로 수용하길 강제할 것이다. 하지만 이때 이 진리는 진리가 아닌 허위 진리이다. 명증성은 감성과는 어떤 관계도 없다. 우리는 그 본질상 맹목적인, 질병이나 사고로 인해 맹인이 된 것이 아니라 태생적으로 맹인인 것과 같은 감성과 명증성은 완전히 대조되는 것이라고 거의 확실히 말할 수 있다. 돌이나 식물이 눈을 가지고 있지 않듯 기쁨과 슬픔, 열정과 고뇌, 사랑과 증오 또한 눈을 가지고 있지 않기에 장님이다. 사랑은 장님이라고 말할 때 이와 함께 여러 가지 어리석은 것들도 또한 함께 말해진다. 그런데 이 어리석은 것들 중 하나는 사랑은 스카프를 눈에 가린 채 나타난다고 말한다. 말하자면 사랑이란 마치 볼 수 있는 사람이지만 눈을 가린 것과 같은 것이다. 그러나 사랑 그 자체는 장님이 아니라 아예 눈을 가지고 있지도 않으며 단 한번도 눈을 가져본 적이 없다.

이와는 대조적으로 명증성은 우리가 어떤 사물을 직접 목도했기에 판단이나 진술을 통해 단언한 것을 단언할 때 획득하는 특성이다. 그런데 우리는 '보다(ver)' 혹은 '시각(visión)'이라는, 명료함이나 엄밀함이란 의미를 지니고 있지도 않은 단어에 이것들을 기대하면서 집착할 필요는 없다. 이 단어에 대해 우리는 단지 다음과 같은 단편만 견지하고 있을 뿐이다. 즉 색이라는 대상이 우리 앞에 직접적으로 현전할 때, 즉 실물로 존재할 때 우리는 색을 본다고 말한다. 반면 우리가 색을 보고 있는 것이 아니라 그것에 대해 사유할 때, 예를 들어 지금 우리가 사하라 사막의 황금빛으로 채색된 모래색을 생각할 때 이 색은 직접적으로 우리에게 현전하는 것이 아니다. 환언하면 황금빛 모래색을 이루는 그 어느 속성도 우리 앞에 존재하지 않는 것이다. 유일하게 존재하는 것은 그것에 대한 우리의 사유, 즉 우리를 그것으로 이끌고 주목하게끔 하는 우리의 정신 행위이다. 시각이 지닌 의미의 유일한 중요성이란 대상은 어떠한 매개 없이 직접적으로 우리에게 현전한다는 주관적 상태의 가장 명확한 예를 볼 수 있다는 것이다. 청각에서도 우리는 동일한 예를 목도할 수 있다. 즉 소리는 청각에 있어 우리에게 직접적으로 현전한다. 일반적으로 모든 감각 기능은 이와 같은 직접적 현전의 유형이다.

실증주의는 엄밀한 인식을 우리에게 현전하는 것으로 환언하려 했다는 점에서는 타당했다. 그런데 실증주의는 색, 소리, 냄새, 촉감과 같은 감각적 대상의 현전만 인정하는 오류를 범했다. 실증주의는 '실증적인 것'만을, 환언하면 사물 자체의 현전만을 요구했다는 점에서는 타당했다. 하지만 사물 자체의 현전은 감각론으로 환언되었기에 실증주의는 결코 이 현전을 경험해 보지 못한, 오류의 인식론이었다. 또한 이 감각론조차도 그것이 태동된 이래 인간에게서 수많은 새로운 감각이 발견되었기에 그 입지가 좁았다. 구(舊)실증주의는 전통적인 인간의 오감에 만족했다. 하지만 현재 인간의 감각 행위의 폭은 더욱 확대되어 우리는 적어도 11개 이상의 감각을 향유하고 있다.

그러나 실증주의의 이와 같은 부적합함과 무능함은 제쳐두고 우리는 악순환에 빠져버린 실증주의에 대해 비판을 가하고자 한다. 왜냐하면 실증주의는 다음과 같이 말하고 있기 때문이다. "그 어떤 것에 대해서도 만일 그것이 우리에게 현전해 있지 않다면 우리는 진정 그것이 존재한다고 말할 수 없다. 그리고 우리는 현전에 의해 감각적 존재를 이해한다." 여러분은 감각적 존재와 우리에게 현전해 있는 존재는 매우 다른 두 관념이란 사실에 주목하기 바란다. 색과 소리는 이것들이 가끔씩 우리에게 현전해서가 아니라 색과 소리라고 하는 감각적 조건을 지니고 있기에 감각적 존재이다. 반면 정의로움이나 순수 기하학적 삼각형은 비록 우리 앞에 실물로 현전한다고 해도 색이나 소리, 냄새가 아니기에 결코 감각적 존재가 될 수 없다. 실증주의는 감각적 대상의 현전 이외에는 그 어떤 현전도 존재하지 않는 다는 사실을 증명했어야만 했다. 만일 그렇게 했다면 실증주의는 타당한 인식론이 되었을 것이다. 그런데 이 사실을 보여주기 위해 실증주의는 자신이 증명해야 할 것을 자신의 원리로 미리 확정을 하면서 시작한다. 결국 실증주의는 선결 문제 요구라는 허위(petitio principii)를 범했고 자기 스스로를 악순환 혹은 순환적 논증(circulus in demonstrando) 속에 가두어버렸다.

반복해서 말하지만 현전과 감각은 상호 간에 어떤 관계도 없는 상이한 것들이다. 현전은 현재, 직접적으로 우리 앞에 있는 사물들의 존재 방식을 의미하는 것으로 우리 정신과 관련된, 즉 우리에게 현전(presentados)되는 것이 아니라 형상화(representados)되는, 말하자면 우리에게 현전하는 것은 사물 그 자체가 아니라 그것의 복사물 혹은 필사본처럼 그 사물의 이미지와 같은 사물들의 존재 방식과는 대조되는 것이다. 반면 감각은 다른 사물과의 비교를 통해 파악되는 사물의 종류로서 우리와 관계된 그 사물들의 존재 방식을 결코 암시하지 않는다. 엄밀한 의미에서 우리에게 소리를 보라고, 혹은 색을 들으라고 요구하는 것이 명확한 오류이듯이 본질적으로 비감각적인 것의 가능한 직접적 현전을 부정하는 것은 더욱 심각한 오류이다. 이미 데카르트는 아직 그 누구도 수천 개의 면을 가진 다각형을 보지는 못했지만 이것이 단순한 사각형처럼 우리에게 직접적으로 현전할수 있는 가능성에 대해서는 그 어떤 의심도 존재하지 않는다는 사실을 명확히 했다. 이것은 '수천 개의 다각형'이란 말이 지닌 정확한 의미를 우리가 이해하고 있고 또 결코 이것보다 더 많은 면을 가진 혹은 적게 가진 다면체와 이것을 혼돈하지 않는다는 사실로 증명될수 있다.

그러므로 우리는 직접적 현전이라는 실증주의의 명령을 실증주의의 편협성으로부터 구해 보존해야 할 것이다. 우리가 모든 대상에 대한 진리를 말할 수 있도록 그것을 우리에게 현전하도록 요구하자. 하지만 동시에 이 현전이 대상의 특수성에 적합하도록 어떤 변용도 가하지 말고 그대로 놓아두자. 따라서 이는 실증주의의 근본적인 확장 및 절대적 실증주의를 의미한다. 나는 이미 몇 년 전 어떤 글에서 현대 철학은 부분적이며 한정적인 실증주의와는 대조되는 절대적 실증주의로 특징지어진다고 말한 적이 있다. 앞으로 살펴보겠지만 이 절대적 실증주의는 전 철학사에서 철학을 오염시켰던 감각주의의 폐혜를 처음으로 수정하고 극복하는 철학이다. 어느 시기 철학은 거의 대부분의 영국 철학처럼 충실하게도 형식적인 감각주의에 빠져 있었다. 다른 어느 시기에 철학은 이 상태를 벗어나려고 했지만 플라톤이나 아리스토텔레스처럼 결국엔 이 노예의 사슬과도 같은 감각주의를 완전히 떨쳐버리지는 못했다. 그렇지 않았더라면 중세에 있어 일반 개념 문제가 그렇게 크게 중요하지는 않았을 것이다. 하지만 이 문제는 지금 여기서 다룰 사항은 아니다.

지금 당장 우리에게 가장 화급을 다투는 문제는 명증성에 기반한 진리 이외에는 그 어떤 엄밀한 이론적 진리가 존재하지 않는다는 것을 강조하는 것이다. 이는 우리가 사물에 대해 말하기 위해서는 그것을 직접 볼 것을 요구해야 하며, 이렇게 사물을 직접 봄으로써 우리는 사물이 그것의 확실성이 부과하는 방법에 따라 우리에게 현전함을 이해할 수 있다. 그러므로 우리는 편협하면서도 제한적인 의미를 지니고 있는 시각(visión)이란 용어 대신 직관(intuición)이란 용어를 사용하고자 한다. 직관은 그 모든 사물들 중 신비적이며 마술적인 의미를 가장 덜 포함하고 있다. 이것은 사물이 우리에게 현전해 있는 정신 상태를 의미한다. 그러므로 감각적 직관도 존재하겠지만 동시에 비감각적 직관도 존재할 것이다.

오렌지색에 대한 직관이 존재하며 과일로서의 오렌지 자체에 대한 직관도 존재하고 또한 오렌지의 둥근 형태에 대한 직관도 존재한다. 이 모든 경우에 직관이란 단어는 언제나 언술되는 것처럼 '직접적 현전'을 의미한다. 그렇다면 오렌지색, 과일로서의 오렌지, 오렌지의 형태인 원형이라는, 우리에게 현전한 이 세 대상을 비교해 보자.

　프리즘이 보여주는 화려한 스펙트럼 속에서 우리는 '오렌지색'이라는 이름하에 우리가 생각하는 것을 직접 우리 눈을 통해 발견할 수 있다. 우리는 우리의 시각 속에서 이 명백한 색을 발견하며 '오렌지색'에 대한 우리의 사유는 우리가 견지하고 있는 시각 속에서 직관적으로 충족되고 실현되며 또한 완성된 상태로 존재하게 된다. 우리가 오렌지색에 대해 사유할 때 우리의 사유와 오렌지색 간에 그 어떠한 것도 가감하지 않은 채 우리는 오직 이것에 대해서만 사유했고 그래서 우리가 사유했던 바로 그 자체를 우리 앞에서 발견했기에 우리는 우리가 소유하게 된 개념과 우리가 본 것이 동일하다고, 환언하면 오렌지색에 대해 우리는 적합하면서도 완벽한 직관을 가지게 되었다고 말할 수 있다.

　그런데 '오렌지'라는 과일 자체에는 이와 동일한 현상이 발생하지 않는다. 우리가 사유하는 것은 무엇인가? 혹 그것에 대해 사유할 때 우리가 정신적으로 언급하는 것은 무엇인가? 우리가 사유하는 것은 다양한 속성을 지닌 하나의 사물이다. 즉 오렌지는 그 고유의 색 이외에도 어느 정도 견고한 물질로 구성된 원형체이다. 우리가 사유하는 오렌지는 내부와 외부가 있고 또한 원형체이기에 두 개의 반구로 분리 가능할 것이다. 그런데 실제로 우리는 이 모든 것을 볼 수 있는가? 곧 우리는 아무리 노력한다고 할지라도 이 모든 경우 우리에게 향해 있는 오렌지의 절반 모습밖에는 보지 못한다는 사실을 깨닫게 된다. 결코 변하지 않는 시각 법칙에 의해 우리가 눈앞에 두고 보고 있는 절반의 오렌지는 그 나머지 절반을 자신의 뒤에 숨길 것이다. 우리는 처음으로 오렌지를 보았던 것과는 다른 시각 행위를 통해, 즉 위치를 바꾸어 오렌지의 숨겨진 절반을 볼 수 있다. 하지만 이때 우리는 처음 보았던 오렌지의 절반 부분을 볼 수 없게 된다. 이 두 반구는 결코 하나의 완성체로 우리 눈앞에 존재하지는 않을 것이다. 게다가 우리는 오렌지의 외부만을 볼 뿐 그 내부는 표면에 의해 가려져 있다. 우리는 오렌지를 여러 부분으로 얇게 잘라 역시 새로운 시각 행위를 통해 그 내부를 볼 수 있지만 이 잘린 부분들은 너무나 얇아서 우리가 사유한 그대로의 오렌지 내부를 보았다고 엄밀하게 말할 수는 없다. 이 사실들은 우리가 오렌지를 보았다고 말할 때 우리가 오류를 범하고 있다는 명백한 증거이다.

우리가 오렌지에 대해 언급할 때 단 하나의 시각에 있어서나 다양한 부분적인 시각에 있어서나 우리가 발견한 명백한 것들은 결코 그것에 대한 우리 사유의 총체가 아니다. 우리는 언제나 오렌지에 대해 우리에게 현전해 있는 본연의 상태보다 더 많은 것을 사유하며, 또한 오렌지에 대한 우리의 개념은 언제나 시각이 우리에게 드러내 주지 않는 어떤 것을 전제로 한다. 이는 오렌지에 대해, 아니 모든 형체적 사물에 대해 우리는 단지 불완전하며 부적합한 직관을 가지고 있음을 의미한다.

모든 순간에 있어 우리는 우리가 직접 목도한 어떤 사물에 대해 새로운 시각을 첨가할 수 있다. 즉 우리는 오렌지를 더 얇게 잘라 이전에 숨겨져 있던 것을 명확히 볼 수 있다. 하지만 이 사실은 어떤 형체나 물질적 사물에 대한 우리의 직관은 비록 무한대로 완벽해질 수는 있지만 결코 전체가 될 수 없다는 점을 의미한다. 이 부적합한 직관, 그러나 언제나 완성 가능하고 완벽한 존재에 끊임없이 가까이 다가서는 이 직관을 나는 '경험(experiencia)'이라 명명하고자 한다. 따라서 물질적인 것에 대해서 우리는 오직 경험에 의한 인식, 즉 단지 근사치적이긴 하지만 보다 근접 가능한 인식만을 가지고 있을 뿐이다.

오렌지색은 형체도, 물질적 사물도 아니었다. 그것은 오렌지라고 하는 사물이 지니고 있는 것과는 분리된, 즉 자신에게 물질적이며 형체적 존재를 부여한 오렌지에 대한 하나의 추상으로 그저 순수한 색일 뿐이었다. 결국 오렌지색이란 단지 추상적 대상이었기에 우리는 그것을 완벽한 것으로 간주할 수 있었던 것이다.

그러면 지금부터는 기하학에서 원형 혹은 구라고 부르는, 내가 비교를 제안했던 것 중 세 번째 대상에 대해 살펴보자. 우리는 곧 물질적으로 존재하는 혹은 공과대학 강의실 칠판에 그려져 있는 원이나 기하학 책에 나오는 원처럼 우리가 그릴 수 있는 그 어떤 원도 엄밀하면서도 정확하게 원에 대한 우리의 개념을 그려낸 것은 아니라는 사실을 발견한다. 그러므로 '원'이라는 대상은 감각적인 면에서 보여지지 않는, 즉 우리의 눈으로 볼 수 없는 것이다. 하지만 그것이 우리에게 현전한다는 데에는 의심의 여지가 없다.

그렇다면 우리가 보고 있는 원으로부터 원에 대한 관념을 획득하지 못했다면 우리가 가지고 있는 원에 대한 관념은 어디에서 유래했을까? 개념이란 결코 발명되는 것이 아니며 무로부터 추출되지도 않는다. 개념 혹은 관념은 언제나 그 무엇에 대한 관념이며, 또한 그 무엇은 우리가 그것을 사유할 수 있기 위해 어떠한 방법으로든지 우리에게 사전에 현전해 있어야 한다. 심지어 우리가 무를 창조할 능력이 있다고 할지라도 우리는 제일 먼저 사물을 창조해야 하며, 그러고 나서 그것을 우리에게 현전시켜 그것에 관한 사유를 전개해야 한다. 사실 우리는 원에 대한 직접적인 직관을 가지고 있다. 즉 우리는 단지 원에 대한 근사치일 뿐인 원의 이미지를 상상할 필요 없이 언제나 우리 정신 속에서 원을 발견할 수 있다. 그리고 원에 대한 우리의 개념과 원 자체를 비교할 수 있다.

수학적 대상에 대한 이 비감각적이고 순수한 직관이 무엇으로 구성되었는지를 비교하는 작업은 많은 시간이 필요하다. 지금 현재로서는 다음 설명만으로도 충분할 것이다. 우선 원은 하나의 선이며, 선은 무한한 점들의 연속이다. 선이 아무리 짧고 유한적이라 할지라도 그것에 대해 우리가 사유하는 것은 그것이 무한한 점들의 집합이라는 사실이다. 그렇다면 '무한한 점들'이란 무엇을 의미하는가? 우리가 '무한한 점들'이라는 개념에 대해 사유할 때 우리는 얼마나 많은 점들에 대해 사유하는가? 여러분은 필히 '단지 무한한 것'에 대해 사유한다고 대답할 것이다. 미안하지만 우리가 묻고자 하는 것은 점에 대해 무한한 것을 사유할 때 우리는 이 무한함을 구성하는 각각의 점과 모든 점들을 실제로 사유하느냐이다. 명백하게 우리는 그렇게 사유하지는 않는다. 우리는 단지 점들의 유한 개수를 사유할 뿐이며 여기에 우리가 사유할 수 있는 무한한 점들을 첨가하는 것이다.

그러므로 무한수에 대해 사유할 때 우리는 결코 사유를 멈출 수 없으며, 무한의 개념이란 우리가 추구하는 모든 것을 포괄할 수 없다는 것에 대한 인식, 환언하면 우리가 사유하는 사물, 즉 무한은 그것에 대한 우리의 개념을 초과한다는 것에 대한 인식을 내포하고 있다는 점들을 우리는 사유하는 것이다. 그런데 이는 어느 순간에 있어서나 우리가 무한적인 것에 대해 사유할 때 우리는 우리의 개념과 무한 그 자체, 즉 그 현전을 비교하며 또한 이 비교를 통해 우리의 개념이 매우 협소하다는 것을 인식한다는 사실을 의미한다. 선과 같은 하나의 수학적 연속에 대한 직관에 있어 우리는 이 직관, 즉 현전하는 것은 개념과 일치하지 않는다는 점을 목도한다. 하지만 반대로 오렌지의 경우 직관은 사유 내에 존재하고 있던 것 이상을 던져준다. 실제로 연속적인 것, 우리가 '무한'이라고 사유하고 명명하는 것에 대한 직관은 개념이나 이성으로 환원 불가능하다. 말하자면 연속적인 것이란 비합리적이며 초개념적 혹은 초논리적이다.

그 본질적 속성상 환영에 대한 교만한 삶인 합리주의는 최근 수학적 무한성을 개념 혹은 이성으로 환원시킬 수 있는 환영을 스스로 창조하고자 했다. 합리주의는 19세기처럼 투박하면서도 제국주의적인 방식으로 자신의 영역을 엄청나게 확장시키면서 순수 논리를 통해 수학을 확대했다. 그런데 이 확장 과정은 문제 자체에 대한 맹목에 의해 성취되었고 그래서 수학자들이 다시 신중함으로 복귀할 수 있도록, 또 가정적인 수학적 논리로부터 직관으로 회귀할 수 있도록 그 유명한 '전체의 이율배반'과 같은 근본적이면서도 해결 불가능한 모순에 의미를 부여할 필요가 있었다. 중차대하기 그지없는 이 지적 움직임은 현재 활발히 진행 중이다. 새로운 수학은 대상 내에 존재하는 비합리성의 부분을 인정한다. 즉 새로운 수학은 논리에 그 고유한 특권을 부여하면서 대상의 고유하면서도 양도 불가능한 운명을 수용하는 것이다.

그러므로 수학적 대상은 그것이 가장 기이하고 신비하며 연속적인 것이라 할지라도 직접적인 형식으로 우리에게 현전한다. 그리고 우리는 이것을 이것에 대해 우리가 사유하는 것과 동일한 직관 속에서 혹은 이것에 대한 우리의 사유보다 더욱 풍부한 의미를 지닌 채 발견한다. 하지만 최대가 존재하는 곳에는 최소 역시 존재한다. 우리가 지닌 명제의 진리를 명백하게 인식하기 위해서는 현재로는 명제 속에서 사유된 모든 것이 직관 속에 존재하기만 하면 된다. 이 직관이 또한 우리가 사유할 수 없거나 사유하기를 원하지 않는 다른 요소들을 포함하고 있을 수 있다는 사실은 진리의 근원적 의미에 어떤 영향도 미치지 않는다. 엄밀히 말해 직관은 우리가 사유하는 것 이상을 항상 포함하고 있다. 그러므로 위에서 우리가 분석했던 세 가지 경우 중 가장 단순한 '오렌지색'에 관한 경우 우리가 본 색은 우리의 개념이 결정하지 않는, 즉 우리가 사유할 수도 명명할 수도 없는 어떤 색조를 항상 지니고 있을 것이다. 왜냐하면 오렌지색이란 빨간색과 노란색 사이 어딘가에 위치해 있기에 그것은 문자 그대로 무한대인 오렌지 색조의 다양성을 제시해 주기 때문이다.

그렇다면 이제 우리는 적합한 직관을 통해 우리에게 현전된 모든 것에 대해 근사치적이 아니라 엄밀한 진리를 가지고 말할 수 있다. 환언하면 우리는 그것에 대해 언제나 유효한 엄밀한 인식을 가지게 된 것이다. 이것이 바로 철학에서 말하는 숭고하지만 동시에 유치하고 어리석기 짝이 없는 선험적 인식이라는 것이다. 이런 의미에 있어서 수학은 오렌지에 대한 인식처럼 실험적 혹은 경험적인 것이 아니라 선험적 인식이다. 오렌지와 같은 경우 결코 대상은 자신의 전형체를 드러내지 않고 언제나 자신의 내부에 보여질 부분을 가지고 있기에 이것에 대한 우리의 인식은 이것이 결코 제한적이지는 않다는 사실을 인정하면서 보여질 수 있는 것에 의지해야만 한다. 그러므로 이것은 각각의 새로운 시각에 의해 제한된, 이미 실현된 각 관찰의 상대성에 속하는 후험적 인식이다.

반면 삼각형은 그것에 대해 우리가 형성하고자 하는 모든 직관 속에 완전한 형태로 우리에게 제시된다. 삼각형은 자신의 그 어떤 형태도 숨기지 않은 채 완벽한 상태로 명백하게 여기에 존재한다. 삼각형에 대한 단 하나의 직관으로부터 추출 가능한 모든 정리(定理)들을 사유하려 한다면 한 세기가 넘게 걸릴 것이다. 이 과정에서 우리는 직관을 계속, 끊임없이 혁신해야 한다. 그러나 최종적으로 획득한 직관은 최초의 직관에 그 어느 것도 첨가하지 않을 것이다.

철학의 근본주의는 이 말이 지닌 의미를 견지하기 위해 적합한 직관 위에 기반한 총체적으로 명백한 진리 이외에는 그 어떤 형태의 진리도 수용하지 않을 것이다. 이것이 바로 내가 이 강의 대부분을 우리 시대의 가장 특징적인 철학의 배경이 되는 명증한 직관이라는 주제에 할애한 변명의 여지가 없는 이유이다. 나는 이렇게 난해하기 그지없는 질문을 보다 작은 영역으로 축소시키는 것은 불가능하다고 생각한다. 하지만 이제 어려운 단계는 지났으며 나는 이후의 강의부터는 우리의 가슴에 보다 가까우며 따뜻한 주제를 순탄하면서도 편안하게 다루기를 희망한다. 하지만 그렇게 되리라고는 나 자신 역시 확신하지는 못하고 희망만 할 뿐이다. 그 난해함에도 불구하고 명증성에 대해 지금까지 살펴본 것은 다음 단계 연구를 위한 필수적 과정이었다. 왜냐하면 이미 말했듯이 지금 우리가 진입하고자 하는 단계에서는 우리가 사물을 관상할 때 우리로 하여금 그것을 보게끔 강제하는 유의 사물에 대해 연구할 예정이기에 그 이전 단계와는 상이하기 때문이다. 연주가가 연주회의 본 곡을 연주하기 전 조율을 위해 본 곡과는 관련 없는 곡들을 연습 삼아 연주하듯 지금까지 우리가 철학 속으로 들어가기 위한 준비만을 했다면 이제는 본격적으로 철학 속으로 들어가 보자.

우리가 출발했던 나선형의 출발점으로 돌아가 중심 테마인 철학의 정의에 대해 다시 한번 살펴보자. 반복하건대 철학이란 우주에 관한, 존재하는 모든 것에 관한 인식이다. 나는 이제 이 말들이 그 범위와 극적 강도에 있어 지적 전류로 완전히 충전된 상태로 여러분에게 전달되고 있을 것이라고 생각한다.(우리는 이미 우리 문제에 대한 근원주의와 철학적 진리의 유형을 결정하는 요구의 근원적 특성을 인식하고 있다. 문제의 근원주의란 우리 스스로가 증명하고 확인하지 않은 그 어떤 것도, 우리 스스로가 진리의 기반을 구축하지 않은 그 어떤 것도 진리로 받아들이지 않는 것이었다. 그러므로 전제 혹은 우리가 존립하고 있는 토양을 구축하는 가장 관습적이며 개연적인 우리의 신념은 정지 상태에 있게 된다. 이런 의미에 있어 철학은 반자연적이며 내가 이미 말했듯이 그 근원에 있어 역설적이다. Doxa라는 단어는 즉자적이며 관습적인 견해를 의미한다. 더욱이 이것은 자연적 견해라는 의미도 포함하고 있다. 따라서 철학은 이러한 자연적이며 관습적이고 즉자적인 견해로부터 벗어나 이것보다 더 견고하며 확고한 다른 견해, 즉 다른 Doxa를 추구하며 즉자적 견해의 뒤 혹은 그 밑으로 가야만 한다. 그리하여 철학은 곧 역설(para-doxa)인 것이다.)

우리의 문제가 존재하는 모든 것, 즉 우주를 인식하는 것이라면 제일 먼저 우리에게 필요한 것은 우리가 존재한다고 확신할 수 있는 존재들 가운데 과연 무엇이 존재하는지를 결정하는 것이다. 아마 우주에는 우리가 모르는, 우리가 영원히 모를 존재가 무수히 많이 있을 것이다. 이와는 반대로 우주에 무수한 사물이 존재하고 있다고 우리가 믿고 있지만 실은 우주에 존재하지 않고 단지 우리의 믿음, 즉 환영 속에 존재하는 것들도 있을 것이다. 목마른 사막의 상인들은 사막 저 멀리 신선한 물줄기가 굽이치는 수평선이 아른거리는 것을 본다고 믿는다. 하지만 이 축복의 물은 사막에 존재하지 않고 오직 사막 상인의 환상 속에서만 존재할 뿐이다.

그러므로 우리는 사물을 첫째 우리가 그것에 대해 인식하고 있건 아니건 간에 우주에 존재할 만한 것들, 둘째 우리가 존재한다고 믿고는 있지만 사실은 존재하지 않는 것들, 그리고 마지막으로 우리가 우주 속에서의 그 존재를 확신하는 것들이라는 세 가지로 분류해야 한다. 이들 중 세 번째에 해당하는 사물들이 우주와 우리의 인식 속에 동시에 존재하는 사물일 것이다. 그리고 이것들이 바로 존재하는 모든 것에 대해 우리가 명백하게 가지고 있는 것이며 우주에 대해 의문의 여지 없이 우리에게 주어진 것으로 우리는 이것들을 우주의 사실이라고 요약할 수 있다.

모든 문제는 사실의 존재를 전제로 한다. 사실은 문제가 아닌 것을 의미한다. 우리가 이미 앞에서 언급한 적이 있는 물속의 막대기라는 전통적인 한 예에서 막대기가 곧다는 사실을 우리에게 알려주는 촉각에 의한 인상도 하나의 사실이며 막대기가 휘어져 있다는 사실을 우리에게 알려주는 시각에 의한 인상 역시 하나의 사실이다. 그런데 문제는 명백히 상충되는 이 두 사실이 문제를 구성하지 않는다는 사실에서가 아니라 실질적이며 의심 불가능한 사실이라는 점에서 발생한다. 이 상호 모순적인 성격이 우리 앞에 현현했을 때, 이미 앞에서 살펴보았듯이 모든 문제는 바로 이 상호 모순적 성격에 존재한다. 사실은 우리에게 부분적이며 불충분한 현실을 나타내 주고, 다른 한편으로는, 나는 그렇게 되기를 원하지 않지만, 그 자체가 상호 모순적인 그 무엇을 제시해 준다. 즉 하나의 동일한 현실 속에서 물속의 막대기는 곧은 동시에 휘어져 있는 것이다. 현실이 보다 명확하면 할수록 이것은 더욱 수용하기 어려우며 또한 더욱 문제적이고 더욱 비존재적이 된다.

사유를 하기 위해서는 사유 앞에 문제가 존재해야 하며 문제가 존재하기 위해서는 사실이 존재해야만 한다. 만일 그 무엇이 우리에게 주어지지 않는다면 우리는 그것에 대해 결코 사유하지 않을 것이다. 만일 우주에 존재하는 그 모든 것이 우리에게 주어진다면 사유를 할 필요성을 느끼지 못하기에 또한 우리는 사유하지 않을 것이다. 문제는 중간적 상황을 전제로 한다. 우리에게 주어진 것, 우리에게 불완전하게 부여된 것은 그 자체로 충분하지 못하다. 우리가 그 무엇을 인식하지 않고 있다면 우리는 그것이 무엇인가를 결핍한 불충분한 존재라는 사실을 인식하지 못할 것이며 우리가 이미 가지고 있는 것에 의해 요구되는 또 다른 것들을 결여하고 있다는 사실 역시 알지 못할 것이다. 이것이 바로 문제에 대한 의식이다. 문제에 대한 의식이란 우리가 충분히 알고 있지 않다는 것에 대한 인식이며 우리가 무지하다는 사실에 대한 인식이다. 이것이 바로 엄격한 의미에서 소크라테스가 말했던 "무지하다는 사실을 아는 것"이 지닌 깊은 의미였다. 그는 이것을 자신의 유일한 자긍심으로 생각했다. 문제에 대한 의식, 이것이야말로 과학의 시작인 것이다. 이것은 부인할 수 없는 명백한 사실이다.

그래서 플라톤은 다음과 같이 자문한다. "어떤 존재가 인식 활동을 할 수 있는가?" 우선 짐승은 아니다. 짐승은 모든 것에 대해 무지하며 심지어 자신이 무지하다는 사실조차도 모른다. 그리고 그 어떤 것도 짐승을 무지에서 벗어나게 할 수 없다. 신 또한 인식 활동을 하지 않는다. 그는 이미 모든 것을 다 알고 있으며 그래서 무엇을 알고자 노력할 이유가 없다. 신과 짐승 사이 어딘가에 위치하며 무지하지만 자신이 무지하다는 사실을 인식하고 있는 능력을 부여받은 중간자적 존재만이 스스로 무지에서 벗어나고자 하는 충동을 느끼며 무지로부터 격렬하면서도 열정적으로 인식을 향해 나아간다. 이 중간자적 존재가 바로 인간이다. 그러므로 자신이 무지하다는 사실을 안다는 것은 인간만이 지닌 특별한 영광이다. 이 사실이 인간을 문제로 충만한 신성한 짐승으로 만드는 것이다.

우리가 지니고 있는 문제란 것이 우주 혹은 존재하는 모든 것에 관한 것이기에 우리는 우리가 발견한 우주에 관한 사실이란 무엇인지를, 환언하면 존재하는 모든 것들 중 우리에게 확실하게 주어진, 그래서 그것을 추구할 필요가 없는 것이 무엇인지를 확정할 필요가 있다. 우리가 추구해야 할 필요가 있는 것은 정확히 말해 우리에게 주어지지 않았기에 우리에게 결여되어 있는 것이다.

그렇지만 철학에 있어 사실이란 무엇인가? 철학을 제외한 다른 학문들은 그 진리의 유형 면에서 철학적 진리보다 덜 근원적인데 사실의 확정이라는 측면에서도 또한 철학적 사실의 확정보다는 덜 근원적이다. 그런데 철학은 그 첫 단계에서 자신이 가지고 있는 지적 영웅주의를 극도로 발휘해야 하며 또한 그 엄밀성을 최대한 견지해야만 한다. 왜냐하면 철학의 입구에서, 비록 사실들이란 문제가 아니지만, 우주에 있어서의 사실들에 관한 거대하면서도 참을 수 없는 문제, 즉 의심할 여지 없이 확실히 존재하는 것은 무엇인가에 관한 문제가 발생하기 때문이다.

7강
우주에 관한 사실들, 데카르트적 회의,
의식의 이론적 우수성, 매와 같은 자아

지난 강의에서 말했듯이 우리는 사물을 첫째, 우리가 그것에 대해 인식하고 있건 아니건 간에 우주에 존재할 만한 것들, 둘째, 우리가 존재한다고 믿고는 있지만 사실은 존재하지 않는 것들, 그리고 마지막으로 우리가 우주 속에서의 그 존재를 확신하는 것들이라는 세 가지로 분류해야 한다. 이들 중 세 번째에 해당하는 사물들이 우주와 우리의 인식 속에 동시에 존재하는 사물일 것이다. 이렇게 사물을 세 가지로 분류하는 것은 우리에게 매우 중요하다.

그런데 내가 이미 언급했듯이 우리는 이 세 번째에 해당하는 사물을 또 분류할 필요가 있다. 우주 속에서 어떤 대상의 존재에 관해 우리가 가질 수 있는 확실성에는 두 가지 종류가 있다. 우리는 종종 이론이나 증명 그리고 확실하면서도 증명된 추론에 기초해 어떤 대상이 존재한다고 확언한다. 즉 연기가 솟아오르고 있는 곳을 보면 그곳에 불이 났을 거라고 추정하는 것이다. 비록 불을 직접 보지 않았을지라도 말이다. 굵은 나무 줄기에 긁힌 자국과 같은 선이 나 있는 것을 보면 우리는 사람이나 무엇인가가, 예를 들면 나무를 기어오르며 문자와 비슷한 형태를 새겨놓는 신기한 곤충이 이전에 여기 존재했다고 생각한다.

추론과 증명 그리고 이론에 의한 확실성은 다른 대상에 있어서의 선행적 확실성으로부터 출발해 한 대상의 존재를 확언하게 된다. 그래서 불의 존재에 대해 확언하는 것은 우리가 연기를 보았다는 사실을 전제로 한다. 그러므로 추론이나 증명을 통해 어떤 대상의 존재를 확언하기 위해서는 우리는 다른 대상에 있어서의 보다 근원적이며 일차적인 확실성에서 출발하지 않으면 안 된다. 이 확실성은 증명이나 추론을 필요로 하지 않는 확실성의 한 유형이다. 따라서 우리가 그 존재를 증명할 수 있고 필요로 하는 사물은 존재한다. 그런데 이것은 우리가 그 존재를 증명할 수 없고 필요로 하지 않는 사물이 존재한다는 사실을 전제로 한다. 왜냐하면 이와 같은 사물은 스스로 자신을 증명하기 때문이다. 우리는 오직 의심할 수 있는 것, 하지만 동시에 의심을 허용하지도 않을 뿐더러 증명 또한 필요하지도 않고 허용하지도 않는 것만 증명할 수 있다.

그 존재가 의심 불가능한, 모든 가능한 의심을 배격하고 무효화하며 그 의미를 제거하는 사물들, 비판의 융단폭격에도 끄떡없는 사물들, 이것들이 바로 우주에 관한 사실들이다. 반복해서 말하건대 사실이란 우주 내에 존재하는 유일한 것도, 확실하게 존재하는 것도 아니다. 그것은 의심할 여지 없이 존재하는 유일한 것으로 그 존재가 매우 특수한 확실성, 의심 불가능한 확실성, 즉 원형적 확실성에 기반하고 있는 것이다.

이와 같은 우주에 관한 사실들을 지금부터 추구해 보고자 한다.

나는 몇 년 전 스페인의 현대 시인 후안 라몬 히메네스[1]의 다음 시를 읽은 기억이 있다.

정원에는 분수가 있고
분수에는 키마이라가 있네
그리고 괴물은 슬픔으로 죽어간
연인이 있네.

이 시에 따르면 정원이 존재하는 이 세계에 키마이라 역시 존재하며 이 키마이라는 지나가는 시인으로 하여금 죽음에 관한 시를 쓰게 하는 능력을 가지고 있다. 만일 키마이라가 없다면 어떻게 우리는 그것에 대해 말하고 그것을 다른 존재와 구별하겠는가? 또 어떻게 그것의 형태를 정의하고 묘사해 우리 정원의 분수대에 조각할 수 있겠는가? 그리고 키마이라는 단지 그와 유사한 모든 형태의 전형이기에 우리는 또한 켄타우로스와 트리톤, 그리푸스, 유니콘, 페가수스, 그리고 성난 미노타우로스에 대해서도 말할 수 있을 것이다. 하지만 곧, 그것도 너무나 빨리 우리는 지금 우리가 다루고 있는 것은 우주에 존재하지 않는 회색 환영, 혹은 단지 우리의 환상이나 상상 속에서나 존재하는 것이라고 말하면서 키마이라에 대한 의문을 해결한다. 이렇게 우리는 연못에서 유유자적하는 백조와 함께 존재하고자 하며 시인과 함께 유희를 즐기려는 키마이라를 실제로 존재하는 정원으로부터 끄집어내어 정신, 영혼 혹은 마음속에 집어넣는다. 이러한 행위 과정 속에서 우리는 키마이라 및 그와 유사한 무수한 것들에 대한 어려운 짐을 보관할 적합하고 충분한 공간을 찾았다고 생각한다.

실제로 우리는 키마이라의 존재에 대해 확실히 의심을 하고 또한

---

1) Juan Ramón Jiménez(1881~1958) : 20세기 스페인의 대표적인 시인. 19세 때 마드리드에서 당대 최고의 시인인 루벤 다리오, 바예 잉클란 등과 친교를 맺으면서 활발한 창작 활동을 시작했다. 산문집 『플라테로와 나 *Platero y Yo*』(1917) 등으로 상당한 인기를 얻었다. 1956년 노벨 문학상을 수상했다.

그것의 존재란 거의 비현실적이어서 많은 생각을 할 필요도 없기에 이처럼 곧바로 키마이라에 대한 의문을 해결하는 것이다. 하지만 이 때 우리 정신의 기저에는 키마이라의 존재를 떠나보내는 데 대한 희미한 아픔이 남아 있다. 이 아픔에 대해서 나는 이미 앞에서 언급한 바 있거니와 지금 나는 곧 여러분의 정신에서 이것을 제거해 버릴 예정이다. 왜냐하면 이것이 오늘 우리가 논의하고 있는 것을 방해하거나 그것에 어떤 심각한 영향을 미쳐서는 안 되기 때문이다. 이 아픔은 내가 오래전 돈키호테를 옹호하면서 제시했던 것과 매우 흡사하다. 풍차를 거인으로 간주하고 있는 돈키호테라니, 정말 웃긴 광경일 수밖에! 자신이 실제로 보고 있는 풍차를 거인으로 간주해서는 안 되지 않는가! 하지만 왜 인간은 거인에 대해 알아야만 하는가? 거인이 어디에 있었고 또 지금 어디에 있는가? 그런데 만일 거인이 존재하지 않는다면, 혹 존재하지 않았다면 인간 즉 인류는 역사의 한 순간에 그 무엇도 존재하지 않았던 곳에서 거인을 발견하였을 것이다. 그리고 이 역사적 순간에 인간 자신이 진정한 돈키호테, 키마이라와 같은 돈키호테였던 것이다.

사실 수천 년 동안 인간에게 우주는 근본적으로 거인과 키마이라로 구성된 것과 같은 것이었다. 이것은 가장 실제적인 사실이었으며 또한 우리의 삶을 지배했다. 그렇다면 어떻게 이것이 가능했고 또한 가능한 것일까? 여기 호기심의 바람 속에 실어놓은 아픔, 결코 우리의 의문에 어떠한 영향도 미치지 않을 아픔이 있다. 이 아픔보다 더욱 커다란 아픔을 우리는 여기에 덧붙여야 할 것이다. 그러나 역시 우리는 이것을 침묵시킬 수 있다. 왜냐하면 지금 우리는 키마이라가 존재하는지 혹은 존재할 수 있는지에 대해 논의를 하는 것이 아니기 때문이다. 진정 우리의 관심을 집중시키는 것은 만일 키마이라가 의심의 여지 없이 존재한다면 그것들의 존재는 확실하기 때문에 우주에 관한 근원적 사실로서의 가치가 없다는 사실이다.

물리학자들이 우주 속에는 중력, 원자, 전자가 존재한다고 우리에게 확언하는 것은 더욱 심각한 사실이다. 그들이 확신하는 대로 과연 이것들이 의심의 여지 없이 실제로 존재하는 것일까? 우리는 곧 이 질문에 대해 이것들이 실제 존재한다고 논박하는 물리학자들의 말을 들을 수 있을 것이다. 그런데 이것은 이들 존재에 대해 적어도 의심할 수 있는 가능성이 있음을 의미한다. 하지만 비록 물리학자들 모두가 단합해 우리가 볼 수 없는 중력, 원자, 전자가 실제로 존재한다는 사실을 우리에게 믿게 하려고 한다 해도 우리는 다음과 같은 의견을 개진하면서 이들과는 반대 입장을 취할 것이다. 원자란 그 존재가 비록 실제적인 것이긴 하지만 모든 이론의 끝에서 우리에게 현현하는 그러한 대상이다.

원자의 존재가 진리가 되기 위해서는 우선 모든 물리적 이론이 진리여야만 한다. 물리적 이론은 비록 그것이 진리라 할지라도 일련의 긴 추론에 기반하고 또 거기에 존재하는 문제적 진리이다. 따라서 이 사실은 그것을 증명할 필요가 있다는 의미를 내포한다. 그러므로 물리적 이론은 일차적이며 자기 명증적 진리가 아니라 최상의 경우에 있어서조차도 파생적이며 추론적인 이론에 불과할 뿐이다. 이것은 우리로 하여금 우리가 키마이라에 대해 언급했던, 즉 키마이라는 오직 상상 속에서 존재한다는 것과 유사한 결론을 내리도록 이끈다. 상술하면, 실제로 원자가 존재한다는 것은 의심스러운 것이다. 우선 원자는 오직 이론 속에서만, 물리학자의 사유 속에서만 존재한다. 원자는 곧 물리학에 있어서의 키마이라와 같다. 시인이 날카로운 발톱을 가진 키마이라를 상상했듯이 켈빈 경[2]은 원자에 갈고리를 부여했다.

---

2) Kelvin(1829~1907) : 스코틀랜드의 공학자, 수학자, 물리학자. 본명은 윌리엄

원자 또한 키마이라와 마찬가지로 의심의 여지가 없는 존재가 아니며 그러므로 우주에 관한 사실이 아니다.

그렇다면 이제부터는 사물들 중에서 보다 우리에게 근접해 있고 덜 문제적인 것들을 찾아보자. 모든 자연과학의 결과가 비록 의문의 여지가 있다고 할지라도 우리를 둘러싸고 있는 사물들, 우리가 보고 만지는, 또한 실제적 사실로서 과학 연구의 출발점이 되는 사물들은 의심의 여지 없이 그 존재를 소유하고 있을 것이다. 시인이 보고 있는 키마이라가 존재하지 않는다 할지라도 적어도 정원은 확실히 존재할 것이다. 실제 우리가 볼 수 있고 만질 수 있고 향기를 맡을 수 있는, 사고 팔고 할 수 있는, 산책을 하고 꽃과 나무를 가꿀 수 있는 정원은 절대적으로 존재할 것이다.

그런데 내가 정원에서 초봄의 신록을 즐기며 사르르 눈을 감는다면 마치 정원이 사라지라는 주문을 외면서 마술지팡이를 만진 것처럼 정원은 순식간에 사라질 것이고 우주에서 소멸될 것이다. 우리의 눈까풀은 수많은 사람의 목을 내려친 기요틴처럼 정원을 우주로부터 절단시켜 버린 것이다. 현실 속에서 정원은 물론이려니와 꽃과 나무를 보듬고 있는 부드러운 흙과 꽃잎 그리고 나뭇잎 하나 남지 않고 사라져버린다. 하지만 내가 눈을 뜨는 순간 정원은 다시 즉시 내 눈앞에 펼쳐진다. 빼어난 실력을 자랑하는 무용수처럼 정원은 비존재에서 존재로 도약해 순간적 사멸의 그 어떤 흔적도 보존하지 않은 채 우아하게 내 앞에 다시 나타나는 것이다. 이렇게 보는 것뿐만 아니라 냄새를 맡거나 만지는 데 있어서도 우리가 거기에 상응하는 감

톰슨이다. 물리학의 여러 분야와 그 응용 부문, 공업기술 등 매우 다방면에 걸쳐 연구를 했으며, 661종에 이르는 논문, 저서, 발명품을 남겼다. 카르노의 열기관 이론을 바탕으로 절대온도눈금(켈빈온도)을 도입했고, 열역학 제2법칙을 정식화했다.

각 기관을 작동시킨다면 동일한 현상이 발생한다.

하지만 이러한 경우보다 더 확실한 것이 있다. 정원에서 휴식을 취하다 슬며시 잠이 들 때 나는 내가 정원에 있는 꿈을 꾼다. 이 꿈을 꾸는 동안 꿈속의 정원은 잠들기 전 내가 휴식을 취하고 있던 바로 그 정원이다. 고대 유대의 이집트어에서 정원은 천국을 의미했다. 내가 술을 마셨을 때도 비록 깨어는 있지만 꿈속에서 보았던 정원과 동일한 정원을 보게 된다. 이러한 정원은 환각의 정원, 즉 인공 천국이다. 환각의 정원 그 자체는 실제 정원과 그 어떤 면에서도 차이가 없다. 즉 두 정원 모두 진짜 정원인 것이다. 나를 둘러싸고 있는 모든 것들, 내가 살아가고 있는 외부세계는 아마 단지 하나의 거대한 환각일지도 모른다. 적어도 그 지각 가능한 내용물들은 일반적 지각에 있어서나 환각에 있어서나 동일한 것이다. 그런데 환각의 특징은 그 대상이 현실에 존재하지 않는다는 점이다. 그렇다면 누가 나에게 일반적 지각 역시 이와 같지 않다고 확신할 수 있겠는가? 일반적 지각이 환각과 다른 점은 그것이 환각보다 단지 좀 더 지속적이고 그 내용이 나와 타자에게 상대적으로 공통적이기 때문이다. 하지만 그렇다고 이 사실이 일반적 지각으로부터 가능한 환각적 특징을 제거하는 것은 아니다. 우리는 단지 실제적인 것에 대한 지각은 환각 그 자체가 아니라 지속적이고 공통적인 환각, 즉 다른 지각들보다 훨씬 저급한 지각이라고 말할 수 있을 뿐이다.

그러므로 감각에 관한 사실이라고 불리는 것들은 우리에게 그 어떤 확신도 주지 않을 뿐더러 또한 스스로 그 존재를 보증하지 못한다. 이것에 따르면 우리의 삶은 정확하면서도 단조로운 꿈, 혹은 일상적이면서도 끈질긴 환각일 것이다.

회의, 방법적 회의는 마치 질산처럼 방울방울 떨어지며 견고함, 즉 외부세계의 확실성을 부식시켜 버렸고 결국엔 그것을 증발시켜 버렸다. 다시 말하면 회의는 해저의 역류처럼 거세게 몰아쳐 우리를 둘러싸고 있는 총체적 세계를, 그곳에 존재하던 모든 사물과 모든 사람들을 비존재 속으로 익사시켜 버렸다. 심지어는 세계를 구하기 위해, 세계가 의심의 여지 없이 존재하는지를 확신하기 위해 우리가 헛되이 더듬었던 우리의 육체마저도 의심의 해일 속에 파묻혀 버렸다. 회의는 세계를 완전히 수장시켜 버렸고 결국 세계는 산산이 부서진 채 그 해일 밑에서 소멸해 버렸다. 죽은 이에 대해 중국인들은 그가 '강 밑으로' 갔다고 말한다.

이제 여러분은 우리에게 부과되었던 결과의 심각한 의미를 충분히 깨달았을 것이다. 지금까지 내가 앞에서 한 말은 다음과 같이 정리할 수 있다. 사물, 자연, 인간, 총체적 외부세계는 명백한 존재를 가지고 있지 않다. 그러므로 이것들은 근원적인 사실이 아니며 우주 속에서 의심의 여지 없이 존재하지도 않는다. 우리를 둘러싸고 있는 이 세계, 우리를 지탱해 주며 또한 우리가 살아가는 이 세계, 가장 견고하며 확고하고 확실해 보이는 이 세계, 가장 확고한 곳이라고 증명하기 위해 우리가 발을 구르는 이 견고한 대지(terra firma)는 결국 의심스러운 존재, 혹은 적어도 의심 가능한 존재인 것이다.

그러하기에 철학은 우리의 생적 신념의 출발점이 되는 이 외부세계의 존재에 관한 사실로부터 출발하지 않는다. 삶 속에서 우리는 그 어떤 의심의 그림자도 없이 우리의 우주적 광경의 총체적 실재를 그대로 수용한다. 하지만 철학은, 다른 학문이 진리라고 보여준 것을 진리로 수용하지 않는 철학은 더욱 삶이 믿는 것을 수용하지 않는다.

어떤 의미에 있어서 철학을 한다는 것은 삶을 영위하는 것이 아니다라는 사실에 대한 매우 구체적인 최고의 예가 바로 여기에 있다. 왜 철학은 구성적으로 역설적인지에 대한 확실한 본보기가 바로 여기에 있는 것이다. 철학을 한다는 것은 삶을 영위하는 것이 아니다.

그것은 의식적으로 생적 신념으로부터 벗어나는 것이다. 그렇다면 이 탈출은 실제적이며 지적인, 그리고 오직 이론 창출만 위해 작동 해야만 하는, 또 할 수밖에 없는 그러한 것이다. 따라서 철학을 한다는 것 자체는 이론적이다.

철학적 행위의 바로 이와 같은 사실 때문에 나는 처음부터 심각한 표정을 지으며 사람들을 철학으로 이끄는 것이 괴상하다고 생각하는 것이다. 외부세계가 존재하지 않는다는 주장에 대해 누군가가 처음부터 그것을 심각히 생각하고 수용해 주기를 과연 누가 희구할 수 있겠는가? 철학적 확신은 생적 확신이 아니다. 그것은 하나의 유사 확신, 지적 확신이다. 그리고 진중함은 철학자에게 있어 심각함이 아니다. 그것은 단지 우리의 개념을 연속과 질서 속에 위치시키려는 하나의 가치이자 힘이다.

그런데 여러분은 무엇보다도 다음 사실에 필히 주목해 주기 바란다. "외부세계는 근원적 사실이 아니며 그 존재는 의심 가능하다. 외부세계의 실재를 확신하는 모든 명제는 명확한 명제가 아니기에 증명이 필요하다. 즉 최상의 경우에 있어 이 명제가 의존할 수 있는 근원적 진리가 필요하다." 철학은 이렇게 말하면서 자신의 연구를 시작한다. 그런데 반복해서 말하지만 철학이 행하지 않는 것[3]은 외부세계의 실재를 부정하는 것이다. 왜냐하면 '않는 것' 또한 의문 가능한 그 무엇으로부터 시작하기 때문이다. 엄밀히 말하자면 철학이 말하는 것은 오직 다음과 같은 사실뿐이다. 우리에 대한 세계의 존재, 세계의 비존재 그 어느 것도 명확하지 않다. 그러므로 우리는 이것들로부터 연구를 시작할 수는 없다. 왜냐하면 이것들로부터 연구를 시작한다는 것은 곧 전제에서부터 연구를 시작한다는 것을 의미하기

---

3) 저자 오르테가의 강조 표시이다. 이하 모든 고딕체는 저자에 의한 것이다.

때문이다. 우리는 전제로부터가 아니라 스스로 부여한, 말하자면 우리에게 부과된 것으로부터 연구를 시작해야 한다.

그럼 다시 세계와 우리의 친구들, 그리고 우리의 육체마저도 휩쓸고 간 저 심해의 역류가 소용돌이치는 극적 상황으로 돌아가 보자.

이 엄청난 역류가 모든 것을 휩쓸고 지나간 후 그렇다면 우주에 남아 있는 것은 무엇인가? 의심의 여지 없이 우주 속에 존재하는 것은 무엇인가? 세계와 심지어는 우주 전체에 대해 의심할 때 남아 있는 것은 무엇인가? 남아 있는 것이라곤 단지 의심과 내가 의심한다는 사실뿐이다. 즉 내가 세계의 존재를 의심한다면 나는 내가 의심한다는 것을 의심할 수는 없는 것이다. 바로 여기에 모든 가능한 의심의 한계가 있다. 그런데 우리가 비록 의심의 영역을 아무리 확장시킨다고 해도 의심은 스스로 자신과 충돌할 것이며 결국 붕괴될 것이란 사실을 우리는 발견할 수 있다. 정말 의심의 여지가 없는 그 무엇을 찾고자 하는가? 여기 의심이라는 것이 있다. 모든 것을 의심하기 위해서는 나는 내가 의심한다는 것을 의심하지 말아야 한다. 의심은 자신을 건드리지 않는 조건하에서만 가능하다. 의심은 자기 자신을 스스로 깨문다면 아예 자신의 이를 부러뜨려 버리고 만다.

그런데 데카르트는 다른 보다 위대한 관념에 있어서는 단지 연구의 시작에 불과할 뿐인 이와 같은 사유를 지니고 근대 철학을 시작했다. 이것은 매우 기본적인 사실이기에 그 누구도 부인하지는 않을 것이다. 여러분은 우리가 이미 많이 알고 있는 것처럼 보였지만 실제로는 정확히 알고 있지 않는, 그래서 내가 이 강의의 전반부에서 상세히 다루었던 사항들을 알고 있을 것이다. 이와 마찬가지로 데카르트로부터 근대 철학이 시작되었다는 사실을 반복해서 말한다면 여기에는 여러 이유가 있기 때문이다. 그 이유에 대해서는 이 강의가 진행되는 동안 언젠가 여러분에게 밝힐 것이다. 우리는 이미 이 강의의 비밀을 밝히면서 그 기저에 놓여 있는 미로까지 볼 수 있는 수준에 도달해 있다. 그래서 나는 이제 지난 사반세기 동안 공인으로서 말하기를 꺼려해 왔던 것을 여러분에게 밝히고자 한다. 이것은 바로 한 신문기자의 작품, 아니 보다 일반적으로 말해 지하 계단의 수와 지상 계단의 수가 동일한 파리의 오페라하우스와 같은 총체적 의미에서의 한 인간의 삶이라고 생각한다. 우리가 앞으로 살펴보겠지만 근대성의 아버지인 데카르트의 위대한 형상 앞을 이와 같이 말하면서 지나가는 것은 하나의 우연이 아니다.

하지만 지금은 보다 더 긴급한 문제에 대해 논의를 전개해 보자.

성 아우구스티누스의 철학과 마찬가지로 우리가 의심한다는 사실에 대해서는 의심할 수 없다는 이 사소한 사실로 데카르트가 근대를 열었음을 믿는 사람은 데카르트적 사유가 제시하는 거대한 혁신에 대해 한 치의 의심도 품지 않는다. 그래서 그는 결국 근대성이 무엇이었는지 그 근원을, 즉 근대성의 전체 의미를 망각해 버리게 된다.

그러므로 우리는 의심을 의심하지 않기 위해서 의심이라는 사실이 과연 어떤 특권을 가지고 있는지를 명확하게 살펴보는 것이 매우 중요하다. 환언하자면 우리는 왜 외부세계와 같은 거대하고 중요한 사물에 대한 의심이 가능한지, 다른 한편으로는 왜 의심 그 자체의 사소함 속에서 의심의 화살은 점점 무디어지는지에 대해 우리는 주의를 집중해 살펴보아야 한다. 내가 의심할 때 나는 내 의심의 존재에 대해서는 의심할 수 없다. 그러므로 이것은 근원적 사실이며 의문의 여지가 없는 우주의 현실이다. 하지만 그 이유는 무엇인가? 지금 내가 강의를 하고 있는 실제로 존재하는 이 극장에 대해 의심을 품을 수 있다. 혹 나는 지금 환각 속에 있는지도 모른다. 혈기 왕성했던 젊은 시절 나는 극장에서 대중을 상대로 철학 강연을 하는 꿈을 꾼 적이 있다. 그리고 지금, 나는 이 꿈이 지금 이 순간 이루어졌는지 혹은 이 순간이 그 꿈인지, 내가 꿈을 꾸고 있는 것인지 잘 모르겠다. 내가 그 무엇을 더 원하겠는가! 이것은 실제세계와 꿈의 세계는 그 내용에 있어서는 근본적으로 차이가 나지 않는다는 사실을 말해 준다. 중세에 흔히 베르길리우스[4]의 정원은 그 외부의 다른 모든 세계와 공기라는 장벽에 의해 분리되어 있다고 말해졌듯이 이 두 세계 역시 단지 공기의 장벽에 의해 분리된 인접한 세계이다. 우리는 실제세계에서 꿈의 세계로 그 어떤 변화도 없이 옮겨 갈 수 있다. 그리고 이 구체적인 경우에 있어 내가 마드리드 시민들에게 철학이란 내 삶의 꿈이었고 또한 꿈이라고 설득하고 있다는 데에는 어떠한 의심도 존재하지 않는다.

그러므로 나는 이 극장의 실재에 대해 의심할 수 있지만 그것에 대해 내가 의심한다는 사실은 의심할 수 없다. 다시 반복하지만 왜 나는 내가 의심한다는 것을 의심할 수 없는가? 이 의문에 대해서는 다음처럼 대답할 수 있다. 의심이란 나에게 있어 그 무엇이 의심스럽고 문제적으로 보이는 것을 의미한다. 나에게 있어 그 무엇이 그렇게 보이는 것과 그것을 사유하는 것은 동일하다. 의심은 결국 사유인 것이다. 그렇다면 한 사유의 존재를 의심하기 위해서는, 나의 사유에 실재를 부여하기 위해 그것을 소멸시키려고 하는 행위와 동일하게 나는 필히 이 사유에 대해 사유해야 하며 또한 그것에 우주 내에서의 존재를 부여해야 한다. 환언하면 부정한다는 것은 곧 사유하는 것이기에 사유는 우주 내에서 그 존재가 결코 부정될 수 없는 유일한 것이다. 내가 사유하는 사물은 우주 내에 존재하지 않을 수

---

4) Vergilius(기원전 70~19): 로마의 위대한 시인. 그의 작품 『전원시 *Eclogae*』는 비현실적이고 양식화된 세계로서의 목가적인 전원을 그린 도피적 작품이다. 그러나 한편으로는 직접적으로 또는 비유적으로 목가적 세계를 현실세계에 접근시킴으로써 전원시라는 장르에 새로운 방향을 제시했다.

도 있다. 그러나 그 사물에 관한 나의 사유는 의심의 여지 없이 존재한다.

반복해서 말하지만 그 어떤 의심스러운 존재는 나에게 그렇게 보이는 것이며 모든 우주는 나에게 의심스럽게 보이는 것 자체를 제외하고는 나에게 의심스럽게 보일 수 있다. 이 극장의 존재는 문제적이다. 왜냐하면 나는 극장이란 존재를 나로부터 독립적이 되고자 하는 것으로 이해하기 때문이다. 내가 눈을 감으면 극장은 나에 대해, 그리고 나에게서는 그 존재를 중단하지만 우주 내에서는 나로부터 떨어져, 나의 외부에서 계속 존재한다. 즉 극장은 그 자체로 계속 존재하고 있는 것이다. 그런데 사유는 그것이 되고자 하는 것, 즉 그 존재가 나에게 그 무엇처럼 보이는 것, 환언하면 나에 대한 존재로 환원되는 기이한 특권을 지니고 있다. 그리고 지금 이 순간 나는 오직 사유로만 구성되어 있기에 우리는 사유란 그 존재가, 그 실재가 오직 그 본질 자체에 존재하는 유일한 것이라고 말할 것이다. 그러므로 사유는 그 무엇처럼 보이는 것, 그 이상도 이하도 아니다. 즉 사유는 본질처럼 보이는 것이다. 이렇게 사유는 자신의 외관에서 그 본질을 소진한다.

이 극장의 경우 상황은 사유의 경우와는 대조적이다. 내가 극장을 보았을 때 극장의 본질 혹은 극장이 되고자 하는 존재는 자신의 외형적 사실로 소진되지 않는다. 이와는 반대로 내가 그것을 보고 있지 않을 때에도, 나에게 나타나지 않을 때에도, 나에게 현전하지 않을 때에도 극장의 본질은 계속 존재하고자 한다. 그런데 '내가 본다는 것'은 내가 지금 보고 있다고 생각하는 행위 속에서 그 존재적 갈망을 소진하는 것이다. 즉 내가 무엇을 본다는 행위는 나에 대해 현전하며 명백하고 직접적이다. 만일 지금 내가 어떠한 환각 속에 빠져 있다면 이 극장은 실질적으로 존재하지 않을 것이다. 그러나 이 극장을 바라보는 나의 시각 행위는 결코 제거될 수 없다.

이와 같은 사실은 사유란 사유 그 자체인 우주로부터 주어진 것이라는 의미를 지닌다. 사유는 주어진 존재에 다름 아니기에, 순수 현전이기에, 순수 외관이기에, 순수하게 나에게 그렇게 보이는 것이기에 의심의 여지 없이 우주로부터 주어지는 것이다. 이것이 바로 데카르트의 위대하면서도 결정적인 발견으로 이는 거대한 만리장성처럼 철학사를 고대 및 중세와 근대라는 두 부분으로 나눈다.

하지만 난 지금까지 말해 왔던 것에 결코 만족하지 않는다. 여러분이 알 수 있듯 우리는 극도로 중요한 문제들인 정신과 영혼, 의식, '나', 일반 사실로서의 주관성, 즉 우주의 근원적 사실에 대해 살펴보았다. 그리고 우리는 이것이 근대가 그리스 철학의 소중한 유산에 부가한 위대한 관념이라는 것을 인식하게 되었다. 그러므로 우리는 이 근대의 관념을 계속 탐구하고, 또 그것에 관해 최대한 명확하게 밝히고자 하는 열망을 가질 필요가 있다. 우리는 광기에 이를 만큼 명확성을 추구해야 한다. 아니 명확성의 광기에까지 우리는 도달해야 한다. 그러므로 여러분은 내가 정신과 의식, 사유, 주관성, 영혼, '나'의 본질에 대해 여러분을 완벽히 이해시키기 위해 서로 상이한 형식을 추구하며 반복해서 이 주제를 다루더라도 양해해 주기 바란다.

우리는 우주에 관한 근원적인 사실을 추구했다. 그런데 이 사실들은 누구에게 주어지는가? 당연히 인식이다. 우주에 관한 사실은 인식이 자신에게 결여된 것을 추구하는 데 있어 그 출발점으로 삼기 위해 자기에게 부과해야 할 그러한 것이다. 그렇다면 우리는 언제 그 무엇이 인식에 주어진다고 말할 수 있는가? 그 무엇이 우리의 인식 속으로 완전히 들어갈 때, 우리가 어떤 신비나 의심 없이 우리의 명백한 이해 속에서 그 무엇을 발견할 때, 우리의 인식이 그 무엇을 의문의 여지 없이 소유하고 있을 때 우리는 그 무엇이 인식에 주어진다고 자명하게 말할 수 있다. 그런데 내가 그 무엇에 관한 인식 가능한 소유의 장 속으로 진입하기 위해서는 그 무엇은 총체적으로 나에게 명백해야 하며 자신을 구성하는 그 어떤 것도 숨김 없이 그 본질적 상태로서 그것이 되고자 하는 존재 그대로의 모습으로 나에게 현전해야 한다.

그렇다면 존재하려는 그 모든 것이 나에게 현전하지 않으면 결국 사실이 아니란 점은 명백하다. 그런데 이 현상은 내 고유의 사유나 정신이 아닌 모든 사물의 경우에 동일하게 발생한다. 그 무엇이 내 앞에 현전하기 위해서는 나는 어떠한 방법으로든지 그것을 나의 내부에 소유하고 있어야 하며 또한 그것을 사유해야 한다. 나의 사유와 분리되어 있는 모든 것은 사실 나의 사유 외부에 존재하고자 한다. 즉 이것들은 나에 대한 현전과는 분리되어 존재하려는 것이다.

따라서 내가 그 무엇을 현전시키는 것은 아니다. 하지만 보여진 대로 보여지는, 들려진 대로 들려지는, 상상된 대로 상상되는, 생각되는 대로 생각되는 그것들이 현전하는 한 나에게 현전해 있는 사물들 그 자체인 사유는 스스로 자신을 완전하게 소유하고 있다. 내가 2 곱하기 2를 5라고 생각한다면 이는 오류이다. 그러나 내가 그 곱셈에 관해 사유하고 있다는 사실은 결코 오류가 아니다.

사유는 근원적 사실이다. 왜냐하면 그것은 언제나 스스로를 소유하며, 스스로 현전하는 유일한 것이고 또한 자신의 내부에서 자신을 발견하는 데 존재하기 때문이다. 지금부터 우리는 왜 의심의 날카로움이 보다 넓은 관념에 있어서 단지 하나의 날카로움, 혹은 예리하면서도 날카로운 개념적인 형식에 불과할 따름인지에 대해 살펴볼 것이다. 왜 그럴까? 그것은 의심을 의심한다는 것은 불가능하다는 의심의 특수한 성질 때문이 아니라 의심이란 것이 사유, 사고의 일종이기 때문이다. 의심에 대해 우리가 이야기한 이 사실은 보는 것,

듣는 것, 상상하는 것, 생각하는 것, 느끼는 것, 사랑하는 것, 미워하는 것, 좋아하는 것, 싫어하는 것, 치통으로 고통 받는 것 등에 대해서도 그대로 적용된다. 이 모든 것들은 공통적으로 스스로의 본질 그대로 존재하는 특성을 지닌다. 내가 이가 아픈 것 같다면 '치통'이라 불리는 사실은 우주 속에 확실히 존재한다. 왜냐하면 치통은 절대적으로 스스로 존재하는 것만으로도, 스스로 존재하는 것처럼 보이는 것만으로도 충분하기 때문이다. 우주 내에 이가 있느냐 없느냐 하는 것은 여전히 문제적이다. 그래서 하이네는 한 여인에게 우리가 간혹 고통을 호소할 때 비록 고통 그 자체는 가장 확실한 것이지만 우리는 고통의 근원을 혼돈한다고 이야기하며 다음과 같이 말한다. "부인, 난 가슴에 치통을 지니고 있습니다."

나는 오랜 기간의 강단 경험을 통해 지중해인들은 사유와 주관성을 구성하는 특별한 성격, 즉 우주 내에 존재하는 모든 것들 중 유일한 것을 쉽게 잘 인식하지 못한다는 사실을 체득했다. 반면 북부 유럽인들은 지중해인들과는 달리 이것을 쉽게 그리고 명확하게 인식한다. 내가 이미 말한 것처럼 주관성에 관한 관념은 근대 전체를 관통하면서 하나의 기본적인 원리로 작동했다. 따라서 우리 지중해인들이 왜 완벽하게 근대인이 되지 못했는가에 대해서는 북유럽인들과는 대조적으로 주관성의 구성적 특성을 잘 이해하지 못했다는 사실이 하나의 원인으로 작용함을 여러분에게 암시로 제시하면서 계속 이 강의를 진행하고자 한다. 각 시대는 삶을 고취하고 구성하는 원리가 지배하는 사조와 같다. 이 사조가 한 국민에게 적합하지 않을 때 그 국민은 척박한 환경 속의 식물이 최소적 삶(vita minima)으로 축소되듯이, 삶에 대한 관심을 상실한다. 즉 운동 용어로 말하자면 컨디션을 상실해 버린다. 이 현상이 소위 근대라는 시기에 스페인인들에게 발생했다. 삶의 근대적 유형은 스페인인들에게 적합하지 않았으며 그래서 스페인인들은 여기에 대한 관심을 상실해 버린 것이다. 이 현상에 맞서 수정하는 방법은 없다. 단지 이것이 끝나기만을 기다려야 한다.

그러나 여러분은 근대성의 뿌리인 주관성에 관한 관념이 이 관념보다 더 심오하고 확고한 관념에 의해 부분적으로 혹은 완전히 폐기처분되면서 극복되었다고 상상해 보라. 이것은 새로운 사조, 새로운 시대가 시작되고 있다는 것을 의미할 것이다. 이 새로운 시대는 이전 시대에 대한, 근대성에 대한 부정을 의미하기에 근대 기간 동안 소외되었던 사람들은 새롭게 도래한 시대에 그 위대한 부활의 가능성을 가지게 될 것이다. 스페인은 다시 한번 그 삶과 역사를 완전히 일깨우게 될 것이다. 이 강의의 결과들 중 하나가 이처럼 우리가 상상하는 것들이 현실화되었다는 사실을, 즉 주관성에 대한 관념이 다른 보다 심오한 관념으로 극복되었고 그래서 근대성이란 것이 근본적으로 끝났다는 확신을 우리에게 준다고 한다면 과연 어떨까?

하지만 주관성에 관한, 정신의 최상 형태에 관한, 혹은 우주의 일차적 사실로서의 의식에 관한 관념은 너무나도 거대하고 확고하며 견고한 것이라 그것을 쉽게 극복하리라는 환상을 우리는 가질 수 없다. 이와는 대조적으로 우리는 그 관념 속으로 파고 들어가 그것을 완벽히 이해하고 지배해야 한다. 만일 이와 같이 하지 않는다면 우리는 이 관념을 극복할 수도, 아니 극복하려는 시도도 하지 못할 것이다. 전 역사를 통해 볼 때 극복 혹은 정복이란 동화(asimilación)를 의미한다. 우리는 극복하려고 하는 대상을 완벽히 꿰뚫고 볼 수 있어야 하며 포기하고자 하는 것을 우리 의식 속에 선명히 각인시켜야 한다. 세 번째 계단이 첫 번째 계단과 두 번째 계단을 그 아래에 간직하고 있기에 첫 번째와 두 번째 계단보다 더 높듯이 정신적 삶에서는 오직 간직되어진 것만이 극복된다. 만일 첫 번째와 두 번째 계단이 사라져버린다면 세 번째 계단은 바로 첫 번째 계단으로 전락해 버릴 것이다.

근대 이상이 되기 위해서는, 근대를 극복하기 위해서는 철저히 근대적이었어야만 했다. 스페인의 가톨릭 신학교들은 결코 근대적 관념을 극복하지 못했다. 왜냐하면 이들은 근대적 관념을 실제로 수용하기는커녕 한번도 그것에 대해 숙고하거나 그것을 동화하려는 그 어떤 노력도 없이 완고하게도 자신들 사유세계의 외부에 그것을 방치해 버렸기 때문이다. 육체적 삶에서와는 대조적으로 정신적 삶에서는 새로운 사유, 즉 이전 세대 사유가 낳은 자식 세대의 사유는 자신의 몸속에 부모 세대의 사유를 항상 품고 있다.

그럼 다시 사유라고 하는 근원적 사실로 돌아가 보자.

방법적 회의, 즉 의심이 지적 의미를 지니고 있는 한 의심한다는 결정은 데카르트에게 있어 그의 의심의 확실성에 대한 시초적 공식과 같은 우연한 사태가 아니었다. 보편적 회의의 해결은 단지 환질명제(換質命題) 혹은 또 다른 보다 명확한 해결, 즉 우리가 증명할 수 없는 그 어떤 것도 과학의 내용으로 수용하지 않는 해결의 도구일 따름이다. 그런데 과학, 이론은 증명된 명제의 체계에 있어서의 실재에 대한 모사에 다름 아니다. 그러므로 방법적 회의는 결코 철학에 있어서의 하나의 모험이 아니다. 그것은 자기 고유의 태생적 조건을 인식하고 실현하는 철학 그 자체이다. 모든 증명은 저항에 대한 증명이다. 그리고 이론은 하나의 명제가 의심에 부여하는 저항에 대한 증명이다. 따라서 의심이 없으면 증명도 인식도 존재하지 않는다.

이 방법적 회의는 오늘날 그것이 우리를 완전히 설득하고 있듯 인식에 있어 사유 그 자체가 근원적 사실이라는 엄청난 보상을 역사적으로 가져왔다. 다른 그 어떤 것에 대해서도 그것이 존재하려면 내가 그것을 단지 사유하는 것만으로 충분하다고 말할 수 없다. 키마이라와 켄타우로스는 존재하지 않는다. 왜냐하면 나는 그것들에 대한 상상을 통해 나 스스로를 즐기고 있기 때문이다. 이 극장은 존재하지 않는다. 왜냐하면 내가 이것을 보고 있기 때문이다. 반면 나의 사유가 존재하기 위해서는 내가 이것 혹은 저것을 사유하고 있다는 것을 사유하는 것만으로도 충분하다. 그러므로 사유는 자기 자신에 존재를 부여하는, 스스로 사실이 될 수 있는 능력이라는 고유의 특권을 가지고 있다. 환언하면 다른 모든 사물에 있어 그것의 존재와 그것을 사유하는 '나'라는 존재는 확연히 다른 두 사실이다. 그러므로 이 사물들은 언제나 문제적이며 또한 사실이 아닌 것이다. 그런데 나의 사유가 존재하기 위해서는 내가 그것을 사유한다는 사실을 사유하는 것으로 충분하다. 여기에서 사유와 존재는 동일한 것이다. 사유에 관한 실재는 바로 내가 사유하고 있다는 사실을 인식하는 데 있다. 즉 존재는 스스로를 인식하는 데, 스스로를 의식하는 데 존재하는 것이다. 따라서 인식 혹은 의식에 있어 근원적 사실은 바로 스스로를 인식하는 것이라고 말할 수 있다.

우리가 사유 혹은 인식이 우주에 존재한다고 확신할 때 의지하는 확실성의 종류는 존재에 관한 그 어떤 확신들과는 비교 불가능한 특질을 가지고 있다. 우리는 이것을 발견한 이상 우주에 관한 모든 인식을 여기에 정초해야만 한다. 이론에 있어 실재적인 것에 대한 제일 진리는 '사유는 존재한다(cogitatio est)'란 사실이다. 우리는 외부세계의 실재를 철학 연구의 출발점으로 삼을 수는 없다. 우리를 둘러싼 모든 것, 우리를 포함한 모든 실체는 이것들의 스스로 존재하려는 의도와 이것들에 관한 우리의 사유로부터 독립적인가라는 점에서 매우 의심적인 존재들이다. 반면 나의 관념으로, 나의 인식으로서 나의 사유 내에 이것들이 존재한다는 데에는 의심의 여지가 없다. 결국 정신이 모든 실재의 중심이며 토대인 것이다. 나의 정신은 자신이 사유한 것을 근원적인 것으로 수용할 때, 즉 자기 고유의 관념으로 취할 때 이 사유에 확고하기 그지없는 실재를 부여한다. 이 원리는 명백하게 사유와 관념이 아닌 그 모든 것은 사유된 혹은 관념된 데에 기반을 둔 것으로 해석하면서 모든 존재에 관한 설명의 한 체계를 구성하려는 시도를 한다. 이 원리가 바로 관념론이며 데카르트 이후의 근대 철학은 근본적으로 관념주의 철학이었다.

외부세계의 독립적 존재에 대해 의심할 때 우리가 이것을 거대한 역설이라고 명명했다면 이 외부세계를 단순한 나의 사유로 전환시킨 의심의 직접적 결과는 근대 철학을 우리의 생적 신념에 대한 의식적 부정으로 환원시키는 원형적 역설일 것이다. 데카르트 이후 철학은 처음부터 우리의 정신적 기질과는 대척되는 방향으로 전개되었다. 근대 철학은 삶의 조류에 역행하며 나아갔고 그 후 더욱 급속히 일률적으로 삶과 멀어지면서 라이프니츠, 칸트, 피히테, 헤겔에 이르면 이제 철학은 내부로부터 보여지는 세계, 즉 선행적 시작이 없이는 이해가 불가능한 장엄한 반자연적 원리, 선행된 원리, 비밀스러운 지식, 비교주의(秘敎主義)가 되어버리는 수준이 된다. 사유가 세계를 삼켜버린 것이다. 세계 내에 존재하던 사물은 이제 단순한 관념으로 변질되어 버렸다.

내가 방금 전 인용했던 하이네의 글에서 시인은 자신의 여자 친구에게 다음과 같이 묻는다. "부인, 당신은 관념의 본질에 관한 관념을 가지고 계십니까? 이 질문을 드리는 이유는 어제 내가 나의 마부에게 관념이란 무엇이냐고 질문을 하자 그는 '관념이라, 관념이라……그건 어떤 사람의 머릿속에 삽입되어 있는 사물이지요.'라고 대답을 했기 때문입니다." 하이네의 마부는 지난 삼백 년간의 전 근대를 관통하면서 관념 철학이라고 하는 휘황찬란한 바로크풍의 마차를 몰았

162

던 것이다. 아직까지도 우리 시대의 지배적인 문화는 여전히 이 마차에 탑승한 채 나아가고 있으며 지적인 솔직함을 통해 이 마차에서 하차할 수 있는 그 어떤 방법도 우리는 마련하지 못하고 있다. 몇몇 사람들이 이 마차에서 내리려는 시도를 해보았지만 결국엔 수포로 돌아갔다. 이들은 단순하게 마차의 창문 밖으로 머리를 내밀었지만 하이네의 마부가 말한 대로 사물이 삽입되어 있는 이 머리는 산산조각이 났을 뿐이다.

관념론의 우월성은 다른 모든 사물들의 존재 방법과는 근본적으로 다른 존재 방법을 지닌 어떤 한 사물을 발견한 데서 유래한다. 우주에 존재하는 그 어떤 사물도, 심지어는 존재한다고 우리가 가정하는 사물도 스스로, 자기 자신을 인식하는 데 기본적으로 자신의 존재적 기반을 두지는 않는다. 색이나 형체, 원자 등 그 어떤 사물도 스스로 존재하지는 않는다. 색의 존재란 희게 되는 것, 푸르게 되는 것, 파랗게 되는 것이지 결코 본질적으로 희거나 푸르거나 파랗지는 않다. 형체는 중력을 가지고 있으며 무게를 지닌다. 그러나 형체 스스로가 무게를 지니고 있지는 않다. 플라톤의 사상 역시 스스로 자신을 인식하는 것은 아니다. 선 혹은 평등에 대한 사상 그 자체는 선이 무엇인지, 평등이 무엇인지를 알지 못한다. 아리스토텔레스적 형식 역시 스스로를 인식하지 않으며 그의 신에 관한 개념 또한 비록 그가 정의를 하고 있지만 ── 나는 우리들이 이 정의를 언젠가는 살펴보기를 희망한다 ── 개념 자체가 자기 인식을 포함하고 있는 완결적인 것은 아니다. 필론이나 플로티노스, 성 요한네스의 로고스, 그리고 토마스 아퀴나스의 영혼 또한 마찬가지이다. 이것이 바로 근대성을 규정하는 가장 특징적인 개념이다.

만일 여러분이 나를 총체적으로 이해한다고 한다면 나는 모든 사물의 존재 방식은 스스로 혹은 자신을 인식하는 데 있는 것이 아니라 이와는 대조적으로 타자에 대해 존재하는 데 있다고 말하고자 한다. 붉은색은 그것을 보는 사람에 대해 붉다. 또한 플라톤적인 완벽한 선 역시 그것을 사유할 수 있는 사람에 대해 선인 것이다. 그래서 알렉산드리아의 신플라톤주의자들은 그 누구에 대해 존재하는, 혹은 존재해야만 하는 플라톤의 이상적 대상을 추구했고 또 이것을 불확실하면서도 막연한 신적 정신의 내용으로 제시했다. 신플라톤주의자들에 의해 고대 세계는 이렇게 역사의 한 막을 내리게 되었다. 전반적으로 고대 세계는 단 하나의 존재 방법, 즉 자신을 외부화하는, 바꿔 말하면 자신을 보이거나 나타내는, 자신을 외부로 지향시키는 데 기반을 둔 존재 방법만을 인식했다. 이러한 존재의 계시 ── 이것은 진리이다 ──를 고대인들은 '발견' 혹은 표명, 노출(ἀλήθεια)이라고 명명했을 것이다.

하지만 데카르트적 사유는 고대 철학과는 대조적으로 스스로 존재하는 데, 스스로 자신을 인식하는 데 그 존재적 기반을 둔다. 그러므로 근대적 사유는 자신의 내부에 대해, 자신을 스스로 반영하는 데, 자신의 고유한 내부에 자신을 두는 데에 그 존재적 근거를 정초한다. 고대인들이 인식하고 있던 외부를 지향하며 현시적이고 외적인 존재에 대해 본질적으로 자기 내부적 존재, 순수 내성적, 자기 반영적 존재 위에 구축된 근대의 이와 같은 존재 방법이 솟구쳐 오른 것이다. 기이한 실재를 설명하기 위해서는 새로운 명칭을 찾을 필요가 있었다. 하지만 '영혼'이란 단어는 이때 그 어떤 역할도 하지 못했다. 왜냐하면 고대의 영혼은 아리스토텔레스에게는 육체와 마찬가지로 외적인 것이었으며 토마스 아퀴나스에게 있어서도 육체적 생명력의 원리로 이해되었다. 그래서 영혼에 대한 아리스토텔레스의 정의가 육체적 생명력을 포괄하고 있기에 토마스 아퀴나스에게 있어 중요했던 문제는 육체가 없는 영혼인 천사를 어떻게 정의하느냐였다.

그런데 인식은 육체와 어떤 관련도 맺지 않고 있다. 우선 나의 육체는 나의 영혼이 소유하는 하나의 관념이다. 영혼은 나의 육체 내에 혹은 나의 육체와 더불어 존재하지 않는다. 육체에 대한 관념이 나의 정신, 나의 영혼 속에 존재하는 것이다. 더욱이 만일 육체가 나의 외부에 존재하는, 실질적으로 물질적이며 비관념적인 광범한 실재라고 판명된다면 이는 영혼과 육체, 정신과 물질은 양자 사이에 그 어떤 연관성도 없으며 서로 접촉도 불가능한, 혹은 직접적 관련을 맺는 것이 불가능하다는 사실을 의미할 것이다.

역사상 처음으로 데카르트에 이르러 물질적 세계와 정신적 세계는 그 자체의 본질적 속성으로 인해 분리되었다. 즉 외적 존재와 내적 존재는 서로 양립 불가능한 것으로 정의가 된 것이다. 고대 철학과 이토록 대조적이며 상반된 입장을 표명한 철학은 역사상 그 전례가 없었다. 아리스토텔레스와 마찬가지로 플라톤에게 있어 물질과 소위 정신이라고 하는, 데카르트의 손자인 우리들에게 있어서는 유사 정신이라고 하는 것은 마치 우리가 오른쪽과 왼쪽, 겉과 속을 정의하는 것처럼 그렇게 정의되었다. 상술하자면 물질은 정신을 수용하는 것이고 정신은 물질에 형식을 부여하는 것이라고 플라톤은 간주했다. 그러므로 고대 철학은 양자 중 하나를 배격함으로써 하나를 다른 하나에 대치되는 것으로 정의하는 근대 철학과는 달리 하나를 다른 하나에 대해 존재하는 것으로 정의했던 것이다.

데카르트 이후 스스로 존재하는, 즉 자신을 스스로 인식하는 것으로서의 사유에 부여된 명칭이 바로 의식이다. 자신을 스스로 인식하는 사유에 영혼, 정신, 혹은 '공기', '호흡'을 의미하는 프시케라는 명칭은 적절하지 못했다. 왜냐하면 이것들은 마치 바람을 가득 안은 돛이 힘차게 배를 전진시키듯 육체를 고무시켜 그것에 삶을 불어넣어 왕성한 활동을 하게끔 하기 때문이다. 그러므로 자신을 스스로 인식하는 것으로서의 의식이란 용어가 가장 적절했던 것이다. 이 용어에는 자기 자신을 인식하는 것, 자신을 스스로 소유하는 것, 스스로 자신을 반영하는 것, 자신의 내부를 지향하는 것, 내적 존재 등과 같은 사유의 구성적 요소가 공개적으로 명확하게 표출되어 있다. 의식은 곧 반영성이자 내성으로서 그 이외 아무것도 아니다. 우리가 '나'라고 말할 때 우리는 우리 자신을 밝히는 것이다. 내가 '나'라고 말할 때 나는 나 자신에게 말하는 것이다. 즉 나는 나의 존재를 오직 나 자신에 대해서만, 환언하면 나 자신을 오직 나에게 귀결시킴으로써만 상정하는 것이다. 나는 외부로 나아가지 않고, 이와는 반대로 영원한 회귀의 몸짓을 통해 나 자신으로 돌아갈 때만, 내 고유의 존재에 의지할 때만 비로소 나이다. 이것은 이 가시적인 무언극에서 우리의 비가시적인 회귀적이며 반영적인 본질을 상징화하는 것이다. 언제나 물질적인 관념화를 추구했던 스토아 학파는 인간의 원초적 영혼, '나'가 그의 외부적 자아에 정주하고 있다는 증거를 인간의 행위 속에서 목도했던 것이다. 매는 고공비행 후 언제나 주인의 팔로 돌아가 안긴다. 만일 주인의 팔이 곧 매라고 한다면 '나'는 항상 주인의 팔로 돌아가는 매와 같을 것이다. 그러므로 '나'의 존재란 자신의 내부로 향하는 회귀의 비행 행위에 근거하고 있는 것이다. 창공을 뒤로하고 자기 자신에게로 회귀해 자신의 내부로 들어가 버리는 새의 날개는 날개인 동시에 자기 고유의 영공이기도 하다. 이 새는 자신을 향해 날아감으로써 창공을 무효화시켜 버린다. 이때 우리는 이 새의 비행을 자연적 비행을 파기하는 비행이 아닌 비행이라고 말할 수 있을 것이다.

의식과 같은 기이하기 그지없는 실재를 발견한다는 것은 삶으로부터 등을 돌리는, 우리가 삶을 영위할 때 우리에게 자연스러운 것과는 완전히 대조되는 태도를 취한다는 의미를 내포하지 않을까? 외부세계를 지향하는 삶을 영위하는 것, 외부세계의 실재를 믿는 것, 존재 위에 부유하는 우리를 지탱해 주는 견고한 아치와 같은 저 경이로운 지평선의 영역에 의지하는 것, 이것이 자연스러운 것이 아닐까? 인간은 도대체 어떻게 의식을 발견하게 되었는가? 인간은 어떻게 반자연적 왜곡의 실행을 통해 자기 자신으로 회귀하고, 자신의 내성을 발견하면서 반영성, 내성만을 인식할 수 있는가?

그런데 보다 심각한 문제가 도사리고 있다. 만일 의식이란 것이 내성이라면, 만일 의식이란 것이 자기 자신을 스스로 목도하고 소유하는 것이라면 이는 자아와의 배타적이며 독점적인 교섭일 것이다. 결과적으로 데카르트는 궁극적으로 명료하지 않은 상태에서 세계와 우리를 융합하고 또 엮어주던 밧줄을 절단해 각자의 영혼을 사적 영역으로 환원시켜 버렸다. 하지만 그는 다음과 같은 사실이 의미하는 것을 간과해 버렸다. 즉 사적 영역으로 환원된다는 것은 그 어떤 외부적인 것도 영혼 속으로 들어갈 수 없으며 세계는 자신의 그 풍요로운 실재를 우리에게 보내지 않는다는 의미를 지니고 있을 뿐만 아니라 그 역의 의미도 또한 내포하고 있다. 즉 정신은 오직 자아와만 교섭하며 자아로부터 결코 빠져나올 수 없다. 결국 의식이란 고유한 사적 영역일 뿐만 아니라 자신을 스스로 감금하는 하나의 유폐인 것이다. 그러므로 우리가 '나'라고 하는 진정한 존재를 발견할 때 우리는 이 우주에 홀로 남겨져 있다는, 환언하면 각자의 '나'는 본질적으로 고독, 그것도 근원적 고독이라는 사실을 접하게 되는 것이다.

이러한 사실을 밝힘으로써 우리는 미지의 땅에 발을 들여놓았다. 이 강의를 시작할 때 나는 다양한 새로운 사상을 여러분에게 전달할 것이라고 밝힌 바 있다. 나는 다시 한번 철학의 근원적 혁신에 대해 논의할 것을 약속한다. 다음 강의에서 우리는 이 미지의 땅으로 출발할 것이다.

8강
주관론의 발견, '황홀경'과 '고대 유심론',
근대 주관론의 두 근원, 기독교의 초월신

의식과 주관론, '나(Yo)'에 대한 결정적인 발견은 데카르트에 이르러서야 비로소 이루어졌다. 우리가 앞에서 고찰했듯이 이 발견은 사유라고 하는, 우주에 존재하는 혹은 존재하길 갈망하는 사물들 속에서 다른 모든 것들과는 근원적으로 다른 방식으로 존재하고 있는 것을 추구하는 것이었다. 우리가 이 존재하는 극장에 대해 이야기할 때 이야기하고자 하는 것은 과연 무엇인가? 이런저런 다양한 해석을 통해 최종적으로 우리가 이해하는 사물들의 존재란 무엇인가? 이 극장은 존재한다. 말하자면 '저기' 있다. 그런데 이때 '저기'란 무슨 의미인가? '저기'는 '세계에서의 저기', '우주에서의 저기', 즉 실재의 일반 범주 내에서의 '저기'를 의미한다. 이 극장은 존재한다. 구체적으로는 마드리드라는 도시의 한 구역을 차지하고 있다. 마드리드는 또한 광활한 카스티야 지방의 한 부분이고, 카스티야는 지구라고 하는 거대한 행성의 또 다른 일부이며, 지구는 광대한 천체계의 한 부분이다. 그리고 이 천체계는 그것보다 더 넓은 어떤 것의 부분이다.

'저기 존재함'이라는 사실에 관련되는 한 사물들의 존재란 한 사물이 다른 사물에 의지하는 것이다. 따라서 한 사물은 다른 사물의 내부에 존재하기도 하며 그 위에 존재하기도 한다. 이런 의미에서 사물의 존재는 한 사물이 다른 사물 위에서 휴식을 취하고 숙면을 하는 어느 정도는 정태적인 성질을 띤다. 이 설명으로 우리는 '저기 존재함'이란 것에 대해 충분히 이해했을 것이다.

반면 나의 사유가 존재한다고 말할 때 나는 사유의 존재에 의해 '저기 있음'을 이해하는 것이 아니라 이와는 정반대이다. 나의 사유는 내가 그 사유를 인식할 때, 그리고 그 사유를 인식하기 때문에 존재한다. 말하자면 내가 그 사유를 사유할 때 나의 사유는 존재한다. 그러므로 나의 사유는 그 자체로서 그리고 스스로 존재하는 것이다. 그런데 나의 사유가 오직 내가 그것을 사유할 때 그리고 사유하기 때문에 존재한다고 한다면, 즉 내가 사유를 실행하고 실시할 때만이 비로소 나의 사유가 존재한다고 한다면 사유의 존재란 편히 누워서 숙면을 취하는, 타자에 의지해 존재하는 수동적 존재인 사물의 존재와는 다른 것이란 결론이 도출될 것이다. 사유의 존재란 겹겹이 쌓여 있는 사물군의 한 부분을 단순히 이루는 것도 아니며 어떤 적막한 영역을 형성하지도 않는다. 이와는 반대로 사유는 능동적이며 적극적인 존재일 것이다. 그러므로 사유는 여기 혹은 저기에 단순히 존재하는 존재가 아니라 지속적으로 스스로를 창조하는 끊임없는 행위이다. 이 사실은 사유만이 지니는 특수성에 대한 발견은 동시에 사물의 존재와는 근본적으로 구분되는 존재 방법의 발견을 수반한다는 사실을 의미한다. 만일 우리가 사물을 어느 정도는 정태적인 것이라고 이해한다면 사유의 존재는 이와는 대조적으로 순수 행위, 극도의 명민함, 자기 발생적 운동에 성립한다. 따라서 사유는 스스로 동력을 발생시켜 나아가는 진정 유일한 자동차와 같은 것이다.

앞에서 이미 말했지만 사유는 반영성, 스스로에 대한 반영, 스스로에 대한 인식에 그 존재적 기반을 두고 있다. 그런데 이 사실은 사유가 '반영된 사유'와 '반영적 사유'라는 이중성을 지니고 있음을 전제로 한다. 주체, 나, 의식의 내용 등과 같은 현대 철학에서 빈번히 이용되는 여러 개념을 명확히 하기 위해 우리는 모든 사유를 구성하는 최소 요소들을 비록 짧게나마 분석할 필요가 있다. 확실히 사유는 자신뿐만 아니라 자신이 아닌 다른 사물들도 인식하기에 우리는 이 개념들을 다른 어떤 것에 의해서도 오염이 안 된 상태로 확실하면서도 분명하게 이해할 필요가 있는 것이다.

지금 우리는 이 극장을 보고 있다. 그리고 이 극장을 보는 것 이외 그 어느 것도 하지 않을 때 우리가 이 극장을 보는 행위 속에서 우리는, 극장은 우리로부터 분리되어 외부에 존재하는 것으로 생각한다. 하지만 이미 앞에서 살펴보았듯이 이것은 모든 무의식적 사유 행위에 속하는, 자아를 무시하는 사유의 모든 행위에 속하는 문제적 신념이었다. 환각의 가련한 희생자에게 환각으로서의 극장은 지금 우리가 보고 있는 극장과 동일한 실재이다. 이를 통해 우리는 본다는 것은 주체가 자신으로부터 빠져나와 마술과 같이 실재 자체와 접촉을 한다는 것은 아니라는 사실을 깨닫는다. 환각으로서의 극장과 실제 극장은 모두 오직 나의 내부에서만 존재하는, 말하자면 내 정신의 상태이자 사고이며 사유이다. 이것들은 지난 18세기말부터 지금까지 언급되고 있듯이 의식, 나, 생각하는 주체의 내용이다. 우리가 우리 고유의 관념으로 견지하지 않는 사물들의 다른 모든 실재는 문제적이며, 최선의 경우에 있어서조차도 또한 그것은 의식의 내용으로서 우리가 소유하고 있는 근원적 실재로부터 파생된 것에 불과할 뿐이다. 외부세계는 우리 내부에, 우리 관념에 존재한다. 거칠기 짝이 없는 쇼펜하우어가 조잡하게 말하듯 세계는 나의 표상이다. 실재란 곧 관념성이다. 엄밀히 그리고 진정 오직 관념의 주체, 사유의 주체, 의식의 주체인 나, 나 자체(me ipsum)만이 존재하는 것이다.

물론 나의 내부에서 가장 다양한 전경이 펼쳐진다. 내 주위에 존재한다고 소박하게 믿었던 모든 것들, 내가 사유했던 나의 과거, 그리고 내가 의지했던 것들이 지금 나의 내부에서 동식물로 재탄생한다. 이것들은 나의 주관성의 상태이다. 본다는 것은 자아로부터 나온다는 의미가 아니라 자아 내부에서 이 극장의 이미지, 우주의 한 부분을 발견하는 것이다. 의식은 언제나 그 무엇과 함께 존재하는, 마치 세입자와 주택 같은 자아와 함께 존재하는 자아의 근원적이며 최고 형태의 내성이다. 내가 존재적 기반을 두고 있는, 그리고 외부에 대해 나를 폐쇄적 존재로 만드는 이 내성은 창문은커녕 조그마한 틈도 없다. 만일 나의 내부에 창문이나 틈이 있다면 외부 공기가 그곳을 통해 들어올 것이고 가정적인 외적 실재가 나를 공략할 것이다. 그렇게 되면 나의 내부에는 나와는 거리가 먼 사물들과 사람들이 존재하게 될 것이고 결국 순수한 나, 유일한 나의 내성은 존재하지 않을 것이다.

그런데 사물들 사이에 있는 하나의 외적 사물로 나를 보는 대신 나에게 나 자신과의 접촉을 즐길 수 있도록 해주는 내성으로서의 나의 존재에 대한 발견은 이러한 장점에도 불구하고 동시에 나를 나의 내부에 유폐시키고 감옥에 감금하는, 즉 나를 수감인으로 만들어버리는 단점이 있다. 환언하면 나는 영원히 내 자아의 내부에 억류되어 버리는 것이다. 나는 우주이다. 하지만 동시에 나는 유일한 존재이다. 나를 구성하는 요소, 나를 직조하는 실은 바로 고독인 것이다.

지난 강의 때 우리는 바로 이 지점에서 멈추었다. 전 근대를 관통하면서 문화의 주인공으로 등장했던 관념론적 명제는 의심할 여지 없이 확고부동하다. 그러나 동시에 우리가 이것을 선한 부르주아나

172

일상생활의 관점에서 바라보았을 때 이것은 광적이다. 이보다 더한 역설은 없을 것이다. 즉 관념론은 비철학적 삶에서 친숙했던 우주에 관한 사유 방식을 완전히 전복시켜 버린 것이다. 관념론은 또한 내가 지난 강의에서 철학함의 특징으로 제시했던 지적 영웅주의의 대표적 예이다. 이것은 어떠한 동정도 없이 우리의 이성이 요구하는 최종 결과에의 도달이며 순수 이론이 우리를 이끄는 머나먼 곳으로의 여행이다. 근대의 주인공이었던 관념론은 또한 언제나 인간 고유의 인성의 바탕 위에서 삶을 영위하는 선한 부르주아가 부조리한 것으로 간주해 받아들이길 거부하는 지점으로 우리를 이끌고 갈 가능성도 있다.

그런데 관념론적 명제는 그 출발점이나 주관성과 같은 것의 발견, 자신의 내부에 관한 사유에 대한 발견 등과 같은 매우 기이한 어떤 요소들을 지닌다. 왜냐하면 고대인들은 주관적이며 반영적이고 내적이며 고독한 그러한 존재 방법에 대해서 전혀 모르고 있었기 때문이다.

나는 고대인들이 자기 고유의 존재, 주관성을 전혀 모르고 있었다든가 혹은 근대인들이 전혀 기대하지 않았던 대륙을 발견한 것처럼 자아를 발견했다든가 등에 대해서는 어느 것이 가장 흥미로운지 잘 모르겠다. 이 주제는 새롭고도 중요하지만 이것을 다룬다는 것은 매우 난해하다. 따라서 여러분에게 내가 이것을 명확하게 밝힐 수 있으리라고는 장담할 수 없다. 내가 확실히 알고 있는 유일한 것은 이 주제를 충실히 다루겠다는 것뿐이다.

이 주제를 다루기 위해 우선 우리가 의식, 즉 주관적이며 자아 중심적 존재를 발견한 현대의 사유 방법으로부터 탐구를 시작하면서 우리의 내성을 원형으로 제시한다고 한다면 이 원은 우리 내부에 존재하는, 그리고 우리에게 발생하는 모든 것으로 가득 채워질 것이다. 그리고 이 원의 중심은 우리가 '나'라고 부르는 우리 의식의 요소로 상징화될 것이다. 즉 이것은 보고 듣고 상상하고 생각하고 사랑하고 증오하는 것과 같은 우리의 모든 행위의 주체로서의 역할을 수행하는 것이다. 모든 정신적 행위는 모든 행위에 있어 현재적이며 활동적인 중심점으로부터 발발 혹은 발생되는 듯한 조건을 가진다. 모든 시각 행위에 있어 누군가는 본다. 모든 사랑하는 행위에 있어 누군가는 사랑한다. 모든 사유 행위에 있어 누군가는 사유한다. 이 '누군가'를 '나' 즉 자아라고 명명하자. 내가 보는 행위 혹은 내가 사유하는 행위는 보는 행위와 사유하는 행위로부터 분리된 실재가 아니라 주체라고 하는 모든 행위의 부분을 형성하는 하나의 요소에 지나지 않을 뿐이다.

만일 '나'가 우리 의식의 중심, 우리 인식의 중심으로 상징화될 수 있다면 원의 주변부는 '나'의 내부에서 '나'가 아닌 것들, 즉 색, 형식, 음향, 육체에 대한 이미지와 같은, 환언하면 우리를 둘러싸고 있는 것으로서 현전하는 모든 외부세계로 메워질 것이다. 이것을 우리는 자연 혹은 우주라고 명명하자.

인간의 삶에서 물질적 사물로 구성된 이 우주의 주변부는 지속적인 주의(注意)를 요구할 것이다. 주의는 '나'의 근본적 행위로 이것을 통해 '나'는 모든 나머지 행위를 이끌고 조정한다. 그러므로 무언가를 보고 듣기 위한 행위를 실행하기 위해서는 우리 앞에 이것이 존재하는 것만으로는 불충분하다. 폭포 옆에 사는 사람은 어느 순간 폭포 소리를 듣지 못할 수 있고, 극장 안에 있는 우리는 바로 지금 이 극장의 가시적인 것을 형성하는 부분 중 단지 그 일부분만 볼 수도 있다. 그렇다면 우리가 보고 있는 그 일부분이란 무엇인가? 그것은 바로 우리가 시선을 집중하고 있는, 즉 우리가 주의하고 있는 것이다. 모든 시각 행위는 눈을 통해 그 무엇을 응시하거나 추구한다. 청각 행위 역시 귀를 통해 그 무엇을 청취하거나 주의를 기울인다.

174

그러므로 나는 자연이란, 즉 외부세계란 끊임없이 인간에게 존재와 방어의 문제를 제기하면서 긴박하기 그지없이 인간의 주의를 요청한다고 말하고자 한다. 무엇보다도 원시시대에 인간의 존재는 자연, 사물과의 끊임없는 하나의 전쟁이었으며 그러므로 개인은 자신의 물질적 생활을 해결해 줄 다른 일에 전념할 수 없었다. 이 사실은 인간은 자기 존재의 주변부에만, 가시적이며 실체적인 것에만 주의한다는 것을 의미한다. 즉 인간은 우주의 주변부만 인식하면서 삶을 영위한다. '나'는 '나'가 주의를 기울이는 지점에 존재한다. '나'가 주의를 기울이는 것 이외의 것은 '나'에 대해 존재하지 않는 것이다. 우리가 조금 전 앞에서 하나의 상징으로 제시했던 원의 경우 유일하게 존재하는 것은 원의 형상을 완성하는 선이라고 말할 수 있을 것이다. 이것은 주관성이란 곧 원주라는 것을 의미한다. 가끔씩 육체적 고통, 내적 고뇌는 주변부에 대해 집중했던 주의를 원의 내부로, 자연에 대해 집중했던 주의를 자아로 돌린다. 그러나 원의 내부, 자아로 집중했던 주의를 돌리는 것은 지속적인 것이 아니라 순간적이다. 그 속성상 내부를 향해 자신을 고정하는 데 적합하지 않은 주의는 언제나 자신이 처음으로 그리고 관습적으로 자신을 향했던 곳으로 향하고자 하며 그리하여 다시 주위의 사물로 자신을 집중시킨다. 이것을 우리는 의식의 '자연'적 행위라고 명명할 수 있을 것이다. 여기에는 오직 형체적 사물로 구성된 우주적 세계만이 존재할 뿐이다. 인간은 자연에 흡수된 채 외부로 그 시각을 향하면서, 즉 외부세계에 집중하며 자아의 변경 지역에 주의를 기울이면서 삶을 영위한다.

우리가 동물의 영혼을 상상할 수 있는 언제나 문제적인 척도 내에서 우리는 동물들의 내적 상황은 어느 정도 자연적인 인간의 그것과 유사하다고 말할 수 있다. 동물은 언제나 경계하고 있음을 여러분은 상기하기 바란다. 초원에 살고 있는 말의 두 귀는 살아 있는 안테나 혹은 잠망경과 같은 역할을 수행하는데 이는 동물이 언제나 끊임없는 불안감을 가지고 자신을 둘러싼 환경에 전념하고 있다는 사실을 증명해 준다. 동물원에 있는 원숭이를 생각해 보기 바란다. 우리에 갇힌 이 유인원이 어떻게 그 모든 상황 속에서 살아가고 있는지 그것은 경이로운 사실이다. 원숭이의 주변에서 발생하는 그 어떤 것도 그에게서 벗어나지 않는다. 황홀경이란 단어는 어원학적으로 자아의 외부에 존재한다는 의미를 지닌다. 이런 의미에 있어 동물은 외부적 위험이라는 긴박성에 의해 자신의 외부에 억류된 채 영원한 황홀경 속에서 살아가는 것이다. 동물에게 있어 자기 자신에게로, 자아로 복귀한다는 것은 외부에서 발생한 것에 더 이상 주의를 기울이지 않는 것을 의미할 것이며, 이와 같은 주의의 분산은 죽음이라는 위험을 불러오는 결과를 초래할 것이다. 자연은 그 본질적 속성상 사납고 흉포하다. 그것은 자신에게 주의를 집중하지 않는 태도를 결코 용납하지 않는다. 그러므로 우리는 환경의 변화에 적절히 대응하기 위해 그 변화를 가능한 한 빨리 수용할 수 있도록 주의를 집중해야만 한다. 자연에 대한 주의는 행위의 삶이다. 순수 동물이란 순수한 행위적 인간이다.

그러므로 원시인은 자신의 고유 존재를 자신의 등 뒤에 방치한 채 우주적 정경에 자신의 주의를 고정해 버린, 즉 자아를 선행하는 삶을 영위했다. 이 경우 '나'는 직접적으로 사물과 관련을 맺게 된다. 태양광선이 크리스털을 관통하듯 '나'는 자기 고유의 내부세계를 관통하면서 멈추거나 크리스털에 주의를 기울이지 않고 곧바로 사물로 접근해 사물에 전념하게 되는 것이다. 바로 이 사실이 생물학적 시각에 있어 인간이 자기 자신을 모른다는 것이 어떻게, 그리고 왜 자연적이며 일차적인 것인지를 설명해 준다.

명료성에 대한 욕구를 자극하고 또 그것을 요구하는 이 놀라운 사실은 위의 사실과는 정반대되는 것이다. 근본적으로 원심적 특성을 지니고 있고 주변부를 지향하는 주의가 어떻게 '나'로 하여금 나를 둘러싼 환경으로 관심을 돌리면서 자아를, 즉 '나'를 비실질적으로 비틀어 자아의 내부로 시각을 향하게 하는가? 여러분은 곧 이 내향적 현상이 주체로 하여금 외부에 대한 관심을 중단하도록 자극하는 것과 주체로 하여금 자신의 내부에 주의를 기울이도록 하는 것이라는 두 가지 사실을 전제로 한다는 생각을 하게 될 것이다. 존재하는 어떤 사물은 다른 사물이 없으면 그 존재가 불충분하다는 점을 여러분은 상기하기 바란다. 그런데 외부로부터 잠시 관심을 돌리는 단순한 행위는 결코 내부에 대한 발견과 선호를 수반하지는 않는다. 한 여인의 사랑을 받기 위해 남자는 그 여인이 다른 남자를 사랑하지 않는 것으로는 충분하지 않다. 그 여인을 자신의 애인으로 만들기 위해 남자는 그 여인의 주의를 끌어야만 한다.

하지만 인간성의 매우 결정적인 국면을 짧게나마 명확하게 밝히기 전에 우리는 그리스 철학, 아니 고대 철학에서 지배적이었던 사유 방법을 이해하기 위해 우리가 지금까지 살펴보았던 태생적이며 근원적인 정신 행위를 다시 한번 살펴볼 필요가 있다. 역사, 특히 철학사에서 최근 수십 년간의 최고의 성과는 우리가 고대 사상가들을 이해하지 못한다는 사실을 인식하면서 그 속에서 성실함의 풍요로움을 인정했다는 점이다. 우리들 자아와 함께하는 이 성실함은, 그와 같은 성실함이 언제나 그렇듯이 사실상 충분한 보상을 받았다. 우리가 고대 사상가들을 이해하지 못한다는 사실을 인정했을 때 우리는 처음으로 진정 그들을 이해하기 시작했던 것이다. 상술하면 역사상 최초로 우리는 고대 사상가들이 우리와는 다른 방식으로 사유를 했다는 사실을 인식하게 되었으며 그래서 우리는 그들 사유 방법에 있어서의 결정적인 법칙을 추구하기 시작한 것이다. 따라서 이것은 그들의 학설이 현대 철학과 어떻게 다른가라는 문제가 아니라 그들의 정신 행위가 우리의 그것과는 상이했다는 사실을 다루고 있다.

고대인은 본질적으로 원시인들이 지녔던 기질을 지니고 있었다. 원시인과 마찬가지로 고대인은 사물과 관련된 삶을 영위했고 따라서 그에게 존재했던 유일한 우주는 육체에 관한 우주였다. 우연히 그는 자신의 내성을 엿볼 수도 있었겠지만 그것은 불안정한 것이었고 또한 우연히 보게 된 것이었다. 그러므로 그리스인들의 정신 행위는 엄밀히 말해 원시적이었다. 단지 그리스인들은 원시인들과는 달리 외부세계에 주의를 집중하는 것에 만족하지 않고 그것에 관해 철학적 사유를 했으며 자신들을 둘러싼 모든 실재를 순수 이론으로 전환시키는 개념들을 정교히 했을 뿐이다. 그리스의 관념들은 외적이며 형체적인 사물들로 구성된 어떤 실재 속에 주조되었다. '관념'이란 단어 및 그와 유사한 단어들은 '가시적 형태' 혹은 '양상'이란 의미를 지닌다. 육체 이외에도 자연 속에는 육체의 움직임과 변화가 존재하기에 그리스인들은 움직임과 육체적 변화의 원인이 되는 비가시적이며 비물질적인 다른 사물들에 대해 사유를 해야만 했다. 그런데 이 비물질적인 사물은 궁극적으로 정신의 형태로 정교화되는 물질적 사물로 간주되었다.

그러므로 동물은 자신의 내부에 있는, 물질 속에 숨겨져 있는 어떤 사물에 의해 조직되고 움직이는 물질 위에 그 존재적 기반을 두고 있다. 이것이 바로 영혼이다. 하지만 이 영혼은 그 어떠한 내적 자아도 가지고 있지 않다. 그것은 육체 속에 숨겨져 있다는 의미에서, 환언하면 육체 내에 침잠되어 있고 따라서 비가시적이란 의미에서 단지 내부일 뿐이다. 즉 영혼은 하나의 호흡, 가벼운 미풍(Ψυχή, spiritus)과도 같은, 혹은 탈레스에게서의 물이나 헤라클레이토스에게서의 불과 같은 것이다. 비록 근대인들이 내성에 대한 발견을 명명

178

하기 위해 '정신'이란 단어를 견지하고 있더라도 그리스인들과 라틴 민족들은 이것을 육체에 속하는, 육체에 다름 아닌, 우주 내에 정주하는 하나의 힘으로 이해했다는 사실을 주목할 필요가 있다. 동물의 영혼이 식물의 영혼에는 없는 어떤 능력을 가지고 있듯이 아리스토텔레스에게 인간의 영혼은 확실히 동물의 영혼에는 없는 어떤 능력을 가지고 있다. 그러나 영혼에 대한 아리스토텔레스의 사유에 있어 인간의 영혼은 식물의 영혼과 동일한 것이었다. 그러므로 인간의 영혼은 동시에 추론할 수 있고 생장할 수 있는 하나의 능력이다. 따라서 아리스토텔레스가 영혼에 관한 학문, 즉 심리학을 생물학의 한 부분으로 간주한 것은 전혀 이상하지 않다.

아리스토텔레스는 자신의 심리학에서 인간과 식물을 동시에 다룬다. 왜냐하면 그에게 영혼이란 내성의 원칙이 아니라 육체적 생명력에 관한 우주적 원리 혹은 움직임과 변화의 원리였기 때문이다. 그러므로 그에게 있어서는 광물의 영혼, 각 천체의 영혼까지 존재한다. 아리스토텔레스의 영혼에 대한 개념은 숨겨진 신비한 능력과 상당 부분 유사하다. 하지만 그가 생각하는 영혼이란 본질적으로 외적이며, 따라서 우리는 영혼을 지닌 가시적인 육체가 끌어당기는 자력(磁力)을 설명하기 위해 그것을 자성과 관련된 문제라고 소박하게도 상상한다. 오늘날까지도 영성(靈性)이란 단어의 현대적 의미 속에서 아리스토텔레스의 유심론을 진지하게 말한다는 것은, 그것이 만일 불성실한 것이 아니라면, 단지 하나의 역사적 무지일 것이다. 왜냐하면 만일 누군가가 텍스트를 강제하면서 의식에 관한 우리의 근대적 개념을 아리스토텔레스적 정신 개념에 도입한다면 이 불성실함은 그 시도가 무의미하다는 사실을 밝히지 못하는 그러한 결과로 전도되어 버리기 때문이다. 아리스토텔레스에 따르면 별은 영혼, 즉 의식을 가지고 있다. 하지만 근대적 개념에서 의식은 오직 자기 자신에 대한 순수 인식에만 기반하고 있는데 어떻게 이러한 의식이 저 거대한 천체를 움직일 수 있겠는가? 아리스토텔레스는 자아에 대한 내적 시각으로부터 영혼을 발견한 것이 아니라 자아의 외부에서 유사 형체적 실체로서 그것을 발견했다. 그러므로 그는 감각적 인식을 해석하고 또한 그것을 통해 모든 지적 삶을 육체 간의 충돌로 설명한다. 즉 그는 지적 삶을 형체적 사물이 영혼이라는 사물과 충돌해 그곳에 자기 형상의 흔적을 남기는 것으로 해석한다.

영혼은 사물과의 충돌 이전에 그 어느 것도 포함하고 있지 않은, 비유하자면 아무도 손대지 않은 왁스판과 같은 것이었다. 내성과도, 자기 스스로의 존재와도 거리가 먼, 텅 빈 상태로 존재할 수 있으며 아무것도 소유하지 않는 아리스토텔레스의 영혼은 외부를 지향하는 하나의 사진판과 같은 것으로 그 사진판에는 단지 외부로부터 유입된 것만, 자연이 흘려보내 저장시켜 놓은 것만 새겨져 있다. 이와 같은 영혼과 그 어떤 것도 들어갈 수도 나올 수도 없는, 스스로 자신의 삶을 영위하는, 그 고유의 내성적 풍요로움을 더욱 비옥하게 하는 원천과도 같은 라이프니츠의 바로크적 단자(monad) 간의 거리는 엄청난 것이다. 언젠가 나는 이 고대의 사유 방법에 대해 보다 상세히 다루고자 한다. 지금은 다시 우리가 다루던 주제로 돌아갈 필요가 있다.

본질적으로 원심적 성격을 지닌 주의가 어떻게 백팔십도 태도를 전환하면서 자아에게로 회귀했는가? 말하자면 어떻게 주의가 외부를 지향하는 대신 주체 그 자체에 시선을 고정시키게 되었는가? 어떤 사건이 발생했기에 망가진 인형의 눈이 자신의 머리 내부를 바라보듯 인간의 시각이 자신의 내부로 향하게 되었는가? 이 변화, 어떤 혈흔도 소리도 없이 다가온 이 변화는 의심할 여지 없이 우리가 살아가는 지구를 배경으로 펼쳐진 가장 중요한 사건 중의 하나였다.

이렇게 중차대한 변화였음에도 불구하고 이것을 알리는 심벌즈 소리나 또 이것을 한껏 고무하는 나팔 소리도 들리지 않았고 그 어떤 시인도 이것에 관해 시를 쓰지 않았을 만큼 이 변화는 정말 고요히 우리에게 다가왔다. 고대인들은 여전히 자신들의 형제인 동물과 함께, 동물 같은 삶을 영위했다. 즉 그들은 동물과 마찬가지로 언제나 외부세계에 자신의 관심을 집중했던 것이다. 반면 근대인들은 우주적 무의식으로부터 깨어나 자아 속에 자아를 삽입했고 그렇게 해서 자아로 회귀했다. 즉 외부세계 속에서 깊이 잠들어 있던 자신을 일으켜 자아를 소유하게 되었다. 결론적으로 말해 근대인들은 자신을 발견하게 된 것이다.

어느 날 그는 평상시처럼 걸어가다가 기이하며 지금까지 알려지지 않은 낯선 것에 부딪혔다는 사실을 깨닫게 된다. 비록 그는 그것을 명확히 볼 수 없음에도 그것을 치우기 위해 그것을 압박할 것이며, 그리고 곧 이 압박으로 인해 고통을 받는 대상이 자기라는 사실을, 즉 자신이 압박의 주체이자 대상이라는 사실을 알게 될 것이다. 결국 그는 자기 자신과 충돌한 것이다. "나는 고통을 느낀다. 그러므로 나는 존재한다." 이 얼마나 악마적인 모험인가! 악마적인? 이것은 보다 신성한 것이 아닐까? 이처럼 특이하기 그지없는 사건에 신이 매우 특별하게 개입했다고 말하는 것이 가장 그럴듯하지 않을까? 그렇다면 이 신은 어떤 신인가? 기독교적 신인가? 그렇다. 기독교적 신, 오직 기독교적 신만이 이러한 사건에 개입한다. 그런데 어떻게 기독교적 신이 당당히 자신의 이름을 내걸고 반기독교적인 전 시대의 탄생에 토양을 제공했던, 마치 하나의 씨앗과 같았던 이 특별한 근대적 발견 속에 개입할 가능성을 가질 수 있었는가? 이 가능성은 기독교인들을 혼돈에 빠뜨리고 또한 동시에 반기독교인들, 즉 근대인들을 자극한다.

기독교적 신은 반근대적이다. 그는 근대성에 대해 아주 편안한 상태로 영원한 반대의 입장을 취한다. 그는 결코 근대성을 수용하지 않는다. 그에게 근대성은 사탄의 딸이다. 그리고 지금, 그는 근대성이란 신에 대한 관념의 농익은 과일이라는 이야기를 듣는다. 그러나 기독교적 신에게 있어 근대는 반기독교적인 것일 뿐이다. 그래서 그는 근대성이란 종교적 관념에 대항해 태어난 것이라고 믿는다. 그러나 지금, 그 자신이 정확히 말해 근대인이기에 그는 자신이 신의 아들임을 인식해야 한다는 초대를 받게 된다. 이 사실이 그를 자극한다. 이것은 역사의 주체를 전복시키는 것이며 신념의 변화를 말해주는 것이다. 반기독교와 반근대는 양자 모두 타성을 선호할 뿐 변화를 거부한다. 앞에서 보았듯이 존재는 순수한 민첩성, 부단한 움직임이다. 하지만 반기독교와 반근대는 움직임을 거부하며 존재를 거부한다. 그러므로 이것들은 반(反)존재의 상태에 만족한다.

주관성의 발견은 두 개의 깊은 역사적 뿌리를 가진다. 하나는 부정적인 것이며 다른 하나는 긍정적인 것이다. 회의주의가 바로 부정적인 것이며 기독교주의가 긍정적인 것에 해당한다. 기독교주의가 부재한 회의주의, 회의주의가 부재한 기독교주의 그 어느 것도 이와 같은 결과를 가져오지는 못했을 것이다.

우리가 앞에서 살펴보았듯이 의심 혹은 회의(σκέψις)는 과학적 인식의 조건이다. 이것은 증명을 통해 인식을 확증할 수 있도록 작은 틈새를 만들어놓는다. 이론화의 거장들이었던 그리스인들은 모범적으로 이 의심의 미덕을 실천에 옮겼다. 무엇보다도 회의주의 학파라고 불렸던 철학자들은 후세대가 그 무엇을 할 필요가 전혀 없을 정도로 철저히 의심의 가치를 최대한 실현했다. 따라서 그 누구도 이들이 의심했던 것보다 더 의심할 수는 없을 것이다. 데카르트나 흄, 칸트마저도 그리스의 회의론자들보다 의심을 체질화하지는 못했다.

긍정적인 측면에서나 부정적인 측면에서나 이들은 인식의 환각적 특성을 유감없이 보여주었다. 우리는 사물이 무엇인지를 알 수 없다. 우리가 말할 수 있는 것은 기껏해야 사물이 우리에게 어떻게 보이느냐라는 것뿐이다. 하지만 명백한 사실은 그리스 회의론자들이란, 결국 그리스인이었을 따름이다. 인식은 인식 그 자체에 대한 인식이 아니라 존재에 관한 인식이었고, 그리스인에게 존재란 곧 외부세계였기에 모든 그리스 회의론은 우주적 실재에 대한 우리의 인식과 관계를 맺고 있을 뿐이다.

그리스 회의론자들은 경이롭게도 그 어떤 근대인도 더는 잘 정의할 수 없는, 즉 축어적 의미에서의 근대라는 원리에 도달했다. 따라서 키레네 학파는 우리는 결코 실제적인 것을 인식할 수 없다고 말할 것이다. 왜냐하면 그들은 영혼을 외부로 나올 수 있는 것이 아니라 자신의 상태 속에 감금되어 마치 포위된 도시 속에서 그 존재를 영위하는 것으로 간주했기 때문이다. 이것은 곧 내성을 발견했다는 이야기가 아닌가? 여기에는 주체적 존재에 관한 보다 정확하고 유연한 표현이 녹아 있지 않은가? 단적으로 말해 이러한 생각은 커다란 오류이다. 이렇게 사유했던 그리스인은 그 속에 숨겨진 긍정적인 요소를 보지 못했다. 위와 같은 표현을 통해 그는 우리가 실재적인 것으로부터 벗어날 수 없다고 이해를 했다. 하지만 외부를 지향할 수 없는 불가능성 속에, 이 유폐된 존재 속에 새로우면서도 외부 실재보다 더욱 유연하고 근본적인 실재가 존재한다는 것을 그는 간과해 버렸다. 우리는 철학사 속에서 새로운 사실을 발견하는 데 지적인 예리함만으로는 부족하다는 것을 보여주는 몇몇의 경우를 볼 수 있다. 새로운 것을 발견하기 위해서는 열정, 즉 새로운 것에 대한 선행적인 애정이 있어야만 한다. 이해라는 것은 마치 손전등과 같다. 손전등을 사용하기 위해서는 그것을 들고 갈 손이 필요하며 손은 또한 이것 혹은 다른 가능한 사물의 형태를 들고자 하는 선행적인 열망을 필요로 하다. 간결히 말해 우리는 오직 우리가 찾고자 하는 것만 발견할 뿐이며 이해는 그 무엇에 대한 사랑이 있기에 가능한 것이다. 따라서 모든 과학은 대상에 대한 애정에서 시작되었다.

그런데 현대의 현학은 애정이란 단어가 지닌 의미를 폄하해 버렸다. 하지만 애정이야말로 사물에 대한 최상의 형태 혹은 적어도 그 모든 것의 근원이다. 우리는 애호가라는 의미를 지닌 프랑스어 딜레탕트(dilettante)에 대해서도 위와 동일하게 말할 수 있다. 사랑은 이해가 가능할 수 있도록 그 무엇을 추구한다. 이것은 어떻게 그 무엇을 추구하는 존재가 곧 사랑의 본질인지를 보여주는 데 관련된 길고도 생산적인 대화에 있어 매우 중요한 주제이다. 여러분은 추구함이라는 행위의 놀라운 구성에 대해 생각해 본 적이 있는가? 그 무엇을 추구하는 사람은 그가 추구하는 것을 소유하고 있지도 않고 더군다나 자신이 무엇을 추구하는지도 모른다. 한편 그 무엇을 추구한다는 것은 추구의 대상을 미리 소유하는 것이며 그것의 존재를 가정하는 것이다. 결국 추구함이라는 행위는 아직 존재하지 않는 실재의 존재를 미리 앞당기는 것이며 그것의 현현과 표상을 예상하는 것이다.

사랑이 불러일으킨 열정의 불꽃에만 주의를 집중하는 사람은 결코 사랑이 무엇인지 모른다. 만일 한 여인에 대한 사랑이 그녀의 아름다움 때문이었다면 이 아름다움에 있어 사랑 그 자체가 전달해 주는, 사랑의 과정이 형성하는 것은 결코 즐거움이 될 수가 없다. 일단 가슴 속에서 사랑이 일깨워지면 그것은 지속적으로 호의적이며 부드러운 분위기를 만들어내는 데에 사랑의 대상이 지닌 모든 특질과 재능이 그대로 드러나 보여질 수 있도록, 그래서 우리가 그것을 인식할 수 있도록 그를 감싸는 충실하면서도 따뜻한 빛을 발산하는 곳에서 성립한다. 이와는 반대로 증오는 증오의 대상을 부정적인 빛 아래에 위치시켜 우리는 오직 그 결점들만을 볼 수 있다. 따라서 사랑은 사랑의 대상이 지닌 가능한 자질과 재능을 준비하는 것이며 미리 예정시켜 놓는 것이다. 그러므로 사랑은 사랑의 대상이 없다면 우리가 볼 수 없는 것을 보게 함으로써 우리를 더욱 풍요롭게 한다. 무엇보다도 한 여인에 대한 남자의 사랑은 마치 하나의 이주 연습, 즉 우리를 넘어선 저편으로의 여행과 같은 것으로 우리에게 방랑자적 경향을 고취시킨다.

하지만 지금은 잠시 이 흥미로운 항해는 접어두고 다시 우리가 다루던 주제로 돌아가자. 우리는 회의주의가 어떻게 인간에게 외부세계의 실재를 믿지 말도록, 결과적으로 말해 외부세계에 관심을 가지지 말도록 가르쳤는지 살펴보았다. 그러나 이 최초의 행위에 있어 인간은 장님의 상태로 내적 인간으로 들어가는 문 앞에 서 있다. 헤르바르트[1]가 말했듯 "모든 선량한 초보자는 회의주의자이다. 그러나 모든 회의주의자는 단지 초보자에 불과할 따름이다."

회의주의자에게는 긍정적 동기와 주체성이 자신에게 주의를 환기시키고 제일의 자리를 차지하기 위해 필요한 주체성에 대한 관심이 결여되어 있다. 이 결여가 바로 기독교적 행위이다. 그리스의 신들은 단지 최고의 우주적 권위, 외부 실재의 정상(頂上), 숭고한 자연적 권능에 다름 아니었다. 한 피라미드에서는 그 정점이 모든 피라미드를 지배한다. 하지만 동시에 이 정점은 피라미드의 한 부분에 속한다. 이와 마찬가지로 그리스 종교에서 신들은 세계 위에 존재했다. 그러나 이들은 세계의 한 부분을 형성했고 세계의 가장 아름다운 꽃이었다. 강의 신, 숲의 신, 곡식의 식, 빛의 신은 이 속세적 실재의

---

1) Herbart(1776~1841) : 독일의 철학자이자 교육학자. 19세기 새로이 전개된 사실주의를 주도했고, 근대 과학적 교육학의 창시자로 손꼽힌다.

신성한 거품이었다.

유대의 신은 천둥과 번개를 동반한 채 걸어갔다. 그러나 기독교적 신은 번개나 강, 곡식이나 천둥과는 어떤 관계도 없다. 그는 초월적이며 내세적 신으로 그의 존재 방식은 그 어떤 우주적 실재와 비교가 불가능하다. 그에 대한 어떤 것도, 심지어는 그의 발톱 끝마저도 이 세계의 한 부분이 아니며 어떤 관계도 맺고 있지 않다. 이처럼 세계와는 전혀 관련 없는 신이 이 세계 속에 자신을 각인하고 또 우리 곁에 정주하는 것은 최고의 역설이라 말하지 않을 수 없다. 논리적으로 볼 때 기독교에서 미스터리적인 것이 그리스 신화에서는 일상사였다. 일상의 매 순간마다 올림포스 산의 신들은 인간의 모습을 하고 있었으며 어떤 때는 동물로 변신해 레다[2]의 몸 위에서 파르르 떠는 백조가 되는가 하면 황소로 변신해 에우로파[3]를 등에 태우고 질주하곤 했던 것이다.

그러나 기독교의 신은 초월적인 신이다. 즉 그는 전지전능한 신인 것이다. 기독교는 인간에게 바로 이와 같은 신과의 접촉을 제안한다. 그런데 이 같은 접촉이 어떻게 가능할까? 이 세계와 속세의 사물을 통한 접촉은 말할 나위도 없고 이 세계의 모든 것이 신과의 접촉에서는 우선적으로 약점이 되거나 방해물이 된다. 신과 함께 존재하기 위해서는, 우주적이며 현세적인 그 모든 것이 신에게 있어서는 어떤 가치도 지니지 않는 것이기에 그것을 존재하지 않는 것으로 수용하면서 실질적으로 제거해야만 한다. 여기에 바로 영혼이 신성과의 접

---

2) Leda : 그리스 신화에 나오는 스파르타의 왕비. 백조의 모습으로 변해 접근한 제우스와 관계를 맺은 뒤 두 개의 알을 낳았다고 한다.
3) Europa : 그리스 신화에 나오는 페니키아의 왕 아게노르의 딸. 에우로파의 아름다움에 반한 제우스가 흰 소로 변신하여 접근한 후 에우로파를 등에 태우고 크레타로 데려갔다.

촉에 대한 열망 속에서 신에게 다가가기 위해, 자신을 구원하기 위해 방법론적 회의를 통해 회의론자들이 그렇게 하듯이 행동하는 이유가 있다. 이 행위에 있어 세계와 세계에 존재하는 다른 것들, 국가, 사회, 그리고 인간 자신의 육체에 대한 실재는 부정된다. 그리고 인간이 이 모든 것을 제거했을 때만이 그는 자신이 진정 살아 있고, 존재하고 있다고 느낀다. 그 이유는 무엇일까? 정확히 말하자면 영혼은 홀로, 오직 신과 함께만 남겨져 있기 때문이다. 기독교는 영혼의 본질로서 고독을 발견했다. 나는 형식적으로 '영혼의 본질로서'라고 말하고자 한다. 내 강의를 듣고 있는 여러분 중 그 누구도 지금 이 말을 이해하는 사람은 없을 것이다. 본질로서의 고독! 도대체 이것은 무엇을 의미하는가? 이것을 완벽하게 이해하기 위해서는 약간의 인내가 필요하다. 나는 지금까지 강의를 진행하는 동안 내가 확실하게 밝혔던 그 모든 것들이 부정될 수 있기를 바란다. 하지만 그 명료함 자체는 부정되지 않기를 희망한다. 그러므로 내가 위 표현을 적절한 시기에 명확하게 밝힐 것이라는 사실에 대해서는 의심하지 말기 바란다.

영혼이란 진정 세계로부터 해방되어, 세계가 부재한 가운데 남아 있는, 환언하면 홀로 존재할 때 존재 가능한 것이다. 그리고 고독을 통하지 않고서는 신과 접촉할 수 있는 방법이란 존재하지 않는다. 왜냐하면 고독과 같은 종류를 통해서만 유일하게 영혼은 자신의 진정한 존재와 만날 수 있기 때문이다. 소위 기독교 철학이 아니라 기독교라는 종교적 측면에서 볼 때 신, 신과의 대면, 그리고 고독한 영혼이야말로 진정한 실재이며 그 외의 실재는 어떤 의미도 없다.(앞으로 살펴보겠지만 기독교 철학은 기독교라는 종교가 끌고 가는 슬프고도 불필요한 하나의 사슬이다.) 반복해서 말하건대 기독교에 있어서는 신과 영혼이라는 두 개의 실재밖에 존재하지 않는다. 기독교도에게 인식이란 언제나 실제적인 것에 대한 인식이기에 최고의 인식은 바로 신과 영혼에 관한 인식일 것이다. 그래서 아우구스티누스는 "나는 신과 영혼에 대해 알기를 열망한다. 그 이상을 내가 알기를 원하는 가? 나는 단지 신과 영혼만을 알기를 기원할 뿐이다(Deum et animam scire cupio. Nihilne plus? Nihil omnino)."라고 말하는 것이다.

아우구스티누스가 내성으로서의 인식과 존재라는 사실을 간파하고 또한 의심하는 행위 그 자체는 의심할 수 없다는 진리를 인식한 첫 사상가라는 사실은 우연이 아니다. 기독교 이념의 설립자와 근대 철학의 창안자가 그 첫 번째 선상에서 완벽하게 일치한다는 점은 아주 흥미로운 사실이다. 아우구스티누스에게 있어서 또한 '나'는 '나'를 스스로 인식하는 한 존재하는, 즉 '나'의 존재란 곧 자기 스스로를 인식하는 것이며 이 같은 사유의 실재는 모든 이론적 진리에 있어 최상의 위치를 점한다. 그러므로 그의 사유에 따른다면 우리는 바로 이러한 실재에 의거해야지 우주의 문제적 실재와 외적인 것에 의거 해서는 안 된다. 그래서 아우구스티누스는 말한다. "더 멀리 나아가 지 마라. 자아 속에서 찾아라. 진리는 인간의 내부에 존재한다(Noli foras ire, in te ipsum redi : in interiori homine habitat veritas)." 여기에도 역시 절대적 내부로서의, 내성으로서의 인간이 존재하고 있다.

그리고 데카르트와 마찬가지로 기독교 이념의 창시자는 인간 내성 의 기저에서 신을 발견한다. 성녀 테레사가 "영혼의 기저(fondo del alma)"라고 표현한 것을 모든 기독교인들이 우리에게 말하는 것은 매우 흥미로운 사실이다. 이들은 바로 이 영혼의 기저에서, 결코 이 곳으로부터 벗어나지 않은 채, 신을 발견한다. 기독교의 신은 얼핏 보기에 세계에 대해서는 초월적이지만 "영혼의 기저"에 있어서는 내 재적이다. 먼지로 뒤덮인 이 은유 속에 과연 어떤 실재가 존재할까? 지금 당장 답변할 수 없는 것에 대해서는 더 이상 질문하지 말자.

하지만 아우구스티누스 속에서 데카르트가 이미 태동하고 있었다고 확언하는 것은 적절하지 못할 뿐 아니라 오류를 범하는 것이다. 양자 간 일치점을 증명하면 할수록 두 사람 간의 거리는 더욱 커질 것이다. 아우구스티누스는 종교적 감수성의 천재였다. 종교적 직관을 통해 그는 반영적 자아를 발견했다. 철학자로서 그는 자신의 직관을 정의하고 과학에 있어 이것에 상응하는 지점에 이것을 위치시키려고 했다. 그러나 그는 데카르트처럼 위대한 철학자는 아니었기에 이것을 통해 모든 고대 이념을 전복하고 근대 관념론을 수립하는 천재적 사유를 착안하지는 못했다.

그런데 아우구스티누스가 데카르트와 구별되는 근본적인 사실이 또 있다. 카이사르와 함께 우리에게 근대인처럼 여겨지는 그는, 고대 지중해 세계에서 유일하게 근대인으로 간주되는 그는 결국 근대인이 아니라 고대인이라는 사실이다. 그의 새로운 관념과 함께, 결코 그 관념으로부터 분리되거나 멀어지는 경우 없이 모든 고대의 정신 행위는 성숙해 갔던 것이다. 그래서 그의 철학은 혼돈스러웠으며, 그래서 그는 교회의 아버지였지 고전 철학의 아버지는 아닌 것이다.

한편 다독의 철학자는 아니었던 것 같은 데카르트가 아우구스티누스의 작품을 알고 있었다거나 그의 관념을 수용했다는 사실은 아직까지 제시되지 않았다. 그러나 이것은 그리 중요한 문제가 아니다. 아우구스티누스의 사유는 근대가 시작되기 이전에 이미 널리 유포되었다. 그에게서 개화된 의식에 대한 관념은 중세를 관통하며 스콜라 학파 내에서 성숙해 갔다. 그런데 스콜라 학파 학자들은 의식에 대해 전혀 연구를 하지 않았기에 이것을 무시했으며 심지어는 이 학파의 잔존자들에 의해서도 그 어떤 의무적 형식에 있어서조차 연구되지 않았다. 아우구스티누스로부터 시작해 클레르보의 베르나르두스 성인,[4] 빅토리아 학파, 성 보나벤투라,[5] 프란체스코 학파,[6] 둔스 스코

투스,[7] 오컴,[8] 오트르쿠르의 니콜라 성인[9]을 거쳐 데카르트에 이르는 연쇄 관계를 우리는 재구성할 수 있다. 이 계보에 있어 의식에 대한 관념은 오직 토마스 아퀴나스에게서만 단편적으로 나타날 뿐이다. 그런데 그는 근본적으로 기독교적인 이 관념을 아리스토텔레스의 우주적 영혼으로 회귀하기 위해 포기해 버렸다. 이렇게 해서 그는 기독교의 본원적 영감을 고대적 사유의 부조화스러운 틀 속에 가두어 버렸다. 근대는 기독교로부터 탄생했다. 여기에 있어 세대 간의 어떤 갈등도 없게 하자! 이 모든 것을 형제가 되게 하자! 그리고 기꺼이 환영하자! 오늘 나는 바로 이 지점에서부터 강의를 시작할 것이다. 하지만 이전 강의에서 우리가 도달했던 '미지의 대지'에 대해서는 다음 강의에서 다룰 예정이다.

---

4) Bernardus(1090~1153) : 프랑스의 성직자이자 신비주의자. 이성보다는 『성서』나 교부의 권위를 논증보다는 기도를 강조함으로써 수도원적 문화를 대표했다.

5) Bonaventura(1217~1274) : 중세의 대표적인 신학자. 새로 도입된 아리스토텔레스 등의 철학을 이해하는 입장을 취했으나, 아우구스티누스의 전통을 따라 신비적인 사색을 존중했다.

6) 스코투스 학파라고도 불린다. 아우구스티누스의 사상을 바탕으로 해 아리스토텔레스의 사상도 받아들였다. 토마스 아퀴나스의 학설을 추종하는 도미니쿠스 수도회를 신랄하게 비판함으로써 대립적인 입장을 취했다.

7) Duns Scotus(1266경~1308) : 프란체스코 수도회의 실재론 철학자이자 스콜라 신학자. 논증의 예리한 의미와 섬세한 검토 때문에 정묘박사(精妙博士)라는 명성을 얻었다. 프란체스코 학파의 전통적인 아우구스티누스주의를 대표하면서 토마스 학파와 대립했고 아리스토텔레스 철학을 받아들여 독자적 체제를 수립했다.

8) Ockham(1285~1349경) : 영국의 프란체스코 수도회 철학자이자 신학자, 정치저술가. 논리학과 인식론을 발전시켜 후세에 큰 영향을 미친다. 그의 입장은 유명론(唯名論)으로서, 중세의 사변신학 붕괴기에 근세의 경험론적 사상을 준비했다.

9) Nicolas(1300경~1350 이후) : 중세 회의론을 극단적인 논리적 결론으로 이끌어간 것으로 잘 알려진 철학자이자 신학자.

11강
우리 시대의 주제, 철학의 근본적 혁신, 우주에 대한 기본적 사실, 세계에 있어서의 자아와 나에 있어서의 세계, 우리 각자의 삶

오늘 우리는, 모든 철학이 단순한 현학이 아닌 진정한 철학이 되고자 할 때 필히 언제나 자신이 호흡해야 할 유쾌하면서도 스포츠적인 분위기 내에서 진중하기 그지없는 과제와 마주하고 있다. 지금 이 순간 우리는 우리들이 살펴보고 있는 개념들이 그 어느 때보다도 우리의 개념들을 정교화하고 또한 그것들을 다른 그 어떤 것으로부터 오염되지 않은 있는 그대로의 순수하면서도 명확한 상태로 파악할 필요가 있다. 왜냐하면 이 개념들은 우리가 기존 철학에 대한 외과 수술을 집도할 수 있도록 유용한 도구로 사용될 수 있기 때문이다.

지금까지의 강의를 통해 우리는 근대성을 추동한 저 경이로운 관념론적 명제의 사유를 충실히 그리고 있는 그대로 추적해 왔다. 이 사유 속에서 우리 모두는 직접적으로 혹은 이 사유와는 대조되는 방향에서 교육을 받아왔으며, 이 사유는 아직도 여전히 인류 문화의 지배적 권력으로 존재하고 있다. 외부세계의 실재를 미결 상태로 방치한 채 의식과 주관성에 관한 근본적 실재를 발견하면서 관념론은 철학을 새로운 수준으로 끌어올렸다. 그리고 이제 이 수준으로부터 철학은 최악의 의미에서 퇴행의 고통 아래로 추락할 가능성은 배제할 수 있게 되었다. 우주적 사물의 의심할 수 없는 존재로부터 출발한 고대 실재론은 철학적 순진함 혹은 유토피아적 무지이다. 모든 무지는 유토피아적이다. 왜냐하면 무지한 사람은, 즉 의심도 저주도 회의도 하지 않는 사람은 자연과 우주적 전경, 정원에——이것이 바로 천국이다——둘러싸인 채 원시인과 고대인 속에서 자신을 발견하기 때문이다.

의심은 인간을 천국으로부터, 외부 실재로부터 추방한다. 그렇다면 사유라고 하는 이 절대적 존재로서의 아담은 자신이 우주에서 추방당한 사실을 목도하고는 어디로 향하는가? 그는 자기 자신을 의탁할 그 어느 공간도 찾지 못한다. 그는 자기 자신을 움켜잡아야 하며 자아를 자아 속에 집어넣어야만 한다. 아이들에게나 적합한 외부세계에 대한 관심이라고 할 수 있는 천국으로부터 인간은 자기 침잠(ensimismamiento), 가장 내적인 것에 대한 주의, 젊음의 우수(憂愁)로 옮겨 왔다. 근대는 감상적이며 또한 근대의 전 시기는 어느 정도 낭만적이다. 자신이 관심을 가졌던 모든 분야에서 거대한 발자취를 남긴 첫 번째 낭만주의자였던 성 아우구스티누스는 철학적 솔직함의 대명사이다.[1] 철학적 혁신과 발전에 관한 우리의 의도나 계획이 무

1) 성 아우구스티누스는 자신의 낭만주의를 포함해, 자아에 대해 번뇌할 수 있고 자기 자신을 학대할 수 있으며 로마제국과 가톨릭이라는 독수리의 날카롭게 휘어진 부리로 자신의 가슴을 꿰찌를 수 있는 능력에 있어서, 아니 모든 분야에 있어서 최초의 낭만주의자이자 거인이었다. 천국의 아담이 자기 자신 속으로 침잠해 버린 아담을 슬퍼한다. 「창세기」에서 아담과 이브가 낙원으로부터 추방되었을 때 그들이 최초로 발견한 것이 자신들 고유의 인격이라는 사실을 상기하는 것은 실제로 정말 흥미로운 사실이다. 이들은 자아를 인식했으며 자신들의 존재를 발견했고 그래서 자신들이 벌거숭이로 있다는 사실을 발견하고는 부끄

엇이든 간에 우리는 관념론으로부터 그리스의 소박한 실재론이나 스콜라 철학으로 되돌아갈 수 없다는 점을 인식해야 한다. 여기 지금 우리에게 적합한 크롬웰의 병사들이 소리 높여 외쳤던 모토가 있다. "후퇴의 흔적을 남기지 마라(Vestigia nulla retrorsum)." 우리는 지금 관념론의 저편으로 가고 있다. 그러므로 우리는 관념론을 우리가 이미 지나온 길에 남겨진 흔적처럼, 우리가 한때 살았고 그래서 영원히 우리의 영혼 속에 정주해 있는 도시처럼 우리의 뒤편에 안치해 놓아야 한다. 우리는 언제나 관념론을 우리의 의식 속에 수반한다. 환언하면 우리는 항상 관념론을 우리의 정신 속에 보존하고 있다. 관념론은 우리에게 있어 지적 상승의 디딤판이었다. 지금 우리는 관념론의 아래가 아니라 그 위로 발걸음을 옮기고 있다.

하지만 이렇게 관념론의 위로 올라가기 위해서 우리는 관념론에 관한 외과 수술을 실시해야 한다. 관념론의 명제에 따르면 '나', 주체

러움을 느꼈던 것이다. 이렇게 자신들을 발견했기에 그들은 가죽으로 자신들의 몸을 가렸던 것이다. 여러분은 자신을 그 무엇으로 가린다는 것은 자신의 발견에 대한 직접적 결과라는 점에 주목하기 바란다. 우리가 보기에 인간은 의식 혹은 주관성을 발견하고 나서는 이 의식, 주관성이란 결코 열린 환경 속에서는 존재할 수 없는, 상술하면 바위나 식물 혹은 동물과 같은 외부세계와의 접촉에 있어서는 존재가 불가능한, '나'라고 하는 인간의 자아는 그것을 둘러싼 환경으로부터 분리되고 또한 자아 속에 자아를 감금하기에 고유한 것이라는 사실을 인식하게 된다. '나'는 내적이며 감추어진 존재이다. 그리고 '나'를 가리는 옷은 '나'와 나를 둘러싼 세계를 분리하는 경계의 상징이다. 그런데 나는, 자신을 가린다는 것은 자신의 발견에 대한 직접적인 결과라고 말했다. 사실 이 말이 그리 정확한 것이라고는 할 수 없다. 어떤 것과 다른 것 사이에는 다른 어떤 것이 언제나 삽입된다. 아담은 자신을 발견했을 때 자신에 대해 부끄러움을 느꼈고, 이렇게 부끄러움을 느꼈기에 자신을 가렸다. 직접적인 것이란, 자기 자신을 발견하는 것과 같은 것이란 자신에 대해 부끄러움을 느끼는 것이다. 이 사실은 무엇을 의미하는가? 진정 부끄러움이란 것은 '나'를 발견하는 것으로서의 형태이며 자기 자신에 대한 진정한 의식인가?(원주)

는 외부세계를 삼켜버린다. '나'는 외부세계를 몽땅 집어삼키면서 부풀어 오를 만큼 부풀어 올랐다. 관념론적 주체는 이제 하나의 종양이 되어버렸다. 그래서 우리는 관념론에 퍼져 있는 종양을 제거하는 수술을 집도해야 하는 것이다.

우리는 이 수술을 모든 필요한 살균법을 동원해 극도로 청결한 상태에서 세심하기 그지없는 주의를 기울이며 실행할 것이다. 그런데 이 수술은 진작 필요했던 것이다. '나'는 모든 것이 만족스럽게 다가왔기에 매우 심하게 병들어 있었다. 그리스인에게 있어 '나'는 우주 속에서의 하나의 항목과 같은 것이었다. 그래서 플라톤은 '에고'라는 단어를 거의 사용하지 않았다. 만일 자신을 의미하는 단어를 사용한다면 기껏해야 그는 사회적 집단, 아테네 시민 전체, 혹은 자신의 철학을 추종하는 소수 집단을 의미하는 '우리'라는 단어를 사용할 것이다. 아리스토텔레스에 있어 '나-영혼'은 우주를 더듬는, 우주에 관한 정보를 자신에게 알리기 위해 우주에 대해 자신의 형태를 주조하는, 마치 자기 주위의 사물들을 알기 위해 그것을 더듬는 장인의 손과 같은 것이다.

그러나 데카르트에게 있어 '나'는 일차적인 이론적 진리의 위치로 상승했고 라이프니츠가 이것을 자기 자신 속에 감금한 채 우주로부터 분리된 단자를 창안했을 때 '나'는 내적인 작은 세계, 미시적 우주 혹은 라이프니츠 자신이 표현한 대로 작은 신으로 변모했다. 그리고 피히테에 이르러 관념론이 극에 달했을 때 '나'는 운명의 최정상에 도달하면서 전체적 우주, 만물로 확장되었다.

'나'는 영광으로 가득 찬 가도를 달려왔다. 그러므로 '나'는 여기에 대해서는 그 어떤 불만도 제기할 수 없을 것이다. 자신이 누릴 수 있는 영광은 모두 향유했기에 '나'에게는 더 이상 누릴 영광도 남아 있지 않다. 그럼에도 불구하고 '나'는 이유 있는 불만을 표출한다. 왜냐하면 자신의 내부로 세계를 삼켜버리고 나서 근대적 '나'는 홀로, 구성적으로 홀로 남겨졌기 때문이다. 이와 유사한 예로 중국의 황제를 들 수 있다. 그는 지고한 위치에 있기에 친구를 가질 수 없다. 친구를 갖는다는 것은 곧 황제가 그 친구와 동급의 위치에 있다는 것을 의미하기 때문이다. 그래서 중국 황제에 대한 명칭 중의 하나가 바로 '고독한 인간'이다. 관념론의 '나'는 유럽의 중국 황제이다.

'나'는 가능만 하다면 전지전능한 존재가 되는 것을 포기하는 한이 있더라도 자신의 태생적인 고독을 극복하려 한다. 환언하면 지금 '나'가 원하는 것은 보다 풍요로운 삶을 영위하기 위해 자신의 현 상태보다 조금 덜한 존재가 되는 것이다. 즉 '나'는 자기와는 구별되는 사물, 자신과 대화를 나눌 수 있는 또 다른 '나', 말하자면 '너'와 '그'를 원한다. 특히 '나'는 '나'와는 가장 구별되는 '그녀'인 '너', 혹 여성인 '나'에게 있어서는 '그'인 '너'를 갈망한다.

요약하자면 '나'는 자신의 내부로부터 나올 필요성을, 자신을 둘러싼 세계를 발견할 필요성을 느끼는 것이다. 관념론은 활력의 원천을 간과해 버리는, 삶의 탄성을 완전히 약화시켜 버리는 지경에까지 이르렀다. 왜냐하면 관념론은 심각하게, 아니 활력 넘치게, 인간을 둘러싼 모든 것은 오직 그이며 그의 이미지라고 완벽하게 인간을 설득하는 데 성공했기 때문이다. 한편 일차적이며 자연적이고 교정 불가능한 정신은 지속적으로 우리에게 모든 것을 우리와는 구별되는 유효한 실재로 제시하고 있기에 관념론은 삶을 역행하는 완강하면서도 완고한 행보를 취했으며 삶이란 그 본질로 인해, 자연적으로 어떤 오류로 인해, 어떤 시각적 환상으로 인해 고통을 받는 것이라고 집요하게 우리를 교육시켰다. 만일 어떤 구두쇠가 금화는 단지 금조각의 이미지, 즉 위폐라고 생각한다면 그는 곧 구두쇠로 살지 않을 것이다. 만일 한 귀족 남성이 자신이 사랑하는 여인이 자신이 생각했던 여인이 아니라 단지 그녀의 이미지, 즉 사랑의 유령이었다고 확신하게 되면 그는 곧 그녀에 대한 사랑을 접을 것이다. 그 밖의 다른 것들은 사랑이 아니라 자기애, 자기 에로티시즘일 것이다. 우리가 사랑하는 여인이 우리가 생각했던 그런 여인이 아니라 단지 우리 스스로가 형성했던 고결한 이미지라는 사실을 깨닫게 되면 우리에게 곧 환멸의 재앙이 들이닥친다. 내게 시간이 좀 더 있다면 나는 내가 지금까지 말한 것이 절대 과장이 아니라는 점과 이 삶의 항목들이 부식된 상태로 ── 삶은 오직 항목들로만 구성된다 ── 관념론에 침투해 있다는 사실을 여러분에게 증명해 보이고 싶다.

　　그러나 지금 우리는 관념론의 배를 가르는 어렵기 그지없는 수술을 하고 있다. 우리는 관념론이라는 매우 특수한 감옥에 감금되어 있는 '나'를 해방시켜 '나'를 둘러싸고 있는 세계를 '나'에게 제공해야 하는, 자기 침잠의 상태에 빠져 있는 '나'를 치료해 그 상태로부터 빠져나오게 해야 하는 난해한 작업을 하고 있는 것이다. 즉 우리는 "별을 보기 위해 그곳으로부터 나와야(E quindi uscimmo a riverder le stelle)"[2] 하는 것이다. 그런데 '나'는 어떻게 자기 자신으로부터 다시 나올 수 있을까? 자아로부터 외부로 나온다는 것은 고대의 소박함으로 환원하는 것을 의미하지는 않을까? 이 질문에 대해 우선 나는 다음과 같이 답변을 하겠다. '나'가 자기 자신으로부터 다시 나온다는 것은 사실 다시 나오는 것이 아니다. 고대 세계에 있어 소박한 '나'는 결코 자기 자신으로부터 나온 적이 없다. 왜냐하면 정확히 말해 이 소박함이란 '나'가 결코 자아 속으로 들어간 사실이 없다는 데서 성립하기 때문이다. 자아가 외부로 나오기 위해서는 사전에 자신의 내부에 존재해 있어야만 한다. 이것은 단순한 말장난이 아니라 명백한

---

2) 단테의 『신곡』, 「지옥」 편 34곡 13쪽.

사실이다.

이미 살펴보았듯이 '나'는 가장 내밀한 존재이다. 지금 우리는 이와 같은 '나'가 자신의 내성을 간직하면서 어떻게 자기 자신으로부터 나오는지를 살펴보고 있다. 이것은 하나의 모순이 아닐까? 그런데 우리는 이미 이 강의를 진행하면서 그 무엇을 수확할 단계에 도달했기에 이전에 우리가 가꾸어왔던 것들을 이제는 우리 손으로 거두어들일 적절한 시기이다. 따라서 이 모순은 결코 우리를 당혹스럽게 하지는 않는다. 왜냐하면 모든 문제라는 것은 우리 앞에 제기되는 두 개의 뿔을 가진 모순, 즉 우리에게 현현하는 하나의 딜레마라는 사실을 이미 알고 있기 때문이다. 그러므로 이와 같은 모순은 존재하지 않는다고 말하며 두 개의 날카로운 뿔을 갈아 없애는 대신 마치 모순을 지닌 문제와 같은 존재인 지극히 사납지만 좋은 혈통을 가진 투우용 황소를 다루듯이 '나'란 내밀한 존재이며, 자기 자신의 내부에 존재하는 것이며 스스로 존재하는 것이라는 문제가 지닌 모든 날카로움을 통해 오히려 이 모순을 정식화하자. 그런데 '나'는 자신의 내성을 상실하지 않으면서 자신과는 근본적으로 구별되는 세계를 발견하고 자신의 외부인 이 세계를 향해 나아가야 할 필요가 있다. 따라서 '나'는 내밀하면서도 동시에 낯설고, 닫힌 내부 공간이면서도 광활하게 열린 공간이고 또한 감옥이면서도 자유여야 한다. 문제라는 것은 모든 사람을 놀라게 하기 위한 것이며, 그리고 만일 내가 외과 수술을 실시하겠다고 공표했다면 나는 사납게 돌진하는 황소 앞에 노출된 투우사와 마찬가지로 우리가 생각하는 이상의 위험을 경험하게 될 것이다.

물론 누군가가 우리가 관념론을 극복해야 할 필요가 있다고 말한다면, '나'는 자신의 감금된 삶에 대해 불만을 토로하고 있다고 말한다면, 인간이 흥분에 휩싸여 어느 경이로운 날에 발견했던 관념론이 이제는 우리의 삶에 유해해진 단계에 도달했다고 말한다면 이와 같은 관념론에 대한 비판은 결코 관념론적 명제에 대한 맹목적인 반대가 아니라는 사실을 우리는 이해해야 한다. 만일 관념론의 명제가 궁극적으로 진리라면, 다시 말해 만일 관념론이 자신의 내부에 이론적 난해함을 수반하지 않는다면 관념론은 위와 같은 비판에도 불구하고 반박되지도 않고 반박할 수도 없는 확고한 명제로 계속 그 권위를 유지할 것이다. 다른 종류의 진리에 대한 욕망과 열망 그리고 생적 필요성은 결코 지성에 가까이 도달할 수 없을 것이며 오히려 지성과 충돌해 붕괴될 것이다. 하나의 어떤 진리는 누군가가 그것을 욕망하기에 진리가 아니다. 그런데 누군가가 진리를 욕망하지 않으면 진리는 발견되지 않는다. 왜냐하면 진리란 욕망되기에 추구되는 것이기 때문이다. 그러므로 진리에 대한 우리 고유의 취향이 지니는 공평무사하고 독립적인 특성이 지속된다는 것도 사실이지만 또한 한 인간 혹은 한 시대가 우리를 진리로 인도하는 사전(事前) 관심에 의해 이런저런 진리를 목도하게 되는 것 역시 사실이다. 이런 관심이 없다면 역사는 존재하지 않을 것이다. 전혀 연관성이 없는 진리가 예상치 못한 총탄처럼 인간의 정신에 들이박힐 것이며 인간은 이렇게 급작스럽게 다가온 진리로 무엇을 해야 할지 모를 것이다.

아인슈타인의 진리가 갈릴레오에게 어떤 유용성을 제공했겠는가? 진리는 오직 그것을 추구하는, 그것을 갈망해 그의 내부에 진리가 정주할 수 있는 정신적 공간을 마련해 놓은 사람에게만 전해진다. 상대성이론이 나오기 이전 이십오 년 동안 인간은 절대적 시공간이 부재한 사차원적 물리학을 가정했다. 아인슈타인 자신이 명확하게 밝혔듯 그가 자신의 이론의 근거로 제시한 빈 공간은 푸앵카레의 이론 속에 이미 존재하고 있었다. 회의주의적 경향을 지닌 사람은 진리의 가치를 폄하하기 위해 욕망이 진리의 아버지라고 말한다. 그런데 다른 모든 회의론과 마찬가지로 이것 역시 전혀 가치 없는 말이다. 만일 누군가가 어떤 결정적인 진리를 원한다면 그는 이것이 실제로 진리일 경우 이것을 갈망한다. 어떤 진리에 대한 욕망은 자신을 뒤로한 채 자신으로부터 초월해 진리를 추구한다. 인간은 자신이 언제 진리를 욕망하는지, 자신이 언제 스스로 오직 환각만 창조하기를 원하는지, 즉 자신이 언제 허위를 원하는지를 완벽하게 알고 있다.

그러므로 우리 시대는 근대성과 관념론을 극복할 필요가 있고, 또 그것을 열망한다고 말하는 것은 보다 숭고하면서도 진중한 말로서, 관념론의 극복은 위대한 지적 작업, 우리 시대의 고귀한 역사적 사명, 즉 '우리 시대의 주제'라고 거창하게 표현할 수 있는 것을 보다 겸손하면서도 절제된 말로 정식화하는 것에 다름 아니다. 이전에 나에게 향했던 수많은 비판들처럼 그 누군가가 격앙된 상태로 혹은 경멸적인 태도로 나에게 왜 우리 시대는 혁신과 변화와 극복이 필요하느냐고, 왜 이 열망, 새로운 것에 대한 갈망, 변화하고자 하는 욕망, 새로운 유행을 창조하고자 하는 것이 필요하느냐고 묻는다면 나는 그에게, 모든 시대는 엄밀한 의미에서 그 고유의 과제, 사명, 혁신에 대한 의무를 지니고 있음을 이 강의 혹은 다음 강의에서 명확하게 발견할 수 있을 것이고 그러고는 놀라게 될 것이라고 답변해 줄 것이다. 시대란 그 궁극적 진리에 있어 시계의 시침과 분침이 움직이며 축적되는 그러한 것이 아니라, 그것 이상의, 아니 그것과는 비교가 되지 않을 정도의 의미를 지닌 하나의 과제이며 사명이고 혁신이다.

관념론을 극복하고자 하는 시도는 결코 하나의 경솔한 생각이 아니다. 그것은 우리 시대의 문제점을 기꺼이 받아들이는 것이며 우리의 운명을 수용하는 것이다. 그러므로 우리가 지닌 문제들과 과감하게 맞붙어 싸우자. 우리가 살고 있는 이 시대가 우리에게 풀어놓은 성난 미노타우로스와 같은 철학적 황소와 정면으로 맞서자.

지금 우리는 마지막 선회를 하고 있다. 새로운 단계에 접어들면 언제나 그렇듯이, 우리는 우주 혹은 존재하는 모든 것에 대한 인식인 철학에 대한 근본적 정의를 반복하고 있다. 첫 번째로 우리가 해야 할 것은 존재하는 것들 중 그 무엇이 의심할 여지 없이 실제로 존재하는지, 즉 우주로부터 우리에게 주어진 것이 무엇인지를 발견하는 것이다. 인간 정신의 태생적 행위의 측면에서 원시인과 고대인에게, 또한 철학을 하지 않을 때의 우리 자신에게 있어 우주, 사물, 자연, 모든 형체적인 것들은 우리에게 주어지며 또 실재적인 것처럼 보인다. 이것이 바로 우리가 최초로 실재적인 것, 존재적인 것으로 취하는 것이다. 고대 철학자는 사물의 존재를 추구하고 이 존재의 방법을 해석하는 개념을 창안한다. 그러나 관념론은 사물과 외부세계, 우주는 다른 어떤 하나의 실재, 즉 이것들에 관한 우리의 사유라는 문제적 존재를 소유하고 있다고 인식한다. 이렇게 관념론은 실재의 새로운 형식, 진정 근원적이며 확실한 존재의 형식, 즉 사유의 존재를 발견한다.

사물의 존재 방식이란 어떤 움직임도 없이 자신의 본질을 그대로 간직하는, 그 외에는 아무것도 아닌 정적인 특성을 지닐 때 우주적 실재로서의 운동의 존재는 결코 변경되지 않는 불변의 운동이다. 즉 운동 그 자체는 어떠한 움직임도 없다.(나는 파르메니데스에 진정 열광적인 사람들, 플라톤의 『소피스테스』, 아리스토텔레스의 『형이상학』 12권, 그리고 그의 경이로운 원작들을 언급하고 있는 것이지 무기력하며 무미건조한, 그러나 경이로운 고대 철학을 간단하게 요약하고 있는 것은 아니다.) 반면 사유의 존재는 단순히 존재하는 데 성립하는 것이 아니라 스스로 존재하는 데, 자신을 스스로 인식하는 데, 스스로 존재하는 것처럼 보이는 데 성립한다. 여러분은 사유의 존재 방식과 사물의 존재 방식 간에 존재하는 근본적인 차이를 목도할 수 있지 않은가? 여러분은 우리가 이론적으로 그리고 과학적으로 이 실재, 즉 우리가 사유라고 명명하는 것을 이해하기 위해 근본적으로 새로운 개념들, 말하자면 고대의 그것과는 확연히 구분되는 새로운 관념과 범주가 필요하다는 사실을 목도할 수 있지 않은가? 그런데 우리는 단지 이 사실에 대한 직관만을 가지고 있기에 이것에 어떤 진정성이 있음을 보고는 있지만 아직 이것을 정확하게 표현하고 기술할 수 있는, 마치 우리 손에 꼭 맞는 장갑과 같은 이 특별한 존재에 적합한 훌륭한 단어를 찾지 못하고 있다.

우리에게는 적합한 개념들이 결여되어 있을 뿐만 아니라, 언어 또한 우주적 존재를 위한 자연 정신에 의해 창조되었고 고대 철학 역시 언어의 본질적 개념들을 세련되게 하는 데에만 전념했다. 이와 같은 이념적 전통 속에서 우리는 형성되었다. 그리고 고대적 관념과 단어들이 관습대로 우리에게 근대인이 발견한 새로운 것, 새로운 존재 방식의 해석자로 제시되었다. 그러므로 지금 우리가 하고 있는 작업은 '존재'라는 개념의 전통적 의미를 무효화하는 것이며, 이 무효화 작업은 곧 철학의 뿌리에 다름 아니기에 존재에 대한 관념의 혁신은 철학의 근본적 혁신을 의미한다. 오래전부터 유럽의 상당한 지식인들은 이 난해한 과제에 매달려 왔다. 나는 본 강의에서 이 작업의 일차적 성숙 단계에 있어 그 결과물이 무엇인지 여러분에게 알리고자 한다. 나는 내가 여러분에게 말하게 될 철학의 혁신은 결코 사소한 것이 아닐 것이라고 생각한다.

그러므로 나는 이제 여러분에게 존재에 관한 전통적 개념, 즉 우리 정신의 전통에 존재하는 가장 고색창연하면서도 영속적이고 진지한 개념에 대한 경의를 거두라고 말하고자 한다. 즉 나는 플라톤, 아리스토텔레스, 라이프니츠, 칸트, 그리고 당연히 데카르트의 존재 개념에 대한 총체적 공격을 선언하는 것이다. 그러므로 내가 혁신하고자 하는 '존재'란 단어의 전통적 의미를 완고히 고수하려는 사람은 앞으로 내가 말할 내용을 전혀 이해하지 못할 것이다.

사유는 자기 자신에 관계되는 한 존재한다. 즉 사유는 자신을 인식하는 데에, 스스로 존재하는 것처럼 보이는 데에, 스스로를 반영하는 데에 성립한다. 그러므로 사유는 단순히 정적인 존재가 아니라 반영이다. 그런데 혹자는 이렇게 반론을 제기할 수도 있다. "조금 전 당신은 운동이란 그 최종적 분석에 있어 단지 운동일 뿐 그 외에 아무것도 아닌 정적인 존재라고 말했듯이 만일 사유가 반영이라는 데에 성립한다면 반영 역시 고정적이며 불변적이고 정적인 견고함을 지니고 있지 않겠는가?" 이 지적은 부분적으로 적합하다. 반영은 단지 나의 사유일 뿐이며 나에게 반영적 존재로 보이는 사유된 존재 혹은 실재에 불과하다. 이렇게 연속적으로 또한 전 영역에 걸쳐 우리는 단지 자기 자신을 지시하는, 자신을 스스로 창조하는 것에 성립하는 존재를 발견한다. 즉 우리는 단지 불안만을 발견할 따름이다. 여러분은 이 말을 은유적으로 해석하지 말고 진지하게 이해하기 바란다. 사유의 존재는 불안한 것이다. 이것은 결코 정적인 존재가 아니라 활동적으로 존재를 자신에게 스스로 부여하는 존재이다.

하나의 사유가 존재하기 위해서, 즉 존재를 소유하기 위해서 사유는 사유되는 것만으로도 충분하다. 상술하면 사유를 사유하는 것은 곧 그것을 창조하는 것이며 그것에 존재를 부여하는 것이고 오직 내가 그것을 사유하는 동안, 내가 그것을 창조하는 동안, 내가 그것을 실행하는 동안, 내가 그것을 활성화하는 동안 사유는 존재한다. 사유가 정적인 상태에 머물러 있다면 이는 곧 내가 사유 행위를 멈추는 것으로, 따라서 사유는 그 존재를 상실하게 될 것이다. 지금 여러분이 이 기이한 존재 방식을 이해하지 못한다고 당혹스러워하지는 말기 바란다. 그 누구도 지적 행위에 있어 수천 년간의 관습을 일순간

202

에 극복할 수는 없다. 이 강의를 경청하면서 여러분은 어느 한순간 모든 것이 명료한 상태로 여러분에게 다가갔음을 확실히 느꼈을 것이다. 그러나 곧 여러분의 직관은 뱀장어처럼 여러분에게서 빠져나가 버리고, 그래서 여러분은 본질적으로 불안한 존재보다는 정적인 존재에 관한 정신적 요구로 다시 기울어져 버렸다. 하지만 이 사실은 그리 중요하지 않다. 왜냐하면 이것들은 우리에게 곧 완전하면서도 유연하고 또 이해할 수 있는 형태로 다시 나타날 것이기 때문이다.

그러므로 지금 당장은 우리에게 그리 난해하지 않으면서도 명백한 주제로 돌아갈 필요가 있다. 오직 자기 스스로를 인식하는 데에만 성립하는 사유는 자신의 존재에 대해서는 의심할 수 없다. 만일 내가 A를 사유한다면 A에 관한 나의 사유는 명백히 존재한다. 그러므로 존재하는 것에 관한 일차적 진리는 다음과 같은 사실이다. "사유는 존재한다(Cogitatio est)." 이 진리를 통해 우리는 지금까지 진행해 왔던 이전 단계의 연구를 종결할 수 있다. 다른 모든 진리는 환상일 것이다. 그러나 환상 그 자체, 나에게 이것 혹은 저것처럼 보이는 것, 즉 사유는 의심의 여지 없이 명백히 존재한다.

이러한 논리를 통해 데카르트는 자신의 철학을 전개한다. 그러나 그는 위에서 우리가 말한 대로 "사유는 존재한다."라고는 말하지 않는다. 대신 그는 "나는 생각한다. 그러므로 나는 존재한다."라고 말한다. 그렇다면 데카르트의 이 명제는 우리가 제시했던 명제와 어떤 차이점이 있는가? 그의 명제 속에는 두 명의 주체가 존재한다. 한 주체는 "나는 생각한다."라고 말한다. 그리고 또 다른 주체는 "그러므로 나는 존재한다."라고 말한다. "나는 생각한다."라고 말하는 것과 "사유는 존재한다."라고 말하는 것은 동일하다. 그러므로 데카르트의 명제가 우리의 명제와 구분되는 점은 우리에게는 충분한 것으로 간주되었던 것에 데카르트는 만족하지 않는다는 사실이다. 방정식을 풀듯 "나는 생각한다."를 "사유는 존재한다."로 대체하면 우리는 데카르트의 명제의 의미를 보다 명확히 이해할 수 있다. "사유는 존재한다. 그러므로 나는 존재한다."

우리는 지금 한창 외과 수술을 진행하고 있다. 우리는 이미 '생각하는 나', 즉 관념론의 내부에 메스를 댔다. 더욱더 주의를 기울여 수술을 진행하도록 하자.

우리에게 있어 사유가 존재한다고 말하는 것은 나의 '나'가 존재한다는 사실을 내포한다. 왜냐하면 사유란 사유되는 대상을 포함하고 있듯이 사유를 사유하는 주체를 자신을 구성하는 하나의 요소로서 필연적으로 포함하기 때문이다. 그러므로 만일 사유가 존재한다면, 그 사유가 존재하는 의미에 있어 주체 혹은 나와 대상이 동시에 존재해야만 한다. 존재하는 것처럼 보이는, 내게 있어서의 존재라는, 이 같은 존재의 의미는 사유에 관한 새롭고도 진정한 것이다. 나의 사유는 나에 있어서의 사유이다. 즉 나는 내가 존재한다고 생각하기에, 내가 존재한다고 그렇게 생각하기에 존재하는 것이다. 이것이 바로 관념론이 시도하고자 했던 혁신으로 진정한 관념론이라고 할 수 있다. 관념론에 있어 그 나머지는 단지 마술일 뿐이다.

하지만 데카르트는 비록 사실을 발견했고 소위 '사유'라는 것에 대한 충분한 직관을 가지고 있었음에도 불구하고 결코 우주적 범주에서 벗어나지 못했고 자신이 보는 것에 직면해서는 그 신중함을 상실해 버린다. 말하자면 그는 단지 '그렇게 보이는 것', 순수 시각, 반영의 역동성에 성립하는 존재에 직면해서는 냉정함을 잃어버린 것이다. 고대인이나 스콜라 학파 철학자들처럼 그는 보다 견고한 그 무엇에 의지할, 즉 우주적 존재에 의지할 필요성을 느낀다. 그리고 그는 단지 자기 자신에게 그렇게 보이는, 자기 자신을 지시하는, 스스로를 인식하는 데에 성립하는 사유의 존재 뒤에서 존재-사물, 정적인 개체를 추구한다. 그에게 있어 사유는 이제 더 이상 실재가 아니다. 데카르트가 사유를 일차적 실재로 발견하는 순간 사유는 잠재적이며 정적인 다른 실재의 단순한 표명 혹은 특질로 전환된다.

우리는 이 말을 데카르트적 언어로 다음과 같이 표현할 수 있다. 사유는 의심의 여지 없이 존재한다. 그러나 그것은 단순히 자기 자신에게 그렇게 보이는데, 단순한 형상에 성립하는 것이기에 전통적인 의미에 있어서의 존재, 즉 실재가 아니다. 나와 마찬가지로 그 모든 것에 대해 의심했던 데카르트는 고대적 범주의 진리에 대해 의심을 한다는 점에서 나와는 입장을 달리한다. 그래서 특히 나는 그가 소박하게 가지고 있었던 존재에 대한 고전적 개념을 이단논법을 통해 추론화해 보고자 한다. 만일 사유의 형상이 존재한다고 한다면 우리는 이 형상 아래에 이 형상 속에 나타나는 그 무엇, 즉 이 형상을 지지하고 진정한 형상 그 자체인 하나의 잠재적인 실재가 존재하고 있음을 인정해야 한다. 이 실재를 나는 '나'라고 명명하고자 한다. 나는 이 실제적인 나의 '나'를 보지 못하며 또한 이것은 나에 대해 명확하게 존재하지도 않는다. 그러므로 나는 비록 직접적인 형태이긴 하지만 어떤 결론을 통해 '나'의 의미를 도출해 내야 할 것이다. '나'의 존재를 확언하기 위해서 나는 '그러므로'라고 하는 다리를 통과해야만 한다. "나는 생각한다. 그러므로 나는 존재한다(Je pense, donc je suis)."

하지만 존재하고 있는 '나'는 누구인가? 바로 사물인 것이다! '나'는 사유가 아니라 사유가 하나의 속성이며 표명이고 현상인 사물인 것이다. 우리는 다시 그리스 실체론의 비활성적 존재로 회귀해 버렸다. 데카르트는 자신이 발견한 새로운 세계를 우리에게 제시하면서 말했던 방식 그대로, 그가 취했던 행동 그대로 이 세계를 취소해 버리고 또한 무효화시켜 버린다. 그는 스스로 존재하는 존재에 대한 직관과 시각을 지니고 있었다. 그러나 그는 이 존재를 그리스 실체론자들과 마찬가지로 본질적인 존재로 생각했다. 이러한 이중성, 이러한 내적 모순, 자아와의 고통스러운 부조화가 바로 관념론이자 근대성이며 우리가 살아가는 유럽 대륙이었다. 오늘날까지 유럽은 그리스 문화의 마법이 걸린 상태로 황홀경에 빠진 삶을 영위해 왔다. 진정 그리스 문화는 모든 세계를 유혹할 수 있는 환술사였다. 그런데 우리는 모든 그리스 문화로부터 오직 오디세우스만을, 그리고 오디세우스로부터는 그가 세이렌으로부터, 그리고 의자에 육감적으로 앉아 있는 레카미에 부인[3]만큼 유혹적인 지중해의 마녀인 키르케와 칼립소의 마법에서 빠져나올 수 있었던 기지만을 모방해야 한다.[4] 호메로스가 우리에게 전달해 주지 않았던, 그러나 지중해를 항해하는 선원이라면 누구나 알았던 오디세우스의 기지란 혼을 빼앗는 세이렌들의 노래에서 벗어나기 위한 유일하면서도 유효한 방법으로 세이렌들을 향해 역으로 노래를 부르는 것이었다. 덧붙이자면 오디세우스는 최초의 돈 후안[5]이다. 그는 자신과 함께 일상을 영위하던 아내 페넬로페에게서 빠져나와 지중해의 모든 매혹적인 존재들을 발견하고 접촉하고 사랑을 나누고 나서는 다시 그들로부터 탈출한다.

이제 그리스의 영향력은 종말을 내렸다. 그리스인들은 결코 고전적이 아니다. 그들은 의고(擬古)적, 확실히 의고적이며 경이로운 존

---

3) Madame de Récamier : 19세기초 '프랑스 최고 미인'으로 불린, 프랑스 사교계를 지배한 전설적인 여인. 자크 루이 다비드와 프랑수아 제라르가 그린 그녀의 초상화로 유명하다.

4) 호메로스의 서사시 『오디세이아 Odyssey』의 이야기. 주인공 오디세우스는 그리스인들 사이에서 벌어지는 인간관계의 위기를 해결하는 데 가장 알맞은 인물로 등장한다. 마녀 키르케와 요정 칼립소, 아름다운 노랫소리로 뱃사람들을 유혹하여 난파시켰다는 마녀 세이렌은 오디세우스가 페넬로페의 남편과 이타카 왕으로서의 지위를 되찾기까지의 방황 중에 만나는 인물들이다.

5) Don Juan : 중세 민간 전설에 나오는 바람둥이 귀족.

재이다. 그래서 우리는 그리스인들에 그렇게도 많은 관심을 기울이는 것이다. 이제 그리스인들은 우리가 배워야 할 교육적인 대상의 역할을 접고 우리의 친구가 될 것이다. 우리는 그들과 대화를 나눌 것이며 가장 본질적인 문제에 대해 그들에게 반론을 제기할 것이다.

의심할 여지 없이 철학에 있어 가장 중요하며 난해한, 더욱이 절대적으로 새로운 질문은 다음과 같은 사실에서 나온다. 여기서 잠깐, 나는 마드리드 시민을 대상으로 한 이 첫 번째 대중 강연에서는 일반적으로 말해 철학의 가장 난해하면서도 이해하기 힘든 문제만을 다루고 있음을 말해 둔다. 또 다른 대중 강연의 기회가 있을 때에는 보다 쉬운 주제를 다룰 것을 여러분에게 약속한다. 이제 다시 우리의 주제로 돌아가자.

우리의 주관성을 발견하기 전 우리는 우리에게 있어 오직 우리가 직접 목도하는 사물이라는 실재만이 존재한다는 것을 사유한다고 상상해 보자. 그러면 이제는 이 사물에 대해 우리는 어떤 종류의 관념을 소유하게 되는지 살펴보자. 예를 들어 서커스에서 우리가 보는 말은 하나의 존재인가? 아니면 말이라고 하는 하나의 사물인가? 우리는 이 말의 형상, 색깔, 그리고 그 육체의 저항을 우리 앞에서 보고 있다. 이것이 말의 존재이며 실재인가? 그렇기도 하고 아니기도 하다. 말이란 단순히 그 형상만으로 구성된 것은 아니다. 그것은 색깔과 그 이외의 것으로 구성된 존재이다. 색과 형상, 그리고 우리가 그것을 만질 때 우리에게 반응하는 저항의 몸짓은 서로 확연히 구분된다. 말은 이 모든 것의 합체이며 하나의 단위 혹은 각각 상이한 지각적인 것들이 합쳐진 통합적 사물이다. 그런데 색깔과 형상 등이 합쳐진 이 사물은 이제는 비가시적인 것이 되어버린다. 나는 말이라고 하는 이 사물을 가정하고 발명한다. 이것은 그와 같은 색과 형상이 합치되어 나타나는 지속성에 성립하고 있는 관찰 가능한 사실에 대한 나의 해석이다. 말의 진정한 존재는 명백하게 나타나는 가시적이며 유형적인 요소들의 배후에 존재한다. 즉 이것은 색, 형태 등과 같은 현전하는 사물의 아래에 놓인 잠재적 사물인 것이다. 그러므로 내가 말의 특질들이라고 명명한 다른 사물들의 통합적 지지대로 간주되는 사물은 적절히 말해 말 그 자체는 아니다. 따라서 이 동물의 진정한 존재는 가시적이며 명백한 존재가 아니라 반대로 그 내부에서 외형들을 지지하는, 즉 특질들의 토대적 존재, 이 특질들 기저에 존재하는 존재, 말하자면 잠재적 존재 혹은 본질 그 자체이다. 따라서 본질은 내가 사물로부터 목도하는, 외형으로부터 목도하는 것의 배후에 존재하는 그러한 것이다.

그런데 게다가 말은 움직이며 세월이 지남에 따라 털색도 변하고 노동으로 인해 형상도 변한다. 따라서 말의 외형은 무한적이다. 만일 말의 존재가 그 외형에 성립한다면 말은 말이 아니라 환경에 따라 지속적으로 변하는 각각의 상이하면서도 무한한 말일 것이다. 이는 말이 이런 말, 저런 말이 될 수 있다는 의미를 내포하고 있다. 그러므로 이 말도, 저 말도 그 어떤 것도 결정적인 말이 될 수는 없다. 하지만 이 외형의 기저에 비가시적이며 영원한 각각의 상이한 외형을 가능하게 하는 그 무엇이 있다고 가정해 보자. 이럴 경우 우리는 이 변화들은 유일하면서도 불변적인 존재인 '말'이라고 불리는 본질의 변화라고 말할 수 있을 것이다. 이 말이 형체가 변할 때에도, 그 외형이 변할 때에도 말은 실재에 있어서 정적이며 불변적인 존재를 소유하는 것이다. 본질은 각 특질들의 지지대인 동시에 그 변화 혹은 우유성(偶有性)에 대한 항구적인 주체이다.

그리스적 존재 개념을 가장 특징적으로 나타내는 표현으로 우리는 잠재적 혹은 본질적 존재, 부동적이며 변화 불가능한 존재라는 말을 제시할 수 있다. 심지어는 모든 변화와 운동의 시작인 궁극적인 본질에서도, 아리스토텔레스적 신의 개념에 있어서도 우리는 다른 존재를 움직이게끔은 하지만 자신은 움직이지 않는 존재, 즉 부동의 원동력을 발견할 수 있다. 이 본질적이며 정태적인 존재에 대한 관념은 만일 이 세계에 외부로부터 우리에게 도달한, 우리가 지각할 수 있는 실재만이 존재한다고 하면 정확하기 그지없는 불멸의 관념이 될 수 있을 것이다. 왜냐하면 우리는 사실 이 외부적 사물에 대해 우리 앞에 존재하는 이 사물의 외형만을 소유할 수 있기 때문이다. 그러나 우리가 말을 가시적으로 볼 수 있다고 해서 말이 존재하는 것은 아니다. 우리가 목도하는 말의 외관은 단순히 외관일 뿐이지 실재는 아니기 때문이다.

하나의 실재로서의, 스스로 충분하며 스스로 자신을 지지하는 그 무엇으로서의 순수 색을 여러분은 생각해 보기 바란다. 곧 여러분은 배면이 없는 표면, 밑이 없는 위는 존재 불가능하다는 사실을 인식하게 될 것이다. 색은 그것을 완성하는 실재의 한 부분으로, 그것을 장식하고 수반하는 물질의 한 파편으로 자신을 드러낸다. 그러므로 존재 가능한 실재이지만 우리가 발견하거나 가정할 수 없는 실재의 경우 우리는 이것이 결정적이며 진정한 존재가 아닐 것이라고 단정할 수 있을 것이다. 이 강의 초반에 나는 이미 이 문제에 대해 언급을 했고 또 예를 들었다. 왜냐하면 이것은 철학사를 이해하기 위해서는 반드시 짚고 넘어가야 할 가장 전통적이며 대표적인 예이기 때문이다. 이미 여러분이 알고 있듯이 나는 이전 강의에서 많은 문제들에 대해 이후를 기약하며 심도 있게 논의를 전개하지 않았다. 이 주제 역시 그와 같은 것 중의 하나였다.

이것이 바로 데카르트가 사유란 자신에 대한 자기 스스로의 현현에 성립한다는 사실을 목도했을 때 사유는 스스로 충족적이지 않다고 보고 맹목적이며 기계적으로 본질에 대한 고대적 범주를 사유에 적용해 사유의 기저에서 사유를 사출하고 발산하며 사유 내부에서 자신을 드러내는 본질적인 것을 추구한 이유이다. 이렇게 데카르트는 사유의 존재란 사유 자체가 아니라 사유를 사유하는 어떤 사물 내에 존재한다는 근원적 사실을 발견한 것으로 생각했다. 한편으로 사유는 의심의 여지 없이 존재하는 유일한 것이다. 왜냐하면 사유가 존재하기 위해서는 단지 외형을 갖추어 현현하기만 하면 충분하기 때문이다. 다른 한편으로는 사유가 존재하기 위해서는 잠재적이며 비외형적인 지지대, 즉 사유하는 사물 혹은 사유의 주체가 필요하다. 여러분은 우리가 보고 있는 것의 배면에 우리가 보지 못하는 그 자체가 수수께끼 같은 어떤 존재, 즉 외형적이며 명백한 것을 설명해 주는 하나의 실체가 존재한다고 가정하는 자성(磁性)의 관념, 마술적 성향을 추종하고 있다는 사실을 감지하지 않는가?

사실 그 누구도 본질에 대한 직관을 소유하고 있지 않았다. 데카르트는 "나는 생각한다. 그러므로 나는 존재한다."라는 자신의 명제에서 '사유는 존재한다'라는 의미를 명백하게 포함하는 첫 번째 문구를 그 본질상 문제적이며 유용하지도 않고 사유 주체의 존재 방법을 응고, 마비시키면서 실체적 존재 혹은 사물로 전환시켜 그 고유의 본질을 제거해 버리는 두 번째 문구로 대체해 버린다. 이것은 커다란 오류이다. '나'와 사유는 하나의 동일한 사물이 아니다. 사유가 존재하기 위해서는 그 무엇도 필요하지 않다. 만일 사유가 존재하기 위해 그 무엇을 필요로 했다면 데카르트는 "나는 생각한다."라는 첫 번째 문구를 수용할 수 없었을 것이고 '생각하는 나'를 혹은 '사유는 존재한다'라는 사실을 말할 수도 없었을 것이며 이 진리에 "그러므로 나는 존재한다."라는 자신의 결론은 정초할 수도 없었을 것이다.

우리는 데카르트의 정식이 그 단순함에도 불구하고 천재적이며 또한 그것이 견인하는 모든 독창적인 진리 수립에 유용하기 그지없다는 사실을 인정해야 한다. 그러나 동시에 이 정식이 세부적인 면에서나 전체적인 면에서 모순적인 사실들로 얽혀 있다는 점을 인식해야 한다. 그리하여 이 정식이 출현한 지 삼백 년이 지난 시점까지도 거의 누구도 이것을 완벽하게 이해하지 못했던 것이다. 그리고 여러분은, 자기 스스로에 대해 정직해질 수 있고 데카르트의 정식을 초기에는 이해하지 못했다는 사실을 인정하는 용기를 지닌 몇몇 사람은 이것을 진정 이해했다고 확신할 것이다.

나는 삼 년간 독일의 한 도시에서 살았는데 그곳 사람들은 자신들을 데카르트 전문가라고 자평했다. 그곳에 있는 동안 나는 이들의 논리로 충실히 지적 세례를 받았다. 그러나 나는 마르부르크의 그 누구도 마르부르크 학파가 지향한 철학이었던 관념론의 근원인 데카르트의 정식을 이해하지 못했다고 여러분에게 장담한다. 이 학파의 사상적 빈약함은 지성의 끊임없는 질병에서 유래했다. 마르부르크 학파는 다소간 과격한 방식으로 한 문구에서 의미를 추출하려 했는데 이들은 이렇게 추출한 의미를 곧 문구에 대한 이해라고 명명했다. 한 문구를 이해하기 위해서는 여기에서 추출한 의미가 과연 이 문구가 가지고 있는 유일한 의미인지, 즉 이 의미가 문구의 총체적 의미에 상응하는 유일한 것인지를 자문해야 한다. "나는 생각한다. 그러므로 나는 존재한다."라는 문장은 수많은 의미를 내포하고 있다. 하지만 사실 이것은 오직 하나만을 이야기하며 바로 이 사실이 이해에 있어 중요한 것이다.

데카르트는 사유의 주체를 본질화한다. 그리고 이렇게 함으로써 주체를 사유의 외부에 위치시킨다. 즉 그는 주체를 우주적인 외적 사물로 전환시킨다. 왜냐하면 주체란 사유되는 존재에 성립하는 것이 아니라 오직 사유되는 동안에만 자기 스스로를 창조하며 자아에 존재를 부여하면서 자신의 내부에 존재하는 데 성립하기 때문이다.

사유라는 것은 돌이나 말과 같은 실체들이 스스로 자신에게 돌이나 말처럼 보이지 않는 것과 마찬가지로 자기 자신에 대해 사유하지 않는다. 그렇다면 나는 근본적으로, 그리고 단정적으로 나에게 나처럼 보이는 나에 다름 아니다. 그 이외의 모든 것은 마술일 뿐이다.

자신이 내세운 명제를 충실히 완성할 수 있는 새로운 존재 방법을 발명하지 못하는 관념론의 무능함은 우리가 사유의 주체로부터 대상으로 시각을 옮긴다면 더욱 명확하게 드러난다. 관념론은 내가 이 극장이 내 정신의 외부에서 실재를 가지고 있을 것이라고 믿는 것을 중단하기를 내게 제안한다. 관념론은 내게 이 극장은 단지 사유일 뿐이며 이 극장에 대한 하나의 시각 혹은 상상에 다름 아니라고 말한다. 따라서 이 극장은 우리가 앞에서 살펴보았던, 실제 정원에서 끄집어내어 분수 속으로, 즉 정신 속으로 집어넣었던, 그래서 상상적 존재로 분류했던 키마이라와 같은 것이 되어버린다. 사물은 우선 '의식의 내용'에 다름 아니다. 이 용어가 바로 19세기에 철학 분야에서 가장 많이 언급된 것이다. 그런데 이것은 데카르트의 그 어느 저서에서도 찾아볼 수 없다. 분명히 나타날 수 있고 또한 필히 나타나야 하는 용어인데도 말이다. 이 용어는 칸트의 저서에서 비로소 발아했다. 칸트로 인해 우리는 외부 실재라는 것을 취하게 되었으며 이것을 우리의 정신 내부에 위치시켰다.

그런데 관념론의 모순을 밝히기 위해서 우리는 좀 더 침착하게 탐구할 필요가 있다. 관념론의 이 기본적 명제에서 무엇이 확고한 것이며 무엇이 우리가 수용할 수 없는 것인지를 살펴보자. 세계에 대한 가정적인 외적 실재가 단지 가정이라는 것은 확실하다. 즉 나로부터 독립된 그 자체로서의 실재가 매우 문제적이란 사실은 부인할 수 없다. 그러므로 철학은 이 실재를 수용할 수 없다. 이것은 무엇을 의미하는가? 이것은 단지 외적 실재는 사실 그것에 대한 나의 인식으로부터 격리되어 존재하지 않는다는, 즉 외부세계는 외부세계에 존재하는 것이 아니라 그것에 대한 나의 인식 속에 존재한다는 것을 의미할 뿐이다. 그렇다면 우리는 이 실재를 어디에 위치시켜야 하는가? 나의 인식, 나의 정신, 나의 사유에 위치시켜야 한다. 관념론은 의문을 하나의 딜레마로 간주한다. 즉 관념론에 따르면 이 극장은 나의 외부에 절대적 실재를 가지고 있거나 혹은 나의 내부에 그 실재를 가지고 있다. 극장이 존재하기 위해서는 어느 공간에 존재하고 있어야 하며 이 공간에 그 무엇이 존재한다는 사실에 대해서는 의심할 수가 없다. 그런데 나는 나로부터 나와 나의 외부로, 이 가정적인 절대적 실재를 향해 나아갈 수 없기에 이 극장이 나의 외부에 존재한다고 확신하지는 못한다. 그러므로 나는 나의 내부에 정신적 내용으로서 이 극장이 존재한다는 것을 인정하는 수밖에 없다.

그러나 관념론은 보다 조심스럽게 자신의 논지를 전개했어야만 했다. 실재가 나의 외부에 혹은 나의 내부에 존재한다는 이 두 가지 가능성을 결정하기 전에 관념론은 침착하게 다음과 같은 사실을 고려했어야 했다.

이 극장에 대해 언급할 때 '의식 혹은 정신의 내용'이라는 표현이 지적 의미를 지니는가? 아니면 이 표현은 하나의 엄밀한 모순, 즉 '둥근 사각형'과 같이 서로 길항하는 두 단어의 조합인가?

다음과 같은 사실을 살펴보자. 내가 '이 극장'이라고 말할 때 이것은 무엇을 의미하는가? 나는 이 극장에 대해 무대의 막이 녹색이며 무대 배경화와 같은 것들이 있는 폭과 넓이가 꽤나 되고 천장 높이가 20미터 혹은 그 이상인 어떤 것으로 이해를 한다. 만일 내가 이것이 나의 의식의 내용이라고 말한다면 이는 곧 20미터 되는 높이를 지닌 푸른색 그리고 기타의 것으로 구성된 그 무엇이 나의 연장적인 어떤 것의 실질적인 부분을 형성한다고 말하는 것이다. 그런데 만일 이것이 나의 부분을 형성한다고 한다면 나는 적어도 부분적으로 나의 나, 나의 사유 역시 그만큼의 높이와 넓이를 가지고 있다고 말할 수 있을 것이다. 결과적으로 나는 연장이며 나의 사유는 공간을 점유하고 또한 푸른색을 띠는 것이다.

그런데 이것이 부적절하다는 사실은 곧 명백해지며 그래서 관념론자들은 다음과 같이 말하며 자신들을 변호한다. "나는 '의식의 내용으로서의 극장'이란 표현을 철회하고자 한다. 그 대신 나는 나의 사유, 혹은 나의 의식의 내용이라는 것은 오직 극장에 대한 나의 사유, 그것에 대한 나의 이미지 혹은 내가 극장을 상상하는 것 자체이다." 이제 나는 곧 사유라는, 곧 상상이라는 확신에는 그 어떤 장애도 없게 된다. 나의 사유와 나의 상상은 나의 한 부분을 형성하며 나의 내부에 존재하는 내용이라는 사실은 전혀 생소한 것이 아닌 것이다. 하지만 이 경우 우리는 극장에 대해 언급하고 있는 것은 아니다. 우리는 극장을 외부로 밀어내 버린 것이다. 언제나 외부에 존재하는 외적 실재인 극장은 나의 내부에 존재하지 않는다. 세계는 나의 표상이 아닌 것이다. 쇼펜하우어의 이 문구 속에서 각 단어들은 대부분의 관념론들과 마찬가지로 애매한 이중적 의미로 사용되고 있다. 나는 스스로 세계를 표상한다. 여기에서의 나의 것, 나의 세계가 곧 표상의 행위이며 이것이 표상이란 단어가 지닌 명확한 의미이다.

그러나 내가 스스로 표상하는 세계는 내가 표상하는 것이 아니라 표상되는 것이다. 하지만 나의 것은 표상하는 것이지 표상되는 것이 아니다. 쇼펜하우어는 사유와 사유되는 것이라는 엄밀히 말해 상호 간 논쟁적인 관계에 있는 두 의미를 '표상'이라는 한 단어 속에 혼돈해서 사용하는 근본적인 오류를 범하고 있다. 바로 이러한 연유로 나는 지난 강의에서 그의 흥미로운 작품의 제목인 이 유명한 문구를 매우 조잡한 것이라고 말했던 것이다. 그런데 사실은 훨씬 더 조잡하다. 어린아이들은 이런 것을 두고 멍청하다고 말할 것이다.

그렇다면 극장은 결정적으로 어디에 존재하는가? 해답은 명확하다. 극장은 내 사유의 한 부분을 형성하면서 나의 내부에 존재하지 않는다. 또한 극장은 비록 이것이 외부에 있음으로 해서 이것과 사유 간에 그 어떤 관계도 없을 것이라고 간주된다 할지라도 내 사유의 외부에 존재하지 않는다. 극장은 이것에 관한 나의 사유와 불가분의 관계에 있는, 즉 나의 사유의 내부 혹은 외부에 존재하는 것이 아니라 나의 사유와 더불어 존재한다. 이는 마치 표면과 배면, 왼쪽과 오른쪽의 관계와 같은 것이다. 비록 오른쪽은 왼쪽이 아니고 표면은 배면이 아니지만 언제나 함께 존재해야 비로소 그 의미를 갖게 되는 것처럼 말이다.

여러분은 우리가 관념론의 명제에 도달할 때까지 관념론을 추적하면서 수행했던 추론화의 유형을 상기하기 바란다. 나는 정원을 보다가 눈을 감으면서 정원을 보는 행위를 멈춘다. 여기에 대해서는 그 어떤 논의의 여지도 없다. 그럼 무슨 일이 발생했는가? 내가 정원을 보는 행위와 정원, 나의 의식과 그 대상, 즉 나의 사유와 사유된 것이 동시에 종결되어 버렸다. 그런데 내가 눈을 뜨면 정원은 다시 나타난다. 그러므로 사유, 시각 행위가 존재하기 시작하면 그 대상, 즉 보여지는 것 역시 존재하기 시작한다. 이것 또한 논의의 여지가 없는 명백한 사실이다. 철학은 오직 논의의 여지가 없는 명확한 사실로만 구성되기를 갈망하기에 우리는 사물을 있는 그대로 취해야 하며 다음과 같이 말해야 한다. 즉 외부세계는 이것에 대한 나의 사유 없이는 존재 불가능하다. 그러나 외부세계가 곧 나의 사유는 아니다. 나는 극장도 아니며 세계도 아니다. 나는 극장과 직면하고 있으며 세계와 더불어 존재한다. 그러므로 우리는 나와 세계이다. 이것을 일반화시켜 우리는 다음과 같이 말할 수 있다. 세계는 나로부터 독립해 스스로 존재하는 존립적 실재가 아니다. 이것은 나에 대해 존재하는, 나와 직면해 존재하는 것으로 그 외 아무것도 아니다.

우리는 지금까지 관념론에 대해 살펴보았다. 그런데 여기에 우리는 다음 사실을 하나 덧붙일 필요가 있다. 세계란 단지 나에게 그렇게 보이는 것이기에 이것은 단순한 외형적 존재일 것이며 나로 하여금 이 외형의 기저에 존재하는 그 실체를 추구하게끔 강제하는 그 어떤 이유도 사실은 없다. 나는 고대인들처럼 지지대로서의 우주 내에서 이 실체를 추구할 필요도 없고 내가 보고 만지고 냄새를 맡고 상상하는 것을 그 내용과 표상으로 수반하는 실체를 나 자신으로부터 창출할 이유도 없다. 그런데 이것은 현대 철학이 필히 제거해야 할 거대한 고대적 편견이다.

우리는 지금 이 극장 안에 있고 그 어떤 매개도 없이 이 극장과 직접적으로 대면하고 있다. 이 극장은 내가 이것을 보고 있기에 존재하며 내가 이것을 보고 있는 방식에 따라 그렇게 의심의 여지 없이 존재한다. 그러므로 극장은 그 외형 속에서 자신의 존재를 속속들이 규명하는 것이다. 그러나 극장은 나의 내부에 존재하지도 않고 나와 혼용되어 있지도 않다. 나와 극장 간의 관계는 명백하며 명확하다. 나는 지금 극장을 보고 있는 주체이며 극장은 지금 내가 보고 있는 대상이다. 극장 혹은 그와 같은 사물들이 없다면 나의 시각 행위는 존재하지 않으며 결국 나는 존재하지 않을 것이다. 대상이 존재하지 않으면 주체 또한 존재하지 않는다.

관념론은 나의 주체성 역시 대상의 존재에 의존한다는 사실을 생략한 채 사물은 그것에 대해 사유하는 나에게 종속된다는, 즉 사물의 나의 주체성에 대한 의존을 강조함으로써 스스로를 주관론으로 환원시키는 오류를 범했다. 즉 관념론은 나와 세계라는 두 존재가 불가분이며 직접적이고 일체적이며 동시에 서로 상이한 존재라는 사실을 망각한 채 나로 하여금 세계를 삼켜버리게끔 해버리는 오류를 범한 것이다. 푸른색 대상물이 나에 의해 보여지기 때문에 이것은 나의 존재, 즉 내 자아의 일부분이라고 말하는 것만큼이나 내가 푸른색 대상물을 보고 있기에 그 보상물로서 나는 푸른색이라고 말하는 것은 터무니없는 일이다. 나는 언제나 나의 자아와 함께하며 나란 나의 존재를 사유하는 존재에 다름 아니고 또한 나는 나로부터 나올 수가 없다. 그런데 나와는 이질적인 세계를 만나기 위해서 나는 나로부터 나올 필요가 없다. 왜냐하면 세계는 언제나 나와 함께 존재하며 나의 존재는 세계와 동일한 존재이기 때문이다. 나는 매우 내적인 존재이다. 그러므로 그 어떤 초월적인 존재도 나의 내부로 들어올 수 없다. 그러나 동시에 나는 세계가, 즉 내가 아닌, 나와는 이질적인 것이 존재 본연의 모습대로 나타나는 공간이기도 하다. 외부세계, 즉 우주는 나에게 직접적이며 그리고 바로 이 의미에 있어 나에게 내적인 존재이다. 하지만 세계는 '나'가 아니며 이 의미에 있어 세계는 나와는 거리가 먼 이질적인 존재이다.

그러므로 우리는 철학의 출발점을 수정할 필요가 있다. 우주의 근원적 사실은 사유 혹은 생각하는 '나'가 존재하는 것이라는 단순한 사실이 아니라 만일 사유가 실제 존재한다면 '사유하는 나'와 '내가 사유하는 세계'가 존재하며, 그러므로 분리 불가능한, 타자와 함께 존재하는 주체가 존재한다는 것이다. 그러나 나는 근원적 존재가 아니며 세계 역시 근원적 존재가 아니다. 나와 세계 양자가 현실적으로 공존적 관계를 맺고 있는 것이다. 즉 나는 세계를 바라보는 존재이고 세계는 나에 의해 보여지는 존재이다. 나는 세계를 위해 존재하며 세계는 나를 위해 존재한다. 만일 내가 보고, 생각하고 상상하는 대상이 없다면 나는 볼 수도 생각할 수도 상상할 수도 없다. 즉 나는 존재할 수 없는 것이다.

자신의 선배인 데카르트에 대한 비판을 수행한 라이프니츠의 저작한 귀퉁이에서 그는 이 세계에는 유일하면서도 일차적인 진리가 존재하지 않는다고 밝히고 있다. 대신 그는 동질적이면서도 불가분한 두 개의 진리가 존재한다고 우리에게 제시한다. 이 진리 중 하나는 사유는 존재한다(sum cogitans)는 것이다. 그리고 다른 하나는 많은 사물들이 나에 의해 사유된다(plura a me congitantur)는 것이다. 그런데 놀라운 것은 오늘날까지 그 누구도, 심지어는 라이프니츠 자신마저도 이 위대한 정신적 발견을 진보시키지 않았다는 사실이다.

요약해서 말하자면 우주에 대한 근본적인 사실이란 무엇인가에 대한 의심과 회의를 심화시키면서 우주 내에 의심의 여지 없이 존재하는 것이 무엇인지를 추구했을 때 나는 자기 스스로를 확신하는 일차적이며 근본적인 사실이 존재한다는 것을 발견했다. 이 사실이란 나 혹은 주체성과 세계가 함께 존재하는, 즉 두 존재의 공존이다. 나는 대상 혹은 환경을 인식할 때 비로소 나 자신을 인식할 수 있다. 내가 사물에 대해 사유하지 않으면 나는 사유를 하는 것이 아니다. 따라서 나를 발견할 때 나는 언제나 내 앞에 존재하는 세계를 발견하는 것이다. 주체성과 사유에 관련되는 한 나는 나 자신이 어떤 이중적 사실의 한 부분이라는 것을 발견하게 된다. 나라는 주체와 함께 이 이중적 사실을 구성하는 또 다른 부분은 바로 다름 아닌 세계이다. 그러므로 기본적이면서도 부정할 수 없는 사실은 나의 존재, 내가 존재한다는 사실이 아니라 세계와 나의 공존이다.

관념론의 비극은 마치 연금술사처럼 세계를 주체로, 즉 주체의 내용으로 변형시켜 이 주체를 자신의 내부 속에 감금시켜 버린 데 기인한다. 이렇게 주체 스스로가 자신을 감금시켜 버림으로써 이 극장이 단지 나의 이미지이며 나의 한 부분이라고 한다면 어떻게 이것이 나와는 완전히 구별되는 존재로 나타나는지에 대해 명확히 설명할 방법을 관념론은 상실해 버렸다. 그러나 지금 우리는 이와는 완연히 다른 새로운 상황에 도달했다. 즉 우리는 진정 의심할 수 없는 명확한 사실이란 사유를 하는, 인식을 하는 주체와 인식되는 대상이라는 두 개의 분리할 수 없는 관계라는 사실을 발견하게 된 것이다.

의식적 자아는 지속적으로 내적인 특징을 지닌다. 그러나 지금 '나'라는 주체는 나의 주체성뿐만 아니라 나의 객체성, 즉 나에게 명백한 세계와 내적이며 직접적으로 연결되고 있다. 의식적 자아란 결코 유폐나 감금과 같은 것이 아니다. 이와는 대조적으로 의식적 자아는 우리가 가정할 수 있는 다른 모든 실재들과 구별되는, 내가 사물과 세계를 인식할 때 비로소 나는 나라고 하는 사실에 성립하는 기이하기 짝이 없는 실재이다. 이것이야말로 우리 정신이 지닌 최고의 특수성이다. 우리는 이 사실이 지니는 경이롭기 그지없는 기이함을 있는 그대로 수용해야 하며 인정해야 하고 순수하게 묘사해야 한다. 폐쇄된 존재와 달리 정신은 경이로울 정도로 열린 존재이다. 이 극장을 본다는 것은 내가 아닌 것을 향해 나를 연다는 것이다.

이 새로운 상황은 이미 더 이상 역설이 아니다. 이것은 정신의 태생적 행위와 일치하는 것으로 이 행위를 보전하며 이 행위가 지닌 긍정적 의미를 인식한다. 그리고 우리가 발견하게 된 이 새로운 상황은 또한 고대 철학의 바탕이었던 실재론적 명제로부터 외부세계는 환영, 환상, 주관적 세계가 아니라는 이 명제가 지닌 본질에 다시 의미를 부여한다. 철학에 대한 이 새로운 입장은 나에게 존재하는 것처럼 보이는 것만이 유일하게 의심할 여지 없이 존재한다는 사유를 결정적으로 확신하는 관념론의 명제를 순화하는 동시에 지속적으로 수용하면서 위에서 언급한 그 모든 것을 성취한다. 여러분은 후대의 사상이, 새로운 진리가 어떻게 자신의 내부에 선대의 사상, 오래된 진리, 풍요로운 고대의 진리를 내포하고 있는지를 지금 목도하고 있다. 반복해서 말하지만 모든 극복은 곧 보전임을 명심하기 바란다.

근본적으로 의식, 사유, '나'만이 존재한다는 것은 진리가 아니다. 내가 나의 세계와 더불어 존재하며 이 세계 내에서 내가 존재한다는 것이 진리이다. 즉 나는 나의 세계에 관여하는 데에, 세계를 목도하고 상상하고 사랑하고 증오하고 슬퍼하고 즐거워하는 데에 그 존재를 정초하고 있다. 또 나는 세계에 의해 세계 내에서 행동하고 그것을 변화시키며 그것에 대해 고뇌한다. 만일 세계가 나와 더불어, 내 앞에서, 내 주위에서 나와 공존하지 않는다면, 만일 세계가 자신을 드러내지도 않고 나를 압박하지도, 열광시키지도, 나에게 슬픔을 주지도 않는다면 나는 그 어떤 행위도 할 수 없다.

그런데 이것들은 도대체 무엇인가? 우리가 아무 생각 없이 접하고 있는 이것들은 무엇인가? 그 무엇을 보고 사랑하고 증오하며 어떤 세계를 욕망하는, 그리고 이 세계 내에서 행위하고, 세계에 의해 고통을 받으며 그곳에서 자신을 향상시키기 위해 노력하는 그 누군가에 대한 이 근원적 사실은 가장 범박하면서도 일반적인 의미에 있어 우리가 '나의 삶(mi vida)'이라고 부르는 것이다. 그렇다면 삶이란 무엇인가? 근본적인 실재, 모든 사실에 대한 사실, 우주에 있어서의 사실, 나에게 주어진 것은, '나의 삶'이라는 것은 나 혼자만의 나가 아니며 폐쇄된 나의 의식도 아니다. 이것은 해석, 즉 관념론적 해석이다. '나의 삶'은 나에게 주어지는 것이며 이것은 무엇보다 이 세계 내에서 나를 발견하는 것이다. 그런데 이것은 그저 막연한 발견이 아니다. 이것은 내가 지금 이 세계 내에 존재하는 것을 발견하는 것이다. 이것은 내가 막연하게 극장 안에 있음을 발견하는 것이 아니다. 이것은 지금 이 순간, 내 생적 세계의 한 부분인 이 극장 안에서 내가 행하고 있는 것을 행하는, 즉 내가 철학을 하고 있음을 발견하는 것이다.

220

추상은 이미 막을 내렸다. 더 이상 추상은 그 어떤 의미도 지니지 않는다. 의심할 여지가 없는 사실을 추구할 때 내가 발견하게 되는 것은, 사유라고 하는 발생적인 것이 아니라 근원적 사실을 사유하고 있는 나, 지금 철학을 하고 있는 나이다. 바로 이러한 연유로 해서 철학이 최초로 발견하게 되는 것은 철학을 하고 있는, 우주를 사유하고자 하는, 그래서 의심의 여지 없는 그 무엇을 추구하는 그 누군가에 대한 사실인 것이다.

그런데 철학이 발견하는 것은 어떤 철학 이론이 아니라 철학을 하고 있는 철학자, 즉 지금 철학 행위를 하고 있는 한 인간이라는 사실에 여러분은 주목하기 바란다. 이 철학자는 연구를 마친 뒤 연구실을 나와 감상적으로 길거리를 배회하는 자신을, 나이트클럽에서 춤추는 자신을, 복통으로 고생하는 자신을, 혹은 거리를 활보하는 아름다운 여인에게 끌리는 자신을 발견하게 될 것이다. 말하자면 철학자는 철학 행위와 이론 행위를 생적 행위와 사실로, 삶에 대한 그리고 삶에 있어서의, 거대하면서 행복하기도 하고 슬프기도 하며 희망을 주기도 하는 두려운 삶에 있어서의 항목으로 발견하는 것이다.

따라서 철학이 최우선적으로 수행해야 하는 것은 이 사실, 즉 '나의 삶', '우리의 삶', 우리 각자의 삶이란 것을 정의하는 일이다. 삶은 근원적인 존재 방식이다. 내가 삶에서, 삶의 내부에서 발견하는 다른 모든 사물들과 존재 방식은 삶에 대한 하나의 세부 항목이며 삶과 관계되는 것이다. 즉 삶에 있어서 다른 모든 것은 삶을 위해 존재하는, 삶에 대한 것이다. 가장 난해한 수학 방정식, 철학에서의 가장 고귀하며 추상적인 개념, 우주, 심지어는 신 그 자체 등 이 모든 것들은 내가 삶 속에서 발견하는, 내가 그 삶을 영위하는 사물들이다. 그러므로 이 사물들의 기본적이며 일차적인 존재는 나에 의해 그 삶이 영위된다는 것이다. 그리고 나는 '삶'이란 무엇인가를 탐구하지 않고서는 나에 의해 삶이 영위되는 것들이 무엇인지 그 정의를 내릴 수가 없다.

생물학자들은 유기적 존재의 현상을 나타내기 위해 '삶'이란 용어를 사용한다. 유기적인 것은 단지 우리가 삶에서 발견하는 사물의 한 종류로 비유기적 사물이라 불리는 또 다른 사물의 종류와 함께 존재하는 것이다. 철학자가 우리에게 유기체에 대해 알려주는 것은 매우 중요하다. 그런데 우리가 삶을 영위한다고 말할 때, '우리의 삶', 우리 각자의 삶에 대해 말할 때 우리는 삶이라는 단어에 보다 직접적이며 광범위하고 결정적인 의미를 부여하는 것 또한 명백한 사실이다. 야만인과 무지한 사람은 생물학이 무엇인지 모른다. 그럼에도 불구하고 이들은 자신들의 삶에 대해 이야기할, 그리고 이 삶이란 용어의 기저에는 모든 생물학과 과학, 모든 문화에 선행하는 거대한 사실, 즉 다른 모든 사실들이 가정하고 내포하는 경이롭고 근원적이며 놀라운 사실이 존재한다는 것을 우리에게 이해시킬 권리를 가지고 있다. 생물학자는 자기 고유의 삶 속에서 이 삶의 항목으로 '유기적 삶'을 발견한다. 결국 이것은 생물학자의 생적 임무 중의 하나로 그 이상도 그 이하도 아니다. 다른 모든 학문과 마찬가지로 생물학 역시 삶의 활동 혹은 형식이다. 철학이란 곧 철학함이란 행위이며 또한 철학함이란 달리고 사랑하고 골프를 즐기고 정치에 격분하고 사회생활에서 한 성숙한 여인이 되는 것과 같이 의심의 여지 없이 삶을 영위하는 것이다. 이 모든 것은 삶의 방법이자 형식이다.

그러므로 철학의 근원적 문제는 이와 같은 존재 방법, 우리가 '우리의 삶'이라 부르는 일차적 실재를 정의하는 것이다. 삶이란 타인이 나를 위해 그 무엇인가를 해줄 수 없는 것이다. 즉 삶은 양도 불가능하다. 또한 삶은 추상적 개념이 아니라 나의 가장 개인적인 존재이다. 이렇게 삶을 철학의 제일 원리로 설정함에 따라 우리는 처음으로 철학 연구를 추상이 아닌 지점에서부터 시작할 수 있게 되었다.

이것이 내가 공표했던 새로운 전경으로 사실 이것은 그 무엇보다도 가장 오래된 것이지만 우리는 언제나 이것을 우리의 배후에 방치해 왔다. 철학은 자신의 연구를 수행하기 위해 자신의 배후로 돌아가 자신을 자신의 구체적이며 진정한 본연의 모습인 삶의 한 형식으로 바라본다. 요약하자면 철학은 삶으로 회귀해 삶 속에 자신을 침윤시키는, 우선적으로 말해 우리 삶에 대한 성찰이다. 그렇게도 오래된 전경이 가장 새로운 전경으로 나타나고 있다. 우리 시대의 이 거대한 발견은 정말 새로운 것이다. 이 전경은 장구한 철학적 전통 속에서 창출된 어떤 개념도 그것을 설명하는 데 전혀 유용하지 않았던 새롭기 그지없는 것이다. 삶이라고 하는 이 존재 방식은 고대적인 우주적 존재의 범주가 아닌 새로운 범주를 요구한다. 즉 이것은 전통적 범주로부터 탈피해 삶의 범주, '우리 삶'의 본질을 발견하고자 하는 것이다.

여러분은 곧 오늘 이 강의가 진행되는 동안 여러분에게 이해하기 어렵고 난해하며 공허하고 언어적 유희로 보이는 모든 것이 마치 여러분이 이것에 대해 무수히 사유를 한듯 명백하면서도 직접적인 형태로 어떻게 다시 나타나는지를 목도하게 될 것이다. 이것은 너무나 명백하고 명확하며 직접적이어서 어떨 때는 과한 결과를 초래할 수도 있을 것이다. 여기에 대해 나는 미리 여러분에게 양해를 구하고자 한다. 이것을 듣게 될 때 여러분은 매우 혼돈스러우며 난처한 상태에 빠질 것이다. 왜냐하면 우리는 필연적으로 우리 각자의 삶의 비밀을 다룰 예정이기 때문이다. 삶의 비밀을 적나라하게 밝혀보자. 삶은 비밀이다.

1ㅁ강

새로운 실재와 실재에 대한 새로운 관념, 궁핍한 자아, 삶은 세계 내에서 자신을 발견하는 것, 삶은 우리의 미래 존재를 결정하는 것

지난 강의에서 우리는 우주에 관한 근원적 사실, 즉 근본적 실재로서 고대인들의 철학 연구의 출발점이었던 우주적 존재와는 상이한, 또한 근대인들의 사유 활동에 있어 시발점이었던 주관적 존재와도 구별되는 완전히 새로운 그 무엇을 발견했다.

그런데 이 강의를 경청하는 모든 사람들이 우리가 이전에는 무시되었던 어떤 실재 혹은 새로운 존재를 발견했다는 진술이 내포하는 의미를 완전히 이해하고 있지는 않을 것이다. 여러분은 우리가 발견한 이 실재란 우리가 기존에 인식하고 있던 사물들과는 다른 새로운 사물이긴 하지만 이것을 최종적으로 분석하게 되면 결국 다른 사물들과 마찬가지로 기껏해야 하나의 사물이라고 생각할 것이다. 환언하면 여러분은 이 실재는 비록 이미 알려진 존재나 실재와는 다른 존재 혹은 실재이긴 하지만 결국에는 '존재' 혹은 '실재'라는 단어가 언제나 내포하고 있는 의미에 상응할 뿐이라고 가정할 것이다. 그러므로 여러분에게 있어 이 새로운 실재의 발견은 비록 중요한 사실이긴 하지만 동물원에서 새로운 동물을 발견하는 것과 같은 의미를 지닐 것이다. 이 동물은 우리가 보아온 동물과는 전혀 다른 새롭고 낯선 것이다. 그러나 이것은 궁극적으로는 기존의 동물들과 마찬가지로 하나의 동물일 뿐 그 이상도 그 이하도 아니다. 그러므로 이것은 여전히 '동물'이라는 개념에 적합한 존재일 따름이다.

그러나 지금까지 우리가 논의해 왔던 것이 위 사실보다 훨씬 중대하며 결정적이라고 여러분에게 말할 수밖에 없다. 우리는 새로우면서도 근원적인 실재, 즉 철학에 있어 기존의 것과는 근본적으로 다른, 따라서 전통적인 실재와 존재 개념으로는 설명 불가능할 뿐만 아니라 그 어떤 의미도 지니지 않는 어떤 것을 발견했다. 이러한 사실에도 불구하고 여전히 우리가 전통적 개념들을 사용한다면 이는 새로운 실재를 발견하기 전 혹은 이것을 발견할 때 우리가 전통적인 것과는 다른 개념들을 소유하고 있지 않기 때문이다. 어떤 개념을 형성하기 위해서 우리는 기존의 것과는 완전히 구별되며 새로운 그 무엇을 사전에 소유하고 또한 목도해야만 한다. 이러한 경우에만 비로소 그 무엇에 대한 발견은 새로운 실재가 될 수 있을 뿐만 아니라 존재에 대한 새로운 관념, 새로운 존재론, 새로운 철학의 시작이 될 수 있다. 그리고 이 철학이 삶에 있어서 그 영향력을 확대함에 따라 이 발견은 새로운 삶(vita nova)을 추동하는 시초가 되는 것이다.

아직 현 단계에서는 가장 지성적인 사람이라 할지라도 이 발견이 포함하고 있고 포함하게 될 계획과 전망을 완전히 이해하는 것은 불가능하다. 나 역시 이것을 역설할 필요는 느끼지 못한다. 지난 강의에서 우리가 논의했던 것의 중요성에 대해 지금 이 강의에서 그 가치를 평가할 필요는 없다. 여기에 이성적 판단을 부여하는 것은 그리 화급을 다투는 사항이 아니다. 이성이란 정해진 시간에 출발하는 열차와 같은 것이 아니다. 응급환자와 야망이 넘치는 인간만이 오직 다급할 뿐이다. 내가 원하는 유일한 것은 이 강의를 듣는 젊은이 중 강인하기 그지없는 정신력을 가지고 있고 따라서 지적 모험에 매우 민감한 이들이 지난번 강의에서 다루었던 것을 그들의 신선한 기억 속에 새기고, 또 충분한 시간이 지난 후에도 이것을 간직했으면 하는 바람이다.

고대인들에게 있어 실재, 존재는 '사물'을 의미했다. 반면 근대인에게 있어서 존재는 '내성'과 '주관성'을 의미했다. 하지만 우리에게 있어 존재는 '삶'을 의미한다. 그러므로 이는 주체 및 사물과 함께하는 내성을 의미한다. 우리는 이제 이 강의를 처음 시작했을 때보다 우리가 훨씬 높은 정신적 수준에 도달했음을 확신할 수 있다. 왜냐하면 우리가 우리의 발끝, 즉 '삶'이라는 본 강의의 시발점을 바라본다면 우리는 고대와 근대가 그곳에 여전히 보존되어 있으면서도 서로가 서로에게 통합되고 대체되어 있는 장면을 목도할 수 있기 때문이다. 우리는 현재 보다 높은 단계에, 즉 우리들만이 도달한 고유의 단계에 도달해 있고 시대의 정점에 서 있다. 시대의 정점이란 개념은 단지 하나의 문구가 아니라 어떤 하나의 실재이다. 이 사실을 우리는 곧 살펴보게 될 것이다.

근원적인 사실로서, 우주에 대한 근본적이며 의심 불가능한 실재로서의 '삶'을 우리가 발견하게 된 과정을 간략하게 되짚어 보자. 나로부터 독립적인 존재로서의 사물의 존재는 문제적이다. 그래서 우리는 고대 실재론자들의 명제를 포기했다. 반면 내가 사물을 사유한다는 것, 나의 사유가 존재한다는 것은 의심의 여지가 없는 명백한 사실이며 따라서 사물의 존재는 나로부터 독립적인 것으로서 이것은 곧 사물에 대한 나의 사유이다. 이것이 관념론적 명제의 제1부를 장식하는 확고한 부분이다. 그래서 우리는 이 명제를 수용했다. 그러나 이것을 수용하기 위해서 우리는 이것을 확실하게 이해하고자 했으며 다음과 같은 의문을 제기했다. 내가 사물을 사유할 때 사물은 어떤 의미와 방법에 있어 나에게 의존적인가? 내가 사물이란 단지 나의 사유라고 말할 때 그렇다면 이 사물은 무엇인가? 관념론은 이 질문에 대해 다음처럼 답변했다.

사물이란 내 의식의, 내 사유의 내용이자 내 자아의 상태라는 의미에서 나에게 의존하고 있으며 그러므로 나의 사유 그 자체이다. 이것이 관념론적 명제의 제2부로 우리는 이것을 수용하지 않았다. 우리가 이것을 수용하지 않은 이유는 명확하면서도 단순하다. 왜냐하면 이것은 매우 부정확한 해석이며 그래서 그 어떤 의미도 지니지 않기 때문이다. 즉 우리는 관념론적 명제의 제2부를 이것이 진리가 아니라서가 아니라 보다 근본적인 이유로 인해 수용하지 않았다. 어떤 문장이 진리가 되지 않기 위해서는 의미를 가져야 한다. 그래야만 이 문장의 지적 의미에 대해 우리는 진리가 아니라고 말할 수 있다. 2×2=5가 진리가 아닌 것은 바로 이 같은 사실 때문이다.

그런데 관념론적 명제의 제2부는 아예 의미를 가지지 않는 무의미한 것으로 마치 '둥근 사각형'과 같은 것이다. 이 극장이 극장인 이상 이 극장은 나의 '나'가 포함하고 있는 내용이 될 수는 없다. 나의 '나'는 연장도 아니며 푸른색도 아니다. 반면 이 극장은 연장이며 푸른색으로 채색되어 있다. 내가 포함하고 있는 것, 즉 나의 현존은 단지 극장에 대한 나의 사유 혹은 극장을 보고 있는 나의 행위일 뿐이다. 사유와 이 사유 대상 간의 관계는 관념론이 추구하듯 나의 구성 성분으로서 나의 내부에 대상을 소유하는 것이 아니라 반대로 나와는 구별되며 나의 외부에 존재하는 대상을 발견하는 것이다.

그러므로 의식적 자아란 폐쇄적인 존재이며 단지 자기 자신에 대해서만, 자신의 내부에 소유하고 있는 것만 인식한다고 말하는 것은 오류이다. 이와는 대조적으로, 일례를 들자면 내가 별을 보고 있다거나 별에 대한 사유를 하고 있다는 것을 인식할 때 나는 내가 사유를 하고 있다는 사실을 인식한다. 따라서 내가 인식하는 것은 별을 바라보고 있는 나와 나에 의해 보여지는 별이라는 두 개의 상이한 존재가 비록 서로 밀접하게 결합되어 있지만 존재하고 있다는 사실이다. 별은 나를 필요로 한다. 하지만 동시에 나 또한 별을 필요로 한다. 만일 관념론이 사유, 주체, 나만이 존재한다고 말한다면 이는 비록 불완전하긴 하지만 어느 정도는 진리인 사실을 말하고 있는 것이다. 그런데 이것은 관념론의 명제를 충족시키지는 못한다. 자신의 명제를 완성하기 위해서는 관념론은 '오직'이란 단어를 덧붙여 오직 사유, 주체, 나만이 존재한다고 말해야 한다.

그러나 이렇게 말하는 것은 오류이다. 만일 주체가 존재한다면 객체 또한 주체와 불가분하게 존재한다. 그 역도 마찬가지이다. 사유하는 나가 존재한다면 또한 내가 사유하는 세계도 존재하는 것이다. 그러므로 근원적 진리는 나와 세계의 공존이다. 존재란 근본적으로 공존이다. 존재는 내가 아닌 그 무엇을 목도하는 것이며 내가 아닌 타자를 사랑하는 것이고 사물로부터 내가 고통을 받는 것이다. 따라서 사물은 나의 소유라고 하는 관계 형식은 관념론이 발견했다고 믿고 있는 일방적 종속 관계가 아니다. 즉 사물은 내가 사유하고 느끼는 것일 뿐만 아니라 나 역시 사물에, 이 세계에 의존하는 역의 관계도 성립하는 것이다. 따라서 사물과 나는 상호 의존, 상호 관계, 요약해서 말하자면 공존 상태에 있는 것이다.

'사유'라는 사실에 대해 매우 역동적이면서도 명확한 직관을 지녔던 관념론은 왜 이 사유를 이렇게도 부정확하게 인식하고 또 왜곡했을까? 사실 그 이유는 매우 단순하다. 관념론은 사유에 대한 어떠한 논의도 없이 존재의 개념에 대한 전통적 의미를 그대로 수용했기 때문이다. 이것에 따르면 존재란 곧 완전한 독립을 의미한다. 그러므로 고대 철학자들에게 있어 진정 존재하는 유일한 존재는 존재론적 독립의 최상 형태를 형상화하는 절대적 존재였다. 앞에서 이미 말한 바와 같이 데카르트는 실체를 "자기 자신의 존재를 위해 다른 어떤 것도 필요로 하지 않는 것(quod nihil aliud indigeat ad existendum)"이라고 정의하면서 이전의 철학자들과는 비교가 되지 않을 정도로 명료하게 존재에 대한 관념을 위와 같이 거의 냉소적으로 정식화했다. 즉 존재가 존재하기 위해서는 그 어떤 다른 것도 필요로 하지 않는다(nihil indigeat). 그러므로 본질적 존재는 독립적 존재, 즉 스스로 충족한 존재이다.

관념론이 의심할 여지 없이 확실한 근원적 실재로 사유하는 나와 나에 의해 사유되는 사물이라는, 그러므로 어떤 이중성 즉 상호 관련성이라는 명확하기 그지없는 사실을 발견했을 때 관념론은 이 근원적 실재를 그 어떠한 편견도 없이 공평하게 인식하는 대신 다음과 같이 말한다. "나는 주체와 객체라는 통합되어 있는, 즉 상호 의존하고 있는 두 사물을 발견했기에 이 두 사물 중 어느 것이 독립적이며, 타자를 필요로 하지 않고, 자기 충족적인지를 결정해야 한다." 그러나 우리는 존재란 단지 '자기 충족적인 존재'만을 의미한다는 전제를 지탱하는 확실한 토대를 발견한 것은 아니다. 이와는 반대로 우리가 발견한 의심할 여지 없는 유일한 존재는 사물이란 나에 대해 존재하는 것이며 나는 사물에 의해 고통을 받고 영향을 받는 존재라는 나와 사물의 상호 의존성이며, 그러므로 의심할 여지 없이 확실한 존재는 자기 충족적인 것이 아니라 '결핍적 존재'라는 사실이다. 존재한다는 것은 곧 타자를 필요로 하는 것이다. 상술하면 나는 사물을 필요로 하며 사물은 나를 필요로 한다.

존재에 대한 전통적인 의미에 이렇게 변형을 가하는 것은 아주 중요한 작업이다. 그러나 이 작업은 그렇게 심오하지 않은 피상적인 것으로 너무나 명백하고 명료하며 단순한 것이라서 부끄러울 정도이다. 여러분은 어떻게 철학이 피상성을 향한 의지에 대한 연대기인지를 지금 목도하고 있지 않는가? 여러분은 철학이란 상대편에게 자신이 들고 있는 카드패를 보여주는 게임이라고 생각하지 않는가?

앞에서 이미 말했듯이 우주의 근원적 사실은 나와 사물의 공존이다. 그러나 이 말을 하는 순간 우리는 내가 세계와 더불어 존재하는 방식을, 일차적이며 일원적이면서 동시에 이중적인 실재를, 본질적인 이중성이라는 이 경이로운 사실을 '공존(coexistencia)'이라고 명명하는 것은 하나의 오류를 범하는 것임을 인식한다. 왜냐하면 공존이란 단지 한 사물이 다른 사물과 함께 존재한다는 것을, 각 사물은 각자의 존재를 가지고 있다는 것을 의미할 뿐이기 때문이다. 현존과 존재라는 두 개의 오래된 개념이 지닌 정태적인 특성은 우리가 표현하고자 하는 것을 왜곡해 버린다. 우리가 공존이라는 용어를 통해 말하려는 것은 세계가 스스로 나와 함께 존재하며 나 또한 세계와 함께 존재한다는 단순한 위치적 관계가 아니라 세계란 나와 직면하면서 나에게 대항하는 역동적 성격을 지닌 나에 대해 존재하고 있는 것이고 나 또한 세계 위에서 행위하며 세계를 바라보고 그것을 꿈꾸고 그것에 대해 고뇌하며 그것을 사랑하고 혐오하는 존재란 사실이다.

존재에 대한 정태적 개념은 이제 종결될 수 있으며 활동적 존재로 대체되어야 한다. 우리는 나중에 정태적 존재 개념의 하위 역할이 무엇인지를 살펴볼 것이다. 우리는 세계의 존재란 나와 대면하고 있기에 이것은 나에 대해 작용하는 것이며 이와 마찬가지로 나의 행위 역시 세계에 대해 작용하는 것이라고 말할 수 있다. 그런데 '나'가 세계를 바라보고, 그것을 사유하며 그것과 접촉하고, 그것을 사랑하거나 혐오하고, 그것에 열광하거나 싫증을 내고, 그것을 변형하고 보전하며 그것에 대해 고뇌하는 데 성립하는 이 실재는 우리가 언제나

'삶', '나의 삶', '우리들의 삶', 우리 각자의 삶이라고 명명해 온 바로
그것이다.

그러므로 존재, 공존, 현존이라는 숭고하고 성스러운 단어들 대신
우주에 존재하는 일차적이며 근원적인 것은 '우리의 삶'이라고, 이것
외에 존재하는 혹은 존재하지 않는 다른 모든 것들은 우리 삶의 내
부에 존재하는 것이라고 공표하자. 이제 우리는 사물들, 우주, 신 자
체 역시 나의 삶의 내용이라고 말할 수 있다. 왜냐하면 '나의 삶'은
혼자만의 나, 주체로서의 '나'가 아니라 세계를 포함하기 때문이다.
우리는 지난 삼백 년 동안 우리의 정신세계를 지배해 온 관념론을
극복했다. '나'는 자신의 내적 감옥에서 탈출했으며, 그래서 더 이상
세계에 있어 유일한 존재자가 아니고 지난 시간에 살펴보았던 유일
성이라는 고독으로부터 더 이상 고통을 받지도 않게 되었다.

우리는 이제 내부를 지향하는 은둔에서 빠져나왔다. 이 은둔지는
외부세계의 빛이 한 줄기도 들지 않는 어두운 곳, 열정과 욕구의 날
개가 쉴 공간도 없는 곳으로 우리는 이곳에서 근대인으로서의 삶을
영위해 왔다. 우리는 자아라고 하는 좁은 공간으로부터, 우리 자신의
모습만 비추는 거울이 걸려 있는 병든 은둔자의 방으로부터 빠져나
와 그 외부에 서 있다. 즉 다시 한번 우주의 신선한 산소를 호흡할
수 있도록 우리의 심폐는 열려 있고, 고공비행을 할 수 있도록 우리
의 날개는 활짝 펴졌으며 또한 우리의 가슴은 사랑하는 것을 향해
있는, 자유로운 대기로 충만한 외부 공간에 서 있는 것이다. 세계는
또다시 활시위인 양 둥글게 펼쳐진 해안선처럼 생생한 지평선으로
우리에게 다가온다. 이것은 우리가 삶 속에서 느끼는 고통과 즐거움
에 관통되어 붉은 피가 가득한 우리의 심장을 화살이 되게끔 고무한
다. 세계 속에서 우리 자신을 구원하자. "사물 속에서 우리 자신을
구원하자." 나는 이 표현을 관념론의 메카인 독일에서 공부할 당시

232

인 스물두 살 때 어렴풋이나마 미래의 성숙이 도래하고 있음을 예견하면서 거기에 전율하는 가운데 처음으로 사용했다.

그런데 무엇보다도 우리는 삶이라고 하는 이 일차적이며 진정한 존재가 과연 무엇인지를 특수한 방법을 통해 탐구할 필요가 있다. 이 탐구에 있어서는 전통적 철학의 개념이나 범주는 그 어떤 효용성도 없다. 우리가 지금 목도하고 있는 것은 전혀 새로우며 생경한 것이다. 따라서 우리는 우리가 목도하고 있는 것을 새로운 개념을 통해 이해해야 한다. 우리는 세계에 새로운 개념을 처음으로 소개하는 행운을 가지고 있다. 그러므로 우리는 우리의 현재 상황에서 고대 그리스인들이 분명 느꼈을 그 즐거움을 잘 이해할 수 있을 것이다. 그리스인들은 사물을 정확한 관념에 적합하게 주조하면서 정신이 사물에 부여하는 특별하고도 독창적인 애정인 과학적 사유와 이론을 최초로 발견한 이들이다. 이들은 자신들의 배후에 과학적 사유로 풍성했던 과거를 가지고 있지도 않았으며 기존 개념이나 정화된 기술적 용어를 지니고 있지도 않았다. 이들이 가진 것이라곤 자신들이 발견한 존재뿐이었으며 이들이 손에 들고 있었던 것은 각자가 자신의 이웃들과 대화를 나눌 때 사용하는 일상어였다. 그런데 갑자기 이 범박한 일상어 중 한 단어가 경이롭게도 자신들이 발견한 중요하기 그지없는 실재를 표현하는 데 적합한 것이 되어버린다. 이 범박한 단어는 속어와 잡담의 수준에서 수직 상승했으며 기술적 용어로 변모된 데에 자부심을 느꼈고 자신의 등에 적재된 최상의 관념이 주는 무게에 귀부인을 태운 말처럼 긍지를 가지게 되었다.

새로운 어떤 세계가 발견되면 이 세계를 표현하기에 적합한 단어들은 커다란 행운을 누리게 된다. 심오한 과거의 계승자인 우리는 과학의 세계 내에서는 신성하며 고귀하고 엄밀한 용어들만 다룰 수 있도록 운명 지어진 것처럼 보인다. 그런데 우리는 너무나 오랫동안 이와 같은 용어들을 존중해 와서 이것들에 대한 신뢰를 상실해 버렸다. 가장 진부한 단어 위에 숭고한 불꽃처럼 하강하는 과학적 관념의 성령강림절에 참석한 그리스인들이 느꼈을 즐거움이란! 직각삼각형의 빗변이라는 단어를 처음 듣는 어린아이의 귀에 이 단어가 얼마나 어려우며 딱딱하고 무감각하고 금속처럼 차가운지를 상상해 보라!

어느 화창한 날, 그리스 해변에서 일반적인 음악가는 아닌 피타고라스 학파라고 불리는 지적이며 천재적인 음악가들이 하프의 가장 긴 현과 가장 짧은 현 사이에는 이 두 현이 내는 음향과 정비례하는 비율이 있다는 사실을 발견했다. 이 하프가 바로 빗변이라는 가장 길며 가장 확장된 현으로 닫혀진 삼각형이다. 그런데 오늘날 과연 누가 근엄한 선생님의 얼굴을 한 이 끔찍한 '빗변'이라는 단어 속에서 드뷔시(Debussy)의 「렌토보다 느리게」라는 왈츠 제목을 연상시키는 '가장 긴 선'이라는 단순하면서도 달콤하기 그지없는 명칭을 체감할 수 있겠는가?

그런데 지금 우리는 이와 유사한 상황에 처해 있다. 우리는 '삶'이라는 것이 지닌 그 특수성을 정확히 표현하는 개념과 범주를 찾고 있다. 그러므로 우리는 일상어의 바다 속에 손을 담가 삶을 표현하는 적합한 단어를 건져 올릴 필요가 있다. 즉 우리는 그 어떠한 과학적 용어로 사용된 전력이 없는 보잘것없이 지극히 평범한 단어가 갑자기 과학적 관념의 빛 속에서 점화되어 기술적 용어로 전환되는 사실에 놀랄 필요가 있는 것이다. 이것은 행운이 우리에게 호의적이라는 하나의 징표로 우리는 그 누구의 흔적도 없는 해안에 처음으로 발을 디딜 수 있는 것이다.

'삶'이란 단어는 이 해안 아래 가면을 쓴 채 애절하게 자신의 존재도 알리지 않으면서 숨겨져 있는 무언의 심연으로 우리를 이끌었을 뿐이다. 하지만 우리는 용기를 가지고 이 심연에 발을 들여놓아야만 한다. 비록 끝이 없는 수렁 속으로 한없이 빠져 들더라도 말이다. 그런데 끝을 알 수 없는 그 순수한 깊이로부터 우리를 건강하면서 밝은 존재로 회복시켜 존재의 외부로 돌려보내는 자애로운 심연이 존재한다. 그리고 그것 자체가 심연과 같기에, 또 그곳에서 우리 자신을 상실하기에 종종 그것과 직면하고 접촉해야만 하는 근본적 사실들이 존재한다. 예수는 이것을 두고 "오직 자신을 상실하는 자만이 자신을 발견할 수 있다."라고 신성하게 말했다. 만일 여러분이 매우 주의 깊게 나를 따라온다면 곧 여러분은 여러분 자신을 상실하게 될 것이다. 해저에서 진주를 채취해 입에 물고 다시 해면으로 올라와 웃음 짓는 코로만델 해안의 어부처럼 우리는 우리 존재의 표면으로 회귀하기 위해 이 존재의 심연으로 깊이 침잠하자.

우리의 삶, 나의 삶이란 무엇인가? 이 질문에 대해 생물학적 정의를 통해 답변하거나 세포, 신체의 작용, 소화, 신경 체계 등에 관해 대답하는 것은 매우 순진하고 부적절한 것이다. 이 모든 것들은 생물학에 의해 구축된 훌륭한 토대를 바탕으로 한 가설적인 실재이다. 그런데 생물학은 내가 그것에 대해 공부를 하거나 그것에 관한 연구에 전념할 때 내 삶에 있어 하나의 활동일 뿐이다. 나의 삶은 나만의 밤의 세계에서 내가 바라보는 조그마한 황금점인 나의 별들에서 발생하는 것과 같은, 내 세포 내에서 발생하는 그 무엇이 아니다. 나의 육체 그 자체는 단지 내가 나 자신을 발견하는, 나에게는 다양한 이유로 인해 중요하기 그지없는 세계의 항목일 뿐이다. 그러므로 나의 육체란 내가 이 세계 내에서 나 자신과 직면해 발견하는 무수한 것들 중의 하나라는 사실은 결코 부정될 수 없다. 내 신체 구조에 대해 무수한 말을 해도, 내 심리 구조에 관해 그 무슨 심리학적 설명을 한다 해도 이것들은 결국 내가 삶을 영위한다는 사실과 이 삶속에서 나는 육체-사물, 정신-사물이라는 것을 발견하고, 목도하고,

분석하고 연구한다는 것을 가정하는 부차적인 특별성을 언급하는 것이다. 그러므로 삶이란 무엇인가라는 질문에 대한 이런 종류의 답변은 우리가 정의하려는 근원 실재와는 그 어떤 관계도 없다.

그렇다면 삶은 무엇인가? 여러분은 이 해답을 결코 멀리서 찾지 말기 바란다. 또한 타인들에게서 배운 그 어떤 지식도 상기하려고 하지 말기 바란다. 근본적 진리는 언제나 우리 가까이 존재해야만 한다. 왜냐하면 우리에게 가까이 존재해야만 그것들은 근본적일 수 있기 때문이다. 우리가 탐구해야만 하는 진리는 특수하면서도 국부적이며 지엽적이고 고립된 진리로 결코 근원적인 진리는 아니다. 삶이란 우리 존재 및 행위의 본연적 상태이다. 따라서 삶은 우리 각자와 가장 가까운 곳에 존재하는 모든 사물로 구성된다. 삶이란 것에 손을 얹어보기 바란다. 그러면 그것은 길든 새처럼 여러분의 손에 잡힐 것이다.

본 강의에 참석하기 위해 이 극장으로 오는 도중 만일 누군가가 여러분에게 어디에 가는지를 물어보았다면 여러분은 필히 철학 강의를 들으러 간다고 대답했을 것이다. 그리고 실제 여러분은 지금 내 강의를 경청하고 있다. 이것은 결코 중요한 사실이 아니다. 하지만 이것이 바로 지금 여러분의 삶을 구성하고 있는 것이다. 여러분에게는 미안한 이야기이지만 지금 현재 여러분의 삶은 그다지 중요하지 않은 사실에 성립하고 있다는 말을 나는 할 수밖에 없다. 그러나 우리가 만일 진지하게 우리의 삶에 대해 생각해 본다면 우리는 우리 존재의 대부분이 이와 유사하게 별로 중요하지 않은 것으로 구성된다는 것을 인식할 수 있을 것이다. 우리는 어디론가 가고, 어디로부턴가 돌아오고, 이런 것 저런 것을 하고, 무엇을 생각하고, 무엇을 좋아하거나 싫어한다. 그런데 가끔씩 우리의 삶은 최고의 수위에 달해 집중도가 강해지고 또한 그 밀도가 강화되는 등 갑자기 긴장에 휩싸인 듯하다. 이것은 곧 우리의 주의를 집중시키는 거대한 고통 혹은 열망이다. 이때 우리는 매우 중요한 사건이 우리에게 발생했다고 말한다. 그러나 여러분은 우리의 삶에 있어 이 중요도의 변화, 즉 중요성을 갖는가 혹은 갖지 않는가라는 문제는 결코 평상시와 다르지 않다는 사실을 명기하기 바란다. 왜냐하면 열광이 최고도로 오른 시간 또한 우리의 일상적이며 일반적인 시간과 마찬가지로 결국엔 우리의 삶이기 때문이다.

그러므로 삶의 순수 본질에 관한 이 연구에 있어 우리가 첫 번째로 목도하는 사실은 삶이란 텅 빈 집에 가구를 갖추어놓듯 삶에 지속적으로 발생하는 행위와 사건의 총체라는 점이다.

우리는 삶에 대한 연구를 삶의 가장 외부적인 것으로부터 가장 내부적인 것으로, 삶의 주변부로부터 고동치는 그 중심부를 향해 진행하는 순서를 취하면서 삶이 지닌 모든 속성을 차례로 살펴볼 것이다. 따라서 우리는 삶의 내부로 진행하면서 각 단계에 따른 삶에 관한 정의를 연속적으로 발견하게 될 것이다. 이 각각의 정의는 그 이전의 삶에 대한 정의를 보전하면서 동시에 그것을 보다 심화시키게 될 것이다.

이러한 연구를 시작하면서 우리가 발견하는 첫 번째 사실은 다음과 같다.

삶이란 우리가 행하는 것이며 우리에게 발생하는 것이다. 사유하는 것, 꿈꾸는 것, 감동하는 것 등으로부터 그리고 주식을 하거나 전쟁에서 승리하는 것에 이르기까지 이 모든 것이 곧 삶이다. 그러나 물론 만일 우리가 이 사실을 인식하지 못한다면 우리가 행위하고 있는 그 어느 것도 우리의 삶이 될 수 없다. 이것이 우리가 발견하는 삶의 결정적인 첫 번째 속성이다. 즉 삶은 스스로 존재의 특권을 지니고 있는 기이하면서도 유일무이한 실재이다. 모든 삶은 자기 고유의 삶이며, 자신이 살아 있음을 느끼는 것이고, 자신이 존재하고 있음을 인식하는 것이다. 여기에 있어 인식은 지적 인식이나 특별한 지식을 의미하는 것이 아니라 우리 각자가 고유의 삶을 지니고 있다는 저 놀라운 현전을 의미한다. 이 사실을 알지 못한다면, 이 사실을 인식하지 못한다면 사랑니로 인한 치통은 결코 우리에게 고통일 수가 없을 것이다.

돌은 자신이 돌이라는 사실을 스스로 느끼지 못하며 또한 알지도 못한다. 즉 돌은 자기 자신에 대해서는 다른 모든 것들과 마찬가지로 완전한 맹인이다. 반면 삶은 우선 하나의 계시로서 자신의 존재에 대해 단순히 만족하는 것이 아니라 자신의 존재를 목도하고 이해하는, 즉 자신을 인식하는 것이다. 삶은 우리 자신과 우리를 둘러싼 세계에 대한 끊임없는 발견이다. 그렇다면 우리가 '우리의 삶'이라고 말할 때 사용하는 '우리의'라는 저 기이한 소유격에 대해 살펴보자. 삶은 우리의 것이다. 왜냐하면 삶이라는 존재는 우리의 것일 뿐만 아니라 우리는 삶이 이처럼 우리의 것이란 사실을 인식하고 있으며 삶이란 그런 것이라는 것도 인식하고 있기 때문이다. 우리가 우리 자신에 대해 인식하고 느낄 때 우리는 우리를 소유하게 된다. 그리고 우리가 언제나 우리를 소유하고 있다는 사실을 발견하는 것, 우리의 행위가 무엇이건, 우리의 존재가 무엇이건 여기에 기본적으로 그리고 영원히 현전하는 것은 우리를 다른 모든 생명체들과 구별시켜 준다. 긍지로 대단한 과학, 성숙도 높은 학문, 이것들도 결국엔 삶이 기반하고 있는 이 일차적 계시를 이용하고 특화하며 조직화할 뿐이다.

여러분이 이 사실을 잘 기억할 수 있도록 고대 이집트 신화를 예로 들어보겠다. 오시리스(Osiris)가 죽자 그의 연인이었던 이시스(Isis)는 그를 소생시키려는 열망으로 호루스(Horus)라는 매의 눈알을 그의 입에 넣어 삼키게 한다. 그 이후로 매의 눈은 모든 이집트 문명

238

의 승려문자에서 삶의 제일 속성, 즉 자기 자신을 목도하는 행위로 형상화되어 나타난다. 그 후 이 눈은 지중해 세계뿐만 아니라 동방 세계에도 심대한 영향을 미치면서 모든 종교들은 이것을 자기 자신을 목도하는 삶 그 자체의 본질적이고 일차적인 속성으로, 즉 신의 섭리의 일차적 속성으로 묘사하게 되었다.

이렇게 자기 자신을 목도하는, 혹은 느끼는 것은 나에게 삶을 소유케 하는, 즉 삶이 나의 것으로 되게끔 하는 나에 대한 내 삶의 현전은 광인에게는 결여되어 있는 것이다. 광인의 삶은 그의 것이 아니다. 아니 보다 엄밀히 말하자면 광인의 삶은 이미 삶이 아니다. 그래서 광인을 보는 것이 세상에서 가장 꺼림칙한 것 중의 하나이다. 외형적으로 광인은 완벽한 인간이다. 그러나 이것은 단지 하나의 가면일 뿐, 이 가면 뒤에는 진정한 삶이 결여되어 있다. 실제 우리가 광인과 대면할 때 우리는 마치 어떤 가면을 마주하고 있는 것처럼 느낀다. 그리고 이 가면은 본질적이면서 결정적인 것이다. 광인은 자기 자신을 인식하지 못하기에 자아를 소유하지 못한다. 즉 그는 자아를 상실해 버린 것이다. 상실, 빼앗김, 타인의 소유가 됨과 같은 것이 광기의 옛 명칭이 의미하는 것이었다. 흥분, 발광 이 모두 광기를 의미한다. 그리고 우리가 "그는 자신의 외부에 있다.", "그는 자신으로부터 나와버렸다.", "그는 소유되었다."라고 말할 때 이는 곧 "그는 타자에 의해 소유되었다."라는 사실을 의미한다. 삶은 자기 자신을 스스로 인식하는 것이며 이는 명백한 사실이다.

그 무엇보다도 삶이 최우선이며 철학은 그다음이라고 말하는 것은 매우 적절하다. 엄밀한 의미에 있어 여러분이 지금 목도하는 것처럼 이것이 내 모든 철학의 원리이다. 그러므로 우리가 삶이 최우선이라고 말하는 것은 적합한 것이다. 그러나 이 말을 하면서 우리는 삶의 뿌리와 심장은 자기 자신을 인식하고 이해하는 데, 자기 자신과 우리를 둘러싼 것들을 깨닫는 데에, 즉 자신을 완벽히 인식하는 데 기반하고 있다는 점을 염두에 두어야 한다. 그래서 우리는 "삶이란 무엇인가?"라는 질문을 던졌을 때 별 어려움 없이 "삶이란 우리가 행위하는 것이다. 이것은 명백한 사실이다. 왜냐하면 삶은 우리가 행위하는 것을 인식하는 것으로 결국 세계 내에서 자신을 발견하고 세계 내 사물들과 존재들에 전념하는 것이기 때문이다."라고 대답할 수 있었던 것이다.

자기 자신을 발견하는 것, 세계, 전념이라는 일상언어들은 이제 새로운 철학에서는 전문용어가 되었다. 우리는 이 용어들에 대해 오랜 시간 이야기할 수 있을 것이다. 그러나 나는 다음과 같은 정의로 이것들에 대한 설명을 한정하고자 한다. "삶은 세계 내에서 자기 자신을 발견하는 것이다." 나는 이 정의를 본 강의를 관통하는 다른 모든 나의 근본적 사유들과 마찬가지로 이미 출간된 나의 저서에서 밝혔다. 그런데 무엇보다도 내가 그 시대적 우월성을 주장했던 존재론과 관련해 이 사실을 여러분에게 알리는 것은 매우 중요하다고 나는 생각한다. 그래서 나는 삶에 관한 분석에 있어 그 누구보다도 깊이 파고든 이가 마르틴 하이데거라는 사실에 흡족해하고 있다.

지금 우리는 보다 위험한 해안으로 접근하고 있다. 그런 만큼 우리는 우리의 시각을 보다 예리하게 할 필요가 있다.

삶은 세계 내에서 자기 자신을 발견하는 것이다. 하이데거는 그의 천재성이 유감없이 드러난 최근 저서에서 우리로 하여금 이 말들이 지닌 거대한 의미에 주의를 기울이도록 하고 있다. 이것은 단순히 우리가 우리의 육체를 다른 형체적 사물들 속에서 발견한다는, 그리고 우리가 세계라고 부르는 거대한 실체나 공간 내부에서 이 모든 것들을 발견한다는 그러한 문제가 아니다. 만일 육체만 존재한다면 삶은 존재하지 않을 것이며 이때 육체는 타자에 대해 어떤 관심도 없이 그 존재를 인식하지 못한 채 이리저리 움직이면서 당구공이나 원자처럼 서로 분리될 것이다.

우리가 우리 자신을 발견하는 공간인 세계는 우리에게 호의적인 것과 비호의적인 것, 잔악한 것과 자애로운 것, 안전한 것과 위험한 것 등으로 구성되어 있다. 이때 중요한 사실은 사물들이 육체냐 아니냐라는 문제가 아니라 그것들이 우리에게 영향을 미치고, 관심을 가지고, 우리를 사랑하고, 우리를 위협하고, 우리를 괴롭힌다는 것이다. 우리가 육체라 부르는 것은 그 본질에 있어 우리에게 저항하고 우리를 방해하는 혹은 우리를 지탱하고 지지하는 그 무엇에 다름 아니다. 그러므로 육체는 우리에게 호의적 혹은 비호의적인 것이다. 세계는 엄밀한 의미에 있어 우리에게 영향을 미치는 그 무엇이다. 그리고 삶은 우리 각자가 우리에게 영향을 미치는 주제와 사건의 영역 속에서 우리를 발견하는 것이다. 삶은 이렇게 스스로 자신을 발견하는 동시에 세계를 발견한다. 그렇지만 삶은 자신이 어떻게 자신과 세계를 동시에 발견하는지에 대해서는 알지 못한다. 그것이 대상이 되었건 창조물이 되었건 간에 만일 세계가 이러한 사물들로 채워지지 않았다면 삶은 존재할 수 없다. 왜냐하면 삶은 이 사물들과 전경들을 목도하고 그것들을 사랑하거나 증오하고, 욕망하거나 두려워하는 것이기 때문이다. 그러므로 모든 삶은 자신이 아닌 그 모든 것에 관심을 가지고 전념하는 것이며 환경과 더불어 삶을 영위하는 것이다.

그러므로 여기에 따르자면 삶은 단지 우리의 인격뿐만이 아니라 우리 세계의 한 부분을 형성한다. 즉 우리의 삶은 사물에 전념하는, 혹은 사물과 함께하는 인격에 기반을 두고 있으며 우리의 삶이란 존재는 명백히 우리의 인격 및 우리의 세계라는 존재에 의존하는 것이다. 그러므로 우리는 '우리의 삶'을 세계와 나를 이어주는 하나의 호로 형상화할 수 있다. 그러나 나와 세계라는 양자에 있어 특히 우월한 것은 없다. 즉 나와 세계는 동시적 존재로 동일한 지위를 가진다. 따라서 이 둘은 나로부터 동일한 거리에 위치해 있으며 그 어느 하나가 나와 더욱 가깝게 혹은 멀리 위치해 있지 않다. 이러한 연유로 우리는 우리 자신을 먼저 인식한 다음 우리를 둘러싼 환경을 인식하지는 않는다. 이와는 대조적으로 삶은 그 본질에 있어 세계와 직면해, 세계와 더불어, 세계 내에서 고역과 문제와 복잡한 분규 속에 휩싸인 채 자기 자신을 발견한다. 그런데 이 역도 마찬가지이다. 즉 오직 우리 각자에게 영향을 미치는 데 기반을 두고 있는 이 세계는 우리로부터 결코 분리될 수 없는 불가분의 관계를 맺고 있다. 우리는 세계와 더불어 태어나며 우리와 세계는 고대 그리스 로마 신화에서 함께 태어나고 함께 삶을 영위한, 그래서 쌍둥이 신, 동일 신(dii consentes)이라고 불린 디오스쿠로이[1]와 같은 존재이다.

우리는 지금, 여기에서 삶을 영위한다. 즉 우리는 세계 내의 어떤 장소에서 우리 자신을 발견하며 또한 우리는 이곳에 우리 자신의 의지에 의해 온 것처럼 보인다. 사실 삶은 세계 내에 가능성의 여백을 남겨놓는다. 그러나 존재란 우리의 의지대로 될 수 없으며 따라서 지금, 이 세계 내에 우리가 원한다고 존재할 수 있는 것이 아니다. 삶을 포기하는 것은 가능하다. 그러나 계속 삶을 영위하는 한 자신이 삶을 영위하고 있는 세계를 선택한다는 것은 불가능하다. 이 사실은 우리의 존재에 매우 극적인 요소를 부여한다. 삶은 저녁식사 후 어떤 연극을 볼지 선택하는 것처럼 사전에 자신이 선택한 장소에 자신의 취향에 따라 입장하는 것이 아니다. 이것은 결코 변경이 불가능한 세계 속으로, 현재의 세계 속으로 어떤 사전적 지식도 없이

---

1) 제우스와 레다 사이에서 태어난 쌍둥이 신 카스토르와 폴리데우케스를 지칭하는데 디오스쿠로이란 제우스의 아들들이라는 의미이다.

갑자기 추락, 침잠, 투사된 채 자기 자신을 발견하는 것이다.

우리의 삶은 존재에 대한 영원한 놀람으로 시작된다. 우리는 그 어떤 사전적 동의도 없이 우리가 구축하지도, 생각해 보지도 않았던 세계 속에 난파된 상태로 던져진 것이다. 우리는 우리 자신에게 스스로 삶을 부과하지 않았다. 우리는 우리 자신을 스스로 발견했을 때 비로소 삶을 발견한다. 잠자던 사람을 갑자기 극장 무대 위로 올린 후 조명을 켜 관객 앞에 세워두는 경우가 이와 비슷한 상황이다. 자기 자신이 극장 무대 위에 있다는 사실을 발견했을 때 이 사람이 발견한 것은 무엇인가? 이 사람은 자신이 어떻게 그리고 왜 극장 무대 위로 올라왔는지 모른 채 매우 어려운 상황에 처해 있다는 사실을 발견한다. 이 난처한 상황은 그로 하여금 결코 자신이 추구하지도 않았고 예상하지도 않았으며 또한 대비하지도 않았던 관객의 등장에 대해 이 사태를 품위 있게 해결할 것을 요구한다. 근본적으로 삶은 언제나 예상치 못하는 것이다. 그 누구도 우리가 삶이라고 하는 언제나 구체적이며 결정적인 무대에 들어설 때 이것을 공표해 주지 않았다. 즉 그 누구도 우리에게 삶을 준비해 주지 않았다.

이렇게 급작스럽고 예측 불가능한 특성이 삶에서의 본질이다. 만일 우리가 삶 속에 들어설 때 이것을 준비할 수 있다면 삶은 완전히 다른 특성을 띠게 될 것이다. 단테(Dante)는 이미 "미리 예견된 화살은 보다 천천히 날아온다."라고 말했다. 그러나 삶은 그 총체적 측면에 있어서나 각각의 순간에 있어서나 갑자기 우리에게 발사된 총알과 같은 것이다.

나는 이러한 묘사가 삶의 본질을 충분히 그려내었다고 생각한다. 삶은 우리에게 주어졌다. 아니 삶은 우리에게 던져졌거나 우리가 삶 속으로 던져졌다. 그런데 삶이라고 하는 우리에게 던져진 것은 우리가 해결해야만 하는 문제이다. 그런데 이 문제는 우리가 특별히 갈

등과 곤경이라고 표현하는 특수한 어려움의 경우에 있어서뿐만 아니라 모든 경우에 있어서도 항상 문제이다. 여러분이 이 강의를 듣기 위해 이곳으로 올 때 여러분은 그렇게 하기로 결심해야만 했으며 잠시 동안 이와 같은 방법으로 삶을 영위하겠다는 결정을 해야만 했다. 환언하면 우리는 그 어떤 도움도 없이 우리 자신을 스스로 지탱하면서, 세계의 모퉁이 사이에서 우리 삶의 무게를 유지하면서 삶을 영위하는 것이다. 그런데 이와 같은 사실로 우리의 존재가 기쁜 것인지 슬픈 것인지를 추측하지 말자. 이것이 슬픈 것이건 기쁜 것이건 간에 우리의 존재는 스스로 문제를 해결해야 하는 끊임없는 필요성으로 구축되어 있다.

만일 총에서 발사된 탄환이 영혼을 가지고 있다면 이 탄환은 자신이 그릴 탄도가 화약과 방아쇠에 의해 사전에 정확하게 정해져 있다고 느낄 것이다. 그런데 이 탄도를 우리가 삶이라고 명명한다면 탄환은 단지 탄도를 구경하는 관객일 뿐일 것이며 탄도에 그 어떤 관여도 하지 않을 것이다. 즉 탄환은 스스로 발사되지도 않았으며 자신이 목표물을 선택하지도 않았다. 바로 이런 이유로 이와 같은 존재 방식은 삶이라고 불릴 수 없다. 삶은 결코 자신이 미리 확정되었다고 느끼지 않는다. 우리가 아무리 내일 무슨 일이 발생할지를 확신한다고 할지라도 우리는 언제나 이를 하나의 가능성으로 볼 뿐이다. 이것이 앞서 우리가 살펴본 삶의 속성과 결합되는 또 다른 삶의 본질적이며 극적인 요소이다. 삶은 그 모든 순간에 있어 그것이 심각하건 경미하건 간에 결코 타자에게 전가할 수 없이 우리 스스로가 해결해야만 하는 하나의 문제이기에, 이것은 영원히 해결할 수 없는 문제이며 항상 우리가 다양한 가능성 속에서 선택해야만 하는 것처럼 느껴지는 문제이다. 만일 우리 삶이 전개되는 공간인 세계를 선택할 가능성이 우리에게 주어지지 않는다면(이것은 숙명의 차원이다.)

244

우리는 어떤 경계, 가능성의 생생한 지평을 발견하게 될 것이다.(이것
은 자유의 차원이다.) 그러므로 삶은 숙명 속에서의 자유이며 자유 속
에서의 숙명이다. 이는 정말 놀라운 사실이 아닌가?

　우리는 삶 속으로 던져졌다. 그리고 동시에 우리는 우리가 던져진
이 삶 속에서 우리 스스로 삶을 건설해야 하며 창조해야만 한다. 말
하자면 우리의 삶은 곧 우리의 존재이다. 우리는 삶 그 자체로 그
이상도 그 이하도 아니다. 그러나 이 같은 우리의 존재는 예정되어
있지도 않으며 사전에 결정되어 있지도 않은 우리 스스로가 결정해
야만 하는, 우리 스스로가 미래적 존재를 결정해야만 하는 그러한
것이다. 예를 들어 이 강의를 경청한 후 우리는 무엇을 해야 할지
결정해야만 한다. 이를 나는 '그 어떤 도움도 없이 스스로 자신을 지
탱함, 자기 고유 존재를 유지함'이라고 명명하고자 한다. 삶에 있어
서는 그 어떤 휴지나 휴식도 없다. 왜냐하면 삶의 생물학적 형태인
수면은 우리가 이 단어를 사용할 때의 그 근본적 의미에 있어 삶에
관련되는 한 존재하지 않기 때문이다. 수면 속에서 우리는 삶을 영
위하지 않는다. 그러나 잠에서 깨어 다시 삶을 영위할 때 우리는 이
삶이 수면 중 꿈꾸었던 것에 대한 기억에 의해 보다 확장되었다는
것을 발견한다.

　기본적이며 관습적인 은유는 뉴턴의 법칙만큼이나 진리를 담지하
고 있다. 이미 일상어가 되어버린 이 고색창연한 은유 속에는, 한때
는 산호였던 것들로 이루어진 산호섬을 산책하듯 우리가 항상 그 속
에서 일상을 영위하는 이 은유에는 가장 근본적인 현상에 대한 완벽
한 직관이 녹아 있다. 그래서 우리는 종종 어떤 '괴로움(pesadumbre)'
을 겪고 있다. '심각한(grave)' 상황에 처해 있다고 말한다. 괴로움, 심
각함이란 단어는 물리적 중량, 즉 우리 위에 가중된 다른 형체의 무
게를 은유적으로 가장 내밀한 것, 즉 우리의 정신적 고뇌로 치환한

것이다. 기실 삶이란 스스로 자신을 영위하고 지탱하며 이끌어가는데 성립하기에 언제나 우리를 짓누른다. 그런데 습관만큼이나 우리 삶을 무디게 하는 것은 없기에 우리는 일반적으로 우리 존재의 한 부분으로 지니고 있는 이 끊임없는 무게를 망각해 버린다. 그러다 우리에게 익숙하지 않은 상황이 발생하면 우리는 다시 이 무게를 느끼게 된다. 다른 천체의 인력에 끌리는 천체는 자신에게 스스로 무게를 가할 수 없는 반면 살아 있는 존재는 자신에게 무게를 가하는 중량인 동시에 스스로를 지탱하는 손과 같은 존재이다. 이와 유사한 경우를 우리는 '행복(alegría)'이란 단어 속에서도 찾아볼 수 있다. 이 단어는 중량을 줄인다는 의미를 지니는 '경감하다(aligerar)'라는 단어에서 유래했을 가능성이 크다. 상심에 잠긴 사람은 행복을 찾아 선술집으로 간다. 여기서 그는 자신을 짓누르던 삶의 무게를 던져버리며 그의 삶의 불쌍한 경비행기는 이제 유쾌히 이륙한다.

우리는 이 단계적이며 수직적인 지적 여행에서, 우리 삶의 심오한 존재로의 하강 속에서 위와 같은 분석을 통해 상당히 많이 앞으로 나아갔다. 지금 우리가 위치한 수준에서 삶은 이제 우리 스스로 우리의 미래 존재를 결정해야만 한다는 느낌으로 우리에게 출현한다. 이미 우리는 삶은 우리가 행위하는 것이며 세계 내에 존재하는 사물에 대한 우리들 관여의 총체라고 앞에서 살펴보았던 사실만을 이야기하는 것으로는 만족하지 못하는 단계에 이르렀다. 왜냐하면 이 모든 우리의 행위, 우리의 관여는 자동적으로 우리에게 다가오지 않는다는 사실을 우리는 인식했기 때문이다. 즉 이것들은 전축 위의 음반 트랙처럼 기계적으로 우리에게 부과되는 것이 아니라 우리 스스로에 의해 결정되는 것이다. 그리고 우리의 행위와 관여가 이렇게 결정된다는 사실은 이것들이 지니는 삶의 속성과 유사한 부분이다. 하지만 이 행위와 관여를 실행하는 것은 대부분 기계적이다.

내가 여러분에게 제시하고자 했던 근본적으로 중요한 사실이 바로 여기에 있다. 위에서 우리가 살펴보았듯이 삶은 끊임없이 우리의 미래 존재를 결정한다. 여러분은 여기에 녹아 있는 거대한 역설을 목도할 수 있지 않은가? 존재란 자신의 현존에 성립하는 것이 아니라 자신의 미래 존재, 즉 아직 자신의 현존이 아닌 것에 기반한다는 것은 얼마나 거대한 역설인가! 이 본질적이며 심오한 역설이 곧 우리의 삶인 것이다. 이것은 나의 잘못이 아니라 엄밀한 진리이다.

그런데 여러분 중 몇몇 사람들은 다음과 같은 생각을 지금 하고 있을 것이다. "언제부터 삶이라고 하는 것이 우리의 미래 존재를 결정하는 것이었는가? 나는 몇 시간 전부터 그 어떤 결정도 하지 않은 채 당신의 강의를 듣고 있는데 그럼 이것은 삶이 아니고 무엇인가?"

여기에 대해 나는 다음처럼 답변하고자 한다. "여러분이 이 강의를 경청하는 동안 여러분이 행한 것은 지속적으로 여러분의 미래 존재를 결정하는 것 그 자체였다. 강의를 경청한 시간 또한 여러분의 삶에 있어 결정적인 순간이었다. 그런데 여러분은 경청자로서 이 강의를 듣고만 있었기에 이 시간은 상대적으로 수동적인 성격을 지니고 있었을 따름이다. 하지만 이것 역시 삶에 대한 나의 정의에서 결코 벗어나는 것은 아니다. 그래도 여러분이 의심한다면 이것에 대한 증명을 해보겠다. 여러분이 나의 강의를 경청하는 동안 여러분 중 몇몇은 내 강의를 듣지 않고 자신이 하고 싶은 생각을 할 것인지 혹은 계속해서 이 강의를 주의 깊게 경청할 것인지를 두고 망설였을 것이다. 그리고 여러분은 이 강의의 주제에 대해 계속 생각을 할지 아니면 다른 것에 대한 생각을 할지를 결정했을 것이다. 이렇게 지금 삶에 대해 사유를 하거나 혹 다른 것에 대해 사유를 하는 것이 곧 현재 당신의 삶이다. 또한 그 어떤 망설임도 없이 이 강의를 끝까지 경청하겠다고 결정한 이에게도 이 사실은 그대로 적용된다. 이들은 시간이 지남에 따라 계속 이 강의에 주의를 기울이겠다는 결정을 내려야만 한다. 아무리 확고한 결심이라 할지라도 이 결심이 유지되기 위해서는 지속적으로 확증, 강화되어야만 하고 오랫동안 사용하지 않아 눅눅해진 화약을 갈아주어야만 하는 총과 같이 새롭게 충전을 해주어야만 한다. 즉 이 결정은 재결정되어야만 하는 것이다. 여러분이 이 강의에 참석하기 위해 극장 안으로 들어왔을 때 여러분은 경청자가 되겠다는 여러분의 미래 존재를 결정했다. 그리고 강의를 경청하는 동안에도 여러분은 최초의 결심을 반복해서 결심했을 것이다. 그렇지 않았더라면 여러분은 조금씩 나의 손으로부터 빠져나가 버렸을 것이다."

우리는 이제 삶의 속성에 대해 직접적 결론을 도출할 수 있을 만큼 충분히 논의를 전개했다. 만일 우리의 삶이 우리의 미래 존재를 결정하는 데 기반을 두고 있다면 이는 우리 삶의 기저에는 어떤 현세적 속성이 있다는 것을 말해 준다. 즉 무엇으로 존재할 것인지를 결정하는 것은 곧 미래를 결정하는 일이다. 삶에 대한 보다 심층적인 탐구를 계속해 나갈 것임을 전제로 하고 지금까지의 탐구를 통한 값진 수확물을 거두어보자. 우선적으로 우리의 삶은 무엇보다도 미래와의 만남이란 사실이다. 여기에 또 다른 역설이 존재한다. 우리가 삶을 영위함에 있어 첫 번째로 고려해야 할 것은 현재도 과거도 아닌 미래이다. 삶은 앞을 향해 나아가는, 즉 미래를 지향하는 행위이다. 우리는 미래와의 관련선상에서, 말하자면 미래를 발견하고 나서야 비로소 현재와 과거를 발견하는 것이다. 삶은 아직 존재하지 않는, 하나의 미래화이다.

11강
우리의 삶이 바로 근원 실재이다,
삶의 범주, 이론적 삶, 환경, 운명과 자유,
내적 모델, 관심과 비관심

나는 수차례에 걸쳐 여러분에게 우리는 지금 고대와 근대의 경계를 극복해야 할 필요성을 목도하고 있다고 말했다. 그리고 이 말을 할 때 나는 이것들을 극복하기 위해서는 우리가 고대와 근대를 보존하고 있어야만 가능하다는 사실을 덧붙여 말했다. 영혼은 그 본질상 가장 잔혹한 동시에 가장 부드러우며 자애로운 것이다. 삶을 영위하기 위해 영혼은 자신의 과거를 부정하고 죽일 필요가 있다. 하지만 이렇게 하기 위해서는 자신이 죽인 것을 회생시켜 자신의 내부에 부활시켜야만 비로소 가능하다. 만일 영원히 과거를 죽여버린다면 우리는 더 이상 그것을 계속 부정하지 못할 것이다. 왜냐하면 영원히 과거를 죽인다는 것은 과거를 완전히 부정하는 것이며 폐기해 버리는 것이기 때문이다. 만일 우리의 사유가 데카르트의 사유를 재사유하지 않는다면, 데카르트가 아리스토텔레스의 사유를 재사유하지 않는다면 우리의 사유는 원시인의 사유가 되어버릴 것이다. 즉 우리는 과거에 이루어진 사유의 계승자가 될 수도 없을 것이며 처음부터 다시 사유를 시작해야 할 것이다. 그 무엇을 극복한다는 것은 그 무엇을 계승하고 또한 추가하는 것이다.

우리는 새로운 개념이 필요하다고 내가 역설할 때 이는 곧 우리가 이미 존재하고 있는 것에 그 무엇을 추가해야 한다는 것을 의미한다. 즉 고대의 개념들은 성숙한 것이기는 하지만 이것은 곧 종속적이며 부차적인 것이 되어버린다. 만일 우리가 보다 근본적인 새로운 존재 방법을 발견한다면 사전에 알려지지 않았던 존재에 대한 새로운 개념이 필요한 것은 명확한 사실이다. 그러나 동시에 이 새로운 개념은 이전에 존재했던 오래된 개념들을 설명할 수 있어야 하며 또한 이 오래된 개념들이 포괄하고 있는 진리의 부분을 보여줄 수 있어야 한다. 바로 이러한 이유로 지난 강의에서 나는 우주적 존재, 본질적 존재에 대한 고대적 관념이 의식에 관한 가장 근원적 사실이 아직 발견되지 않은 실재에 있어 얼마나 유용한지를 잠시나마 언급했고 그러고 나서 삶이라고 하는, 주체 그 자체에 선행하는 실재가 존재하지 않는다고 한다면 주체적 존재라는 것이 얼마나 유용한지를 역설했던 것이다.

고대와 근대는 철학이라는 이름하에 우주 혹은 존재하는 일체에 관한 인식을 추구한다는 점에서 일치한다. 그러나 우주에 대한 일차적 진리를 추구하는 그 순간부터 고대와 근대는 어긋난 길을 택한다. 고대는 근원 실재를 우주의 구조에 있어 가장 중요한 것으로 이해하면서 그것을 추구한다. 만일 이 실재가 유신론적인 것이라면 이는 곧 다른 모든 것들을 설명하는 가장 근본적이며 중요한 실재는 신이라고 말할 것이다. 또한 이 실재가 유물론적인 것이라면 물질적인 것이 가장 중요한 실재라고 말할 것이며, 범신론적인 것이라면 무차별적인 실체, 즉 물질과 신이 동시에 가장 중요한 실재라고 말할 것이다. 그러나 근대는 이 모든 연구를 중단하면서 다음과 같은 논쟁을 전개할 것이다. "사실 이러한 실재는 우주에서 가장 중요한 것일 수도 있다. 그러나 이것을 천명하고 나서 우리는 앞으로 더 진척할 수 없을 것이다. 왜냐하면 여러분은 다른 모든 것을 설명하는 이 실재가 명백한 것인지를 자문하는 것을 망각해 버렸기 때문이다. 더욱이 이 실재에 의해 설명된 이것보다 중요성이 덜한 다른 실재들이 의심할 여지 없이 존재하는지에 대해서도 여러분은 스스로에게 묻지를 않았다."

철학의 제일 문제는 가장 중요한 실재가 무엇인지를 탐구하는 것이 아니라 우주에 관한 실재 중 무엇이 가장 명확한지, 무엇이 가장 확실한지를 탐구하는 것이다. 비록 이것이 가장 덜 중요하고 또한 가장 범박하면서도 무의미한 것일지라도 말이다. 요약해서 말하자면 철학의 제일 문제는 우주가 우리에게 부여하는 것이 무엇인지를, 근본적 사실에 관한 문제를 확정하는 데 있다. 고대는 결코 이 문제를 형식적으로 해결하려는 기도를 하지 않았다. 그렇기에 다른 문제들에 있어서 고대인들의 지적 해결 능력이 아무리 탁월하다고 할지라도 그 수준은 근대인들의 그것보다 열등하다. 그래서 우리가 행하고 있는 유일한 것은 바로 이 수준 속에서 과연 무엇이 근원적이며 확실한 실재인가에 대해 근대인들과 토론을 하는 것이다. 우리는 실재가 의식이나 주체가 아니라 주체는 물론이고 세계까지를 포함하는 삶이라는 사실을 발견한다. 이렇게 해서 우리는 관념론으로부터 빠져나와 새로운 수준에 도달하게 된 것이다.

그런데 여러분은 우리가 철학의 제일 문제로부터 출발하지 않은 채 이 모든 것을 행하고 있으며 존재하는 모든 것들 중 오직 우리에게 주어진 것의 수준 속에서만 행동하고 있음을 주목하기 바란다. 만일 우리가 이 실재가 우리의 삶이며 우주로부터 우리 각자에게 주어진 것만이 각자의 삶이라고 믿는다면 우리는 우리에게 주어진 것이외에, 비록 그것이 우리에게 주어지지 않았다고 할지라도 보다 중요한 실재가 존재할 것인가라는 의문에 대해 사소한 견해라도 표출하는 것을 허용하지 않을 것이다. 우리에게 주어진 것 혹은 의심의 여지가 없는 것에 대한 문제는 철학이 아니라 철학의 입구, 즉 철학의 서문에 불과할 따름이다. 나는 이 사실을 1강에서 이미 밝혔음을 여러분에게 상기시키고 싶다.

하지만 나는 여러분이 이 진술이 가져올 근본적인 결과를 인식했는지 잘 모르겠다. 이 결과는 너무나 근본적이라 엄밀히 말해 여러분에게 공표하지 말았어야 할 그런 것인데 이것을 분명히 하는 것이 과연 적절한지는 의구심이 든다. 이 결과란 다음과 같은 것이다. 만일 우리가 의심할 여지가 없는 유일한 실재란 이미 앞에서 정의한 대로 그러한 것이라고 인정을 한다면 우리가 언급할 수 있는 다른 모든 것은 명백하게 근원 실재를 구성하는 속성들과 결코 모순될 수 없을 것이다. 왜냐하면 이 근원 실재와는 상이한, 우리가 언급할 수 있는 다른 모든 사물들은 의심의 여지가 있으며 부차적인 것으로서 오직 의심의 여지가 없는 실재에 의존할 때만이 비로소 확고한 상태로 존재할 수 있기 때문이다.

한 예를 들어보자. 어떤 사람이 근대 인식론으로부터 출발하면서 의심할 여지가 없는 유일한 것은 사유의 존재라고 말하는 상황을 가정해 보자. 이 진술을 통해 그는 우리가 근대라고 부르는 수준에 자신을 위치시킨다. 그런데 그는 이 진술을 한 후 다음과 같은 말을 덧붙인다. "물론 사유 외에 어떤 법칙이 지배하는 물질, 즉 물리학에 있어서의 물질 또한 존재한다." 그런데 "사유 외에…… 존재한다."라는 진술을 통해 그가 의미하고자 했던 것이 물리학적 진술 또한 주관론의 원칙과 동일한 효력의 범주를 구성하는 것이라고 한다면 그의 진술은 완전히 모순적인 것이 되어버린다. 주관론의 원리는 말한다. "실제 의심의 여지가 없는 것은 비물질적이며, 다른 모든 개별 학문과 마찬가지로 부차적이고 유사 실재에 관심을 가지고 있는 물리적 법칙의 지배를 받지 않는다." 이는 물리적 법칙이 담지한 진리를 부정하는 것이 아니라 그 진리가 지닌 유효성을 물리적 법칙과 관련이 있는 현상의 이차적 위치로, 즉 근원 실재가 되지 않고자 하는 현상의 부차적 상태로 환원시키는 것이다. 관념론적 물리학자, 즉 근대인은 관념주의 철학자들과 마찬가지로 비물질적인 사유 이외 의심의 여지가 없는 확실한 실재가 존재하지 않는다면 어떻게 물질적인 사물, 물리적 법칙에 대해 진술하게 진술할 수 있는지를 설명해야만 한다. 그러나 그는 물리학이 의심의 여지가 없는 실재에 대한 정의에 소급 효과를 적용할 수 있도록 할 수는 없다. 이 정의는 매우 확고한 것이며 여기로부터 출발해 후에 우리가 첨가할 사항에 의해서도 결코 허물어지지 않을 것이다. 이것은 아무리 강조해도 지나치지 않은 근본적인 것이다.

새로운 사실 혹은 새로운 근원 실재는 '우리의 삶', 우리 각자의 삶이다. 이보다 더 확고하며 일차적인 실재가 존재한다고 주장하는 사람이 있다면 그렇게 주장하도록 내버려 두라. 여러분은 삶보다 더 확고하며 근원적인 실재가 존재한다는 것은 불가능하리라는 사실을 보게 될 것이다. 사유 역시 삶에 선행하지 않는다. 왜냐하면 사유 또한 나의 삶의 한 부분으로, 나의 삶의 한 특별한 행위로서 발견되기 때문이다. 의심할 여지가 없는 확실한 실재를 추구하는 것은 내가 삶을 영위하고 있기에 행하는 그 무엇이다. 즉 이것은 내가 고립되지 않은 채 스스로 행하는 그 무엇인 것이다. 지금 나는 철학에 관여하면서 삶을 영위하고 있기에 근원 실재를 추구하고 있으며, 또한 이것을 철학함의 제일 행위로 하고 있다. 철학함은 바로 이와 같은 삶을 상정하는 삶의 특수한 형식이다. 왜냐하면 만일 지금 내가 철학을 하고 있다면 이는 내가 우주란 과연 무엇인지를 알고 싶어 하는 사전적 욕구 때문이며, 이 호기심은 자신을 상실된 상태로 발견하는, 자신에 대해 불안한 그와 같은 나의 삶에 대한 열망으로 그것을 느끼기에 존재하기 때문이다. 요약하자면 우리가 일차적인 실재로 제시하고자 하는 실재가 무엇이건 간에 우리는 이 실재는 언제나 삶을 가정하며, 이렇게 가정하는 것 자체가 이미 하나의 생적 행위, 즉 '삶'이라는 사실을 발견한다.

의심할 수 없는 유일한 실재가 단순히 관념론자들의 '생각하는 나'나 아리스토텔레스의 '형상' 혹은 플라톤의 '이데아'가 아니라 삶이라는 사실은 매우 놀라운 것으로 보일 것이다. 그런데 '생각하는 나' 역시 이 개념이 처음 등장했던 시대에는 놀라운 것이었고 '형상'이나 '이데아' 또한 당시에는 참을 수 없는 역설로 간주되었다. 그런데 지금 우리가 삶에 대해 하고자 하는 것은 무엇인가? 이것은 바로 현재로서는 놀라운 것, 참을 수 없는 역설로 보이는 삶을 근원 실재로 규정하는 것이다.

하지만 삶이 근원 실재라면 우리는 이 새로운 근원 실재의 속성을 확정하는 수밖에 없으며 또한 우리가 기존에 지니고 있던 모든 이론, 우리가 따르던 다른 모든 학문을 폄하하는 것이 될 수 있을지라도 이 새로운 실재의 속성을 받아들이는 수밖에 없다. 비록 이 이론들과 학문들이 지닌 진리를 부분적으로 인정할지라도 말이다. 그런 연후에 우리는 철학의 체계 내에서 '우리들 삶'의 실재로부터 출발해 그 어떤 점에 있어서도 삶에 대한 우리의 개념에 모순되지 않으면서 또한 어떻게 유기체, 도덕 및 심리적 법칙 그리고 이념이 존재하는지를 증명해야만 한다. 그런데 삶에 대한 지금까지의 나의 진술은 우리에게 주어진, 의심할 여지가 없는 '우리의 삶' 이외에도 이것과 구별되는 동물이나 식물의 '또 다른 삶' 역시 존재한다는 사실을 포함하고 있다. 유기적이고 물리적인 실재로서 이 삶은 과학적 견지에서 볼 때 문제적이다. 반면 '우리의 삶', 우리 각자의 삶은 문제적인 것이 아니라 의심의 여지가 없는 확실한 것이다.

지난 강의에서 우리는 성급하나마 삶에 대한 정의를 내리기 시작했다. 그런데 우리가 지난 시간에 언급했던 것들은 너무나 진부하고 단조로운 것이었기에 여러분들은 당혹스러운 느낌을 받았을 것이다. 하지만 이 사실은 우리의 진술이 명백한 것이었고 우리가 명료성에 이끌리고 있음을 단적으로 대변해 준다. 삶은 신비로운 것이 아니라 명백한 것, 이 세상에 존재하는 것 중 가장 명백한 것이며 또한 투명함 그 자체의 순수한 존재이기에 삶에 대한 연구에는 상당한 어려움이 수반된다. 그래서 우리는 이 어려움을 피해 문제성을 지니고 있는 지식으로 우리의 시각을 돌린다. 그러나 삶을 탐구하는 우리로서는 이 시각을 붙잡아 삶의 속성들이 지니고 있는 명백한 사실에 집중해야만 한다.

그러므로 삶이란 이 세계 내에서 나 자신을 스스로 발견하는 것이란 사실이 명백하다. 그런데 만일 이 세계 내에서 오직 나만을 발견한다고 한다면 물론 나는 존재할 것이다. 하지만 이 존재는 삶이 아니다. 이것은 관념론에 있어서의 단순한 주체적 존재일 뿐이다. 따라서 단지 나 자신만을 발견한다는 것은 오류이다. 왜냐하면 내가 나의 '나', 나 자신을 발견할 때 나는 내 자신이 내가 아닌 다른 것에 관여하고 있는 타자, 마치 서로 연결되어 있듯이 합치된 상태로 나와 직면한 채 나를 둘러싼 환경의 형상으로, 포괄적인 통일체의 형태로, 내가 존재하고 있으며 또한 무기력한 상태로 나를 방치하지 않은 채 끊임없이 나를 재촉하고 고무시키는 세계의 모습으로 현전하는 다른 사물들에 기반하고 있음을 발견하게 된다.

그러므로 세계는 내가 나 자신을 발견할 때 나와 직면해, 그리고 나를 둘러싼 환경 속에서 내가 발견하는 것이며 나에 대해 존재하는 것이고 명백히 나에 대해 행위하는 것이다. 세계는 주체가 이것 혹은 다른 실재에 대해 부분적으로는 알고 있지만 여전히 그 신비함을 간직하면서 독자적으로 존재하는 실재로 간주된 고대적 개념의 우주나 자연과 같은 것이 아니다. 생적 세계는 오직 내가 목도한 그대로의 상태에 기반을 두고 있기에 자신에 대해 그 어떤 신비도 지니고 있지 않다. 오직 나의 삶 속에 현전한 것 이외 그 어느 것도 나의 삶에 개입할 수 없다. 결국 세계란 우리에 의해 영위되는 삶 그 자체이다. 나의 세계가 미국영화에서 묘사되는 세계처럼 가면을 쓴 수수께끼와 같은 순수 신비로 구성되어 있다고 가정해 보자. 그렇다면 이렇게 신비적이고 수수께끼 같은 세계는 나에 대해 현전할 것이고 나에 대해 명확하고 투명할 것이며 신비와 수수께끼의 형태로 나에 대해 작용할 것이다. 그리고 나는 다음과 같이 언명해야 할 것이다. "내가 삶을 영위하고 있는 세계는 의심할 여지 없이 명료한 하나의 신비이며, 그 존재는 나에 대해 명확하며 신비성에 기반한다. 그리고 만일 내가 세계는 푸르거나 노랗다고 말한다면 세계의 존재는 바로 이와 동일한 상황이다."

우리가 '우리의 삶'이라고 부르는 이 근원적 실재의 일차적 속성은 자기 스스로의 존재, 자신에 대한 인식, 자신에 대해 투명한 존재라는 것이다. 바로 이 이유로 삶과 삶을 이루는 그 모든 것들은 의심할 여지가 없는 명확한 것이며 또 세계 내에서 유일하게 명확한 것이기에 바로 근원 실재인 것이다.

'자신을 발견하는 것', '자신을 인식하는 것' 혹은 '투명한 존재'라는 것은 삶을 구성하는 일차적 범주이다. 여러분 중 몇몇 사람들은 범주라는 것이 무엇인지를 정확하게 알지 못할 것이다. 하지만 이것은 결코 부끄러운 일이 아니다. 범주란 철학에 있어 기본적인 것인데 이 기본적인 것을 모른다고 부끄러워할 필요는 없다. 사실 우리 모두는 우리 이웃들이 너무나도 명확하게 알고 있는 기본적인 것을 모른다. 이것을 모른다고 해서 결코 부끄러운 것은 아니다. 오히려 모르는 것이 자연스럽다. 진정 부끄러운 것은 기본적인 것을 알 기회가 있음에도 불구하고 이것을 알기를 원하지 않거나 이것에 관한 연구에 대해 거부감을 나타내는 것이다. 그런데 아예 무지한 사람은 기본적인 것의 연구에 대해 이러한 거부감을 나타내지 않는다. 이 거부감을 드러내는 이는 바로 자신이 이것을 알고 있다고 생각하는 사람이다. 자신이 알고 있다고 믿는 것, 이것이 진정 부끄러운 것이다. 그 무엇에 대해 실제로는 전혀 알지 못하면서 알고 있다고 믿는 사람은 자신이 가진 이 상상의 지식으로 인해 진정한 진리가 관통할 수 있는 정신의 문을 폐쇄해 버린다. 이러한 사람이 지닌 교만하면서도 완고하기 그지없는 우둔한 관념은 흰개미 집단에서 거대하면서도 단단하고 번들번들한 머리를 가진 파수꾼처럼 개미집 입구에 서서 그 무엇도 들어오지 못하게 모든 틈을 차단하는 어리석은 행동을 한다. 이렇게 자신이 그 무엇을 알고 있다고 믿는 사람은 그가 가지고 있는 허위적 관념, 화석화된 머리로 실질적인 지식이 투과되는 정신의 틈새를 막아버리는 것이다.

　스페인 국내외에서 활발한 지적 활동을 하는 사람들은 스페인의 상황과 외국 상황을 자동적으로 비교하게 된다. 그리고 이 비교를 통해 이들은 위와 같은 정신적 은둔 행위가 스페인인들에게 있어 하나의 고질적이면서도 풍토적인 결점이라는 사실을 알게 된다. 이것은 결코 우연이 아니다. 만일 스페인 남성이 지적으로 그리 개방적이지 않다면 이는 그가 지성보다 훨씬 더 깊은 영혼의 지대 속에 은둔하고 있기 때문이다. 그런데 스페인 남성에게서의 이 지적 개방성의 부족 현상은 스페인 여성에게서 더 심각하게 나타나는 것 같다.

여러분에게 이 말이 좀 심하게 들릴지 모르지만 내가 이것을 단순히 경솔한 의도에서 말하지 않았다는 사실을 알아주기 바란다. 이처럼 심한 말을 한 의도는 이 말이 스페인 사회에서 어느 정도 반향을 일으키는 순간 스페인 여성의 존재 방식에 대한 비판 활동을 전개할 것이라는 사실을 공표하고자 하는 데 있었다. 이 비판운동은 결코 대중의 지지를 받지 못할, 나로서는 매우 고통스러운 활동이 될 것이다.

나는 언제나 이것 혹은 저것을 행해야 할 의무가 있다는 것을 믿는다고 끊임없이 말하는 사람으로부터 비판을 받아왔다. 나는 내 전생애를 통해 의무라는 것에 대해 별로 생각해 보지도, 믿지도 않았다. 나는 내 고유의 삶을 영위해 왔으며 또 지금도 계속 의무가 아니라 환영, 환각에 도취되어 내 삶을 영위하고 있다. 그리고 내년에 있을 강의에서 내가 다룰 윤리학은 도덕에 있어서의 일차적 관념을 환영으로 간주할 것인데 이는 의무를 도덕의 일차적 관념으로 규정하는 전통적 윤리학과 근본적으로 결별되는 부분이다. 의무는 중요하다. 그러나 이것은 이차적인 것으로 환영의 대체물이다. 우리가 환영으로부터 획득하지 못하는 것은 적어도 의무 감각으로부터 획득해야만 한다.

스페인 여성을 주제로 할 이 비판운동은 하나의 환영이 되기에는 너무나도 거칠다. 이것은 환영이 되기는커녕 하나의 희생이 될 것이다. 수년 동안 이 운동에 대해 생각한 후 나는 이 운동을 전개할 의무가 있다고 믿게 되었다. 스페인인의 삶에서 필요한 근본적 개혁 중 나는 무엇보다도 스페인 여성들의 정신세계에 대한 개혁이 절실하다고 생각하는 바이다. 나와 마찬가지로 여성이 일반적인 관념보다 훨씬 더 가시적이지는 않지만 불가항력적으로 그리고 끊임없이 역사의 흐름에 참여했다는 것을 믿는 사람들은 스페인인들의 존재에 있어 중요하면서도 만성적인 결점이, 비록 그 근본적 원인들은 매우 이해하기 힘들겠지만 단순히 말해 스페인 여성들의 정신 상태에서 기원했다는 사실을 매우 분명히 인식하고 있을 것이다. 이 운동은 매우 어렵고도 위험한 작업이 될 것이다. 그리고 나는 이 운동이 가져올 그리 긍정적이지 않은 결과에 대해서도 충분히 예상할 수 있다. 그러나 나는 이 운동을 필히 전개해야 한다는 의무감을 느낀다.

여러분들이 보고 있듯이 나는 위와 같은 사실에 있어서도 일반적이며 공식적인 견해와는 다른 입장을 취하고 있다. 나는 그렇게 정중한 사람이 아니다. 그러나 우리는 이 정중함과는 결별해야 하며 한 시대의 사조였던 근대와 관념론을 극복했던 것과 마찬가지로 이 정중함을 극복해야만 한다. 그리고 우리는 이해하기는 어려운 존재이지만 보다 활력이 있고 열정적인 여성의 존재에 대한 연구를 진척시켜야만 한다. 돌돌 말린 대팻밥과 같은 화려하면서도 느끼한 말을 걸기 위해 여성에게 다가가는 허장성세로 가득한 1890년대의 신사처럼 행동하는 것만큼 오늘날 시대착오적인 것은 없다. 오늘날 젊은 여성들은 이미 남성들로부터 화려한 구애를 받는 관습과는 멀어지고 있다. 그리고 삼십 년 전에는 남성성의 상징이었던 여성에 대한 화려하면서도 정중한 구애는 오늘날 젊은 여성들에게 유약함 혹은 나약함으로 간주될 것이다.

하지만 이제 스페인 여성에 대한 이야기는 접고 조금 전까지 우리가 다루던 주제인 범주에 관한 문제로 돌아가자. 우리는 이 강의를 경청하고 있는 사람 중 몇몇은 범주라는 것에 대한 명백한 개념을 왜 지녀야 하는지 그 이유를 모르고 있거나 몰랐다는 사실을 다루었다. 하지만 이 사실은 그리 중요하지 않다. 왜냐하면 범주에 대한 개념은 세상에서 가장 단순한 것이기 때문이다. 말과 별은 그 대부분의 구성 요소나 성분 면에서 확연히 구별된다. 그런데 거의 모든 부분에서 아무리 다를지라도 우리가 이것들을 형체적 사물이라고 말할 때는 어떤 공통적인 점을 지닌다. 실제로 말과 별은 현실적 존재이며 이들 각자는 공간을 점유하고, 시간 속에 존재하며, 운동과 같은 변화에 의해 영향을 받는다. 또한 충돌과 같은 현상을 통해 다른 사물을 변형시키며 고유의 색, 형상, 밀도, 즉 자신의 특질을 가지고 있다. 이렇게 우리는 양자 간의 무수한 차이에도 불구하고 실제적 존재라는 것, 공간과 시간을 점유한다는 것, 고유의 특질을 지닌다는 것, 영향을 받거나 미친다는 것 등과 같은 최소한의 공통적 속성을 발견할 수 있다. 이들과 마찬가지로 형체적 사물로 존재하고자 하는 모든 것들은 최소한의 조건 혹은 특질, 즉 형체적 사물의 본질적 요소를 지닐 것이다. 이것이 바로 아리스토텔레스가 정의한 범주이다. 모든 실재적 존재는 실재적 존재라는 바로 그 이유로 인해 다른 상이한 요소들과 구별되는 특질을 수반하며 또한 내포한다.

우리의 실재로서의 '삶'은 고대적인 우주적 실재와는 상이한 것으로 본질적이며 고유한 그리고 그들 간의 분리 불가능한 범주와 요소들로 구성될 것이다. 이와 같은 '우리 삶'의 범주가 바로 우리가 지금 추구하고 있는 것이다. 우리의 삶은 '우리 각자'의 삶이다. 그러므로 나의 삶과 너의 삶은 상이하다. 하지만 이 두 삶은 '나의 삶'이며 또한 여기에는 '나의 삶'의 범주라는 공통적 요소가 존재하고 있을 것이다. 그러나 이와 같은 사실에도 불구하고 '나의 삶'이라고 불리는 실재와 기존 철학에서 '존재'라고 불리는 실재 간에는 근원적인 차이가 존재한다. '존재'는 본질적으로 개별적인 것의 특성을 희구하지 않는 어떤 일반적인 것이다. 아리스토텔레스적 개념의 범주는 일반적 의미에 있어서의 존재의 범주이다(ὄν ᾗ ὄν). 그런데 '나의 삶'은 '존재'와는 확연히 구별된다. '나의 삶'이라고 하는 명칭을 나나 여러분의 경우, 혹 그 누구의 경우에 적용시켜 본다고 할지라도 우리는 이것이 개별적인 것을 내포하는 개념이라는 사실을 알 수 있다. 여기서 우리는 '일반적'인 동시에 '개별적'인 매우 드문 개념과 직면한다.

지금까지 논리학은 명백하게 모순적인 개념의 존재 가능성을 부정했다. 이와 유사한 개념을 추구했던 헤겔은 결국 이것을 발견하지 못했다. 그의 '특수 보편' 개념은 궁극적으로는 보편적인 것으로 결코 진정 근원적으로 특수한 개별적인 것은 아니었다. 하지만 지금 이 주제에 대해 나는 더 이상 깊이 다룰 의도도 능력도 없다. 계속 우리가 다루고 있었던 주제에 천착하자.

우리 삶의 제일 범주는 바로 '자신의 발견', '자신에 대한 인식', '투명한 존재'라는 것이다. 그리고 나는 여러분에게 다시 한번 여기에서 자신, 즉 주체란 자아뿐만 아니라 세계를 포함한 개념이란 사실을 환기시키고자 한다. 나는 세계 내에서 나와 세계를 인식한다. 즉 나는 세계 내에서 삶을 영위하는 것이다.

그런데 이 '자신을 발견하는 것'이란 결국 세계 내에 존재하는 그 무엇에 관여한 채 자신을 발견하는 것이다. 나라는 존재는 세계 내에 존재하는 것에 관여하는 데 기반을 두고 있으며 세계는 내가 관여하는 그 모든 것에 기반을 두고 있다. 그 무엇에 관여한다는 것은 예를 들어 사유를 하는 것과 같이 이것 혹은 저것을 행하는 것이다. 사유한다는 것은 어떤 대상에 대해 사유를 한다는 특수한 작업을 통해 대상에 관여하는 것이기에 역시 하나의 삶이다. 즉 사유함은 진리를 창조하는 것이고 철학을 연구하는 어떤 행위인 것이다. 그 무엇에 관여한다는 것은 철학을 행하거나 혁명운동을 하는, 혹은 담배를 만나거나 산책을 하거나 시간을 소요하는 것이다. 이것이 바로 나의 삶에 있어서의 내 본연의 존재이다.

그렇다면 사물이란 무엇인가? 그 존재가 나에 의해 영위된다는 이 근본적이며 일차적인 관점과 사유 방식에 있어 사물이란 무엇인가?

나는 생각하고, 달리고, 혁명운동을 하고 있다는, 즉 행위하는 존재이다. 그렇다면 이렇게 나에 의해 행위되는 것이란 무엇인가?

이것은 정말 기이한 것이다. 나에 의해 행위되는 것 역시 나의 삶이다. 내가 행위하는 것이 만일 기다리는 것이라면 나에 의해 행위된 것은 바로 기다려지는 것이다. 내가 행위하는 것이 담배를 마는 것이라면 나에 의해 행위된 것은 엄밀히 말해 담배가 아니라 담배를 마는 나의 행위이다. 나의 행위와 격리된 담배 그 자체는 일차적이며 근본적인 존재를 지니지 않는다. 여기에 바로 고대 철학의 오류가 존재한다. 담배는 내가 행위하면서 조작하는 대상으로 내가 담배를 마는 행위를 중지하게 되면 담배는 다른 대상으로 전환된다. 즉 이것은 불을 붙여 피워야 하는 대상이 되어버리는 것이다. 상술하면 담배의 진정한 존재는 내 관여의 대상으로서 형상화되는 것으로 환원되어 버린다. 결론적으로 말하자면 담배는 그것의 존재를 영위하는, 그것에 대해 행위하는 나로부터 격리되어서는 스스로 존재를 지닐 수 없으며 더 이상 존속(χωριστόν)할 수 없다. 담배의 존재는 기능적이다. 나의 삶에 있어서 이 존재의 기능은 내가 담배를 통해 이것 혹은 저것을 할 수 있게 하는, 즉 '무엇을 위한' 것이다.

이러한 사실에도 불구하고 나는 전통 철학과 마찬가지로, 이 고대 철학의 존재 개념에 의지해 사물의 존재에 대해 사물은 그 조작과는 별도로 스스로 나의 삶에 있어 봉사를 한다고 말하고자 한다. 내가 한 사물로부터 일상적이며 유용하면서도 생생한 근원적 존재를 추상한다면 그 결과는 명확하게 우리에게 주어진다. 즉 이 사물은 결코 사라져버린 것이 아니다. 왜냐하면 내가 이것에 관여하지 않았을 따름이지 이 사물은 언젠가는 다시 나에게 복무하기를 기원하며 내 삶으로부터 격리된 채 그 외부에 존재하고 있기 때문이다. 그런데 나의 삶을 위한 존재가 아니라 사물 자신을 위한 이 스스로의 존재는 내가 나의 삶으로부터 이것을 추상했기에 출현하게 된 것이다. 그리고 이렇게 추상하는 것 역시 하나의 행위이며 관여이다. 이것은 내가 삶을 영위하고 있지 않는 척하는, 적어도 이것 혹은 저것의 존재를 영위하고 있지 않는 척하는 데 관여하는 것이며 사물을 나로부터 격리해 나의 외부에 위치시키는 것이다. 그러므로 스스로 그 존재를 영위하는 사물의 존재 방식, 즉 사물의 일반적이며 존속적 존재 역시 나를 위한 존재로 내가 이것의 존재를 영위하는 것을 중단했을 때, 내가 이것의 존재를 더 이상 영위하지 않는 척할 때의 사물의 존재 방식이다. 내가 존재하지 않으며 따라서 나에 대해 존재하는 사물들을 목도하지 않은 채 사물들의 존재 양상에 대해 자문하고 있다고 가정하는 이 가식적 행위는——이것은 결코 진지하지 않다거나 허위적이란 의미를 지니지 않는다. 단지 가상적인 행위일 따름이다——즉 내가 삶을 영위하지 않는다고 생각하는 가정적 행위는 곧 이론적 행위이다.

여러분은 피히테의 논리가 어떻게 여전히 타당한지를 볼 수 있지 않은가? 또한 여러분은 이론화 작업을 한다는 것, 철학을 한다는 것은 하나의 이론적 삶 혹은 관조적 삶이라는 삶의 한 형태이기에 정확히 말해 삶이 아니라는 사실을 볼 수 있지 않은가? 이론과 이론의 궁극적 형태인 철학은 자신으로부터 초월하는 것이며 일상적 삶의 영위를 중지하는 것이고 사물에 관여하지 않는 것이며 이것에 대한 관심을 중단하는 것이다. 하지만 관심을 중단한다는 것은 결코 소극적 행위가 아니라 관심의 한 형태이다. 상술하자면 한 사물에 대한 관심을 중단한다는 것은 사물과 나를 이어주고 있던 내생적(內生的) 관심의 연결고리를 끊은 채 내 삶에 침잠해 있는 사물을 구제해 이것을 순수하게 자기 자신에 대해서만, 단독으로 존재할 수 있도록 하면서 관심을 지니는 것이다. 그러므로 관심을 중단하는 것은 각 사물의 고유한 내적 존재에 관심을 가지는 것이며, 이 사물에 독립성과 본질을 부여하는, 즉 인격을 부여하는 것이라고 말할 수 있다. 상술하면 이 행위는 나를 나로부터가 아닌 사물 그 자체로부터 사물을 볼 수 있도록 위치시키는 것이다. 관조는 윤회의 연습이다. 그런데 자기 자신을 절대적으로 소유하고 있는 것을 추구하는 것, 사물을 향한 나의 모든 부분적, 편견적 관심을 단절하는 것, 사물을 이용하는 것을 중단하는 것, 사물이 나에게 복무하길 원치 않는 것, 내가 사물을 볼 수 있고 발견할 수 있도록 하기 위해, 사물이 스스로 자신의 고유 존재로 존재할 수 있도록 나 자신을 공정한 시각으로 복무케 하는 것, 이것은 곧 사랑이 아닐까? 사랑에 빠졌을 때 우리는 욕망과는 달리 타자로부터 삶을 영위하려고 하며 또한 타자를 위해 삶의 영위를 중지한다. 그렇다면 관조는 그 근원적인 의미에 있어 어떤 사랑의 행위가 아닐까? 우리가 부정했던 노회하면서도 신성하기까지 한 플라톤은 우리의 이 부정 속에서 이 부정을 강화하며 고무하고 그 정취를 더하면서 우리를 지속적으로 고취시키고 있다. 이렇게 우리는 이전과는 다른 새로운 형식으로 지식의 관능적 기원에 대한 플라톤의 사유를 발견한다.

나는 지금까지 내가 사용했던 표현들을 순화하지도, 분석하지도 않은 채 성급히 위의 사실들을 다루었다. 이는 여러분이 이 단순하면서도 미숙한 형식 속에서 존재에 대한 전통적 의미가 새로운 철학에 있어 어디에서 출현하는지를 목도하게끔 하려는, 만일 시간이 충분했다면 우리의 여정이 어떻게 전개되었으리라는 것을 인식하게끔 하려는 의도였다. 이제 우리는 "철학이란 무엇인가?"라는 질문에 대해 지금까지 그 어느 때보다도 근본적인 답변을 할 수 있을 것이다. 왜냐하면 이전 강의들에서 우리는 철학적 교리가 무엇인지에 대한 정의를 내렸고 또한 이 정의 속에서 삶을 발견하는 데까지 이르렀기 때문이다. 그리고 지금 우리는 철학이란 무엇인가라는 질문에 진정 우리가 답하고자 하는 지점에 도달했다.

책에서나 존재하고 존재할 수 있는 철학적 교리는 철학이 지닌 진정한 실재의 추상일 따름이며 철학의 침전물 혹은 이것의 절반쯤 죽어버린 육체와 같은 것이기에 삶을 발견한 우리로서는 이제 철학에 대한 정의를 내릴 수 있는 것이다. 궐련의 추상적 실재가 아닌 구체적 실재란 끽연자가 그것을 말아 피울 수 있는 것이듯 철학의 존재란 철학자가 행하는 그 무엇이다. 즉 철학을 한다는 것은 곧 삶의 한 형식이다. 이것이 바로 내가 여러분 앞에서 정밀하게 탐구하고자 했던 것이다. 그렇다면 삶의 형식으로서의 철학이란 무엇인가? 우리는 막연하게나마 존재하는 모든 것에 대한, 우주에 대한 삶의 영위를 중지한다는 것, 즉 우주를 인식할 수 있는 바로 그 지점에 존재의 본질을 위치시키는 것에 대해 살펴보았다. 그러나 사실에 대한 장기적인 분석이 수행되지 않는 한 위 표현에 엄밀하면서도 유효한 의미를 부여한다는 것은 그리 유용하지 않다. 지금으로서 나는 그 어떤 철학서도 존재하지 않던 시대에 살았던 고대 그리스인들을 여러분에게 상기시키는 것만으로도 충분하다. 그리스인들은 "철학이란 무엇인가?"라는 질문을 받았을 때 플라톤과 마찬가지로 인간, 철학자, 삶을 생각했다. 그들에게 있어 철학을 한다는 것은 무엇보다도 곧 삶에 대한 이론화 작업이었다(βίος θεωρητιχός). 엄밀히 말해 그리스인들이 최초로 지니게 된 교재로서뿐만 아니라 실질적 형태로서의 철학서는 일곱 현자에 관한 삶, 즉 전기였다. 철학하는 행위로써 철학을 정의하지 않는 모든 것, 삶의 본질적 형태로써 철학함을 정의하지 않는 모든 것은 불충할 뿐만 아니라 결코 근원적인 것이 될 수 없다.

하지만 지금 나는 이 강의의 결론을 내리기 전에 '우리의 삶'에 대한 정의를 보다 발전시켜 보고자 한다. 우리는 삶이란 이것 혹은 저것에 관여하면서 자신을 발견하는 것, 즉 하나의 행위라는 사실을 살펴보았다. 그런데 모든 행위는 그 무엇에 관여하는 것이며 그 무엇을 위한 것이다. 우리의 현존 상태인 관여는 그 무엇을 '위한' 것이기에 우리가 흔히 목적이라고 부르는 것에 근거하고 있으며 또 그것을 지향한다. 내가 지금 행하고 있고 이 행위 속에서 삶을 영위하고 존재하고 있는 그 무엇은 내 앞에 존재하는 무수한 가능성 중에 이것에 관여하는 것이 내 삶의 최고 형태라 생각했기에 이것을 위해 전념하기로 결정한 것이다.

위의 각 단어들은 하나의 범주이며 또한 그러하기에 여기에 대한 분석은 끊임없이 계속될 수 있을 것이다. 바로 여기에서 나는 나의 현재 삶, 내가 행하는 삶 혹은 실제로 내가 행하는 것을 결정한다는 결론이 도출된다. 환언하면 나의 삶은 그 무엇을 단순히 행하기 전에 어떤 행위를 결정하는 것이다. 결국 나의 삶은 그 무엇을 결정하는 것이다. 우리의 삶은 자신의 미래를 예견하면서 스스로 결정하는 것이다. 우리가 지난 강의에서 예를 들었던 탄환과 달리 삶은 이미 만들어진 상태로 우리에게 주어지지 않는다. 삶을 영위한다는 것은 언제나 우리에게 가능성을 제시하는 열린 세계 내에서 자신을 발견하는 것이기에 우리의 삶은 스스로 결정하는 데 기반을 둔다. 살아 있는 세계는 나에게 있어 매 순간 이것, 오직 이것만을 해야 하는 의무로 성립되는 것이 아니라 이것 혹은 저것을 할 수 있는 가능성에 의해 성립된다.

한편 우리 앞에 전개되어 있는 이 가능성들은 무한적이지는 않다. 만일 이것들이 무한적이라면 이는 구체적인 가능성이 아니라 순수한 불확정일 것이며 절대적 불확정의 세계에 있어 모든 것들은 그 가능성이 동일할 것이고 따라서 그 무엇도 결정할 수 없을 것이다. 그 무엇을 결정하기 위해서는 한계와 공간, 그리고 상대적인 결정이 존재해야만 한다. 나는 이것을 '환경(circunstancia)'이라는 범주로 표현하고자 한다. 삶은 언제나 어떤 환경, 사물과 타자로 가득 찬 주변적(circum) 공간 속에서 발견된다. 우리는 결코 공허한 세계에서 삶을 영위하지 않는다. 생적 세계란 구성적으로 환경이며 지금, 여기, 우리가 삶을 영위하는 세계이다. 환경이란 어느 정도 결정적인 것이며 폐쇄된, 하지만 동시에 열려 있으며 그 내부 영역은 우리가 행위하고 결정할 수 있는 공간과 여지가 존재한다. 즉 환경은 빠져나갈 수 없는 협곡에서 삶이 파헤쳐 가는 하상(河床)과 같은 것이다. 삶은 지금 여기서 삶을 영위하는 것이다. 지금, 여기라는 개념은 매우 특별한 것으로 결코 다른 것으로 대체되지 못하지만 매우 넓은 의미를 포함하고 있다.

모든 삶은 무수한 가능성들 사이에서 결정을 하는 하나의 끊임없는 과정이다. 별은 우리를 유도하지만 강제하지는 않는다(Astra inclinant, non trahunt). 삶은 자유인 동시에 숙명이다. 즉 이것은 주어진 숙명 속에서의 자유이다. 이 숙명은 우리에게 결정적이며 불변적인 가능성의 목록을 제시한다. 환언하면 숙명은 우리에게 상이한 운명을 제시하는 것이다. 우리는 이 숙명을 받아들이고 이 숙명 속에서 우리의 운명을 결정한다. 결국 삶은 운명이다.

나는 지금 이 강의를 경청하고 있는 사람 중 그 누구도 결정론은 자유를 부정한다고 나에게 경고할 필요가 있다고는 생각하지 않기를 바란다. 만일 그런 사람이 있다면 나는 결정론과 그 사람에 대해 매우 유감이라고 말해 주고 싶다. 가장 정확한 결정론은 그 최고 의미에 있어 우주의 실재에 대한 하나의 이론이었다. 비록 결정론이 확실한 것이라고 할지라도 결국 이것은 증명할 필요가 있는 하나의 이론, 해석, 문제성을 지니고 있는 의식적인 논제였다. 따라서 비록 내가 결정론자라고 해도 나는 지금 우리가 살펴보고 있는 근원적이며 의심할 여지 없이 확실한 실재에 대해 결정론이 소급력을 발휘하게 하지는 않을 것이다. 그런데 결정론자가 아무리 결정론적 사유에 침잠해 있다 하더라도 이와 같은 그의 삶은 상대적으로 비결정적이며 그는 어느 특별한 순간 결정론과 비결정론 중 하나를 선택한 것이다. 그러므로 지금 여기에서 나에게 결정론이 자유를 부정하는 게 아니냐고 질문하는 것은 곧 결정론이라는 것이 무엇인지를 모르는 혹은 다른 모든 이론에 선행하는 근본적 실재에 대한 분석이 어떤 것인지를 모르는 소치의 결과이다.

내가 삶이란 숙명인 동시에 자유라고, 비록 제한된 것이기는 하지만 열려진 가능성이라고 말한 사실을 여러분은 결코 간과하지 말기 바란다. 나는 이것을 합리화, 즉 증명할 수도 없을 뿐더러 합리화시켜야 할 의무도 없다. 아니 나는 의식적으로 모든 합리화의 작업에서 탈출해야만 한다. 나는 나 자신을 개념화시켜 표현하는 작업으로부터, 내가 직면하고 있는, 모든 이론과 합리화, 그리고 증명 속에서 가정되는 근본적 실재를 서술하는, 그렇게 나를 제한해 버리는 작업으로부터 빠져나와야 한다. 이렇게 내가 원하지 않는, 여러분이 결정론에 대한 잘못된 이해를 할 경우와 같은 유감스러운 사태를 미연에 방지하고자 나는 이 강의 초반에 그렇게 근본적이며 기초적인 것들에 대해 이야기를 한 것이다.

첨언하자면 나는 오늘날 철학에 있어서나 물리학에 있어서나 결정론은 더 이상 존재하지 않는다고 단언하는 바이다. 아인슈타인의 후계자로 그의 이론을 더욱 확장한 현대 물리학의 최고봉 중의 한 명인 헤르만 바일이 이 년 반 전에 출간한 물리 논리학에 대한 저서에는 결정론은 더 이상 존재하지 않는다는 나의 발언을 강력히 뒷받침하는 내용이 있다. 그는 이 책에서 "전술한 모든 것으로부터 법칙과 통계로 구성되는 현대 물리학은 결정론의 옹호를 떠맡을 입장과 얼마나 멀어졌는지 우리는 목도할 수 있다."라고 말한다. 비전적(秘傳的)인 정신의 기제(機制)에 대한 그의 설명 중 하나가 바로 우리가 그 무엇을 경청하고 거기에 대한 기본적인 반대 입장을 취할 때에, 그 강사나 저자가 우리와 같은 생각이 아닐 거라고 생각하므로 실제로는 우리야말로 강연자와 저자가 말하는 것을 이해하지 못하는 사람들이라는 점이다. 만일 우리가 이 점을 생각하지 못한다면 우리는 필히 우리가 경청하고 있는 강의의 강연자나 우리가 읽고 있는 책의 저자보다 하위 수준에 머물게 될 것이다.

그러므로 삶은 우리의 미래 존재를 결정하는 데 기반을 두고 있는, 결국 우리의 현 존재가 아닌 데에, 미래를 위한 출발에 기반을 두고 있는 역설적인 실재이다. 우주적 존재와는 대조적으로 삶을 영위하는 존재는 장차 다가올 것으로부터 자신의 삶을 시작한다. 그런데 만일 시간이 본질적으로 우주적 시간이라면 이와 같은 삶은 불가능할 것이다. 우주적 시간은 아직 미래가 도래하지 않았고 또한 과거는 이미 종결되었기에 오직 현재일 뿐이다. 그렇다면 과거와 미래는 어떻게 시간의 한 부분으로서 지속할 수 있을까? 이것이 바로 철학자를 곤경에 빠뜨리는 지난하기 그지없는 시간의 개념에 관한 문제이다.

'우리의 삶'은 현재적 순간에 정주하면서 여기에 정박하고 있다. 그런데 이 순간에 있어서의 나의 삶이란 무엇인가? 이것은 내가 지금 말하고 있는 것을 발화하는 과정이 아니다. 즉 내가 지금 이 순간 속에서 삶을 영위하고 있는 것은 결코 내 입술을 움직이는 것이 아니다. 이것은 단지 기계적이며 나의 삶과는 동떨어진 우주적 존재에 속하는 것이다. 이와는 대조적으로 삶은 내가 말하려고 하는 것을 생각하는 과정이다. 즉 이 순간 나는 미래를 고려하고 있으며 미래를 계획하고 있는 것이다. 그런데 이 사실을 말하기 위해서는 나는 말이라고 하는 어떤 수단을 필요로 하며 또한 이것은 나에게 나의 과거를 제공한다. 따라서 나의 미래는 이 미래를 실현시키기 위해 나로 하여금 나의 과거를 발견토록 한다. 이제 과거는 내가 이것을 재생하고 있으므로 실제적 시간이 되며 내가 나의 과거 속에서 미래를 실현시키기 위한 방법을 발견하는 순간이 바로 내가 나의 현재를 발견하는 순간이다.

이 모든 것은 단 한순간에 발생한다. 각 순간마다 삶은 과거, 현재, 미래라는 세 개의 실제적인 내적 시간의 차원에서 확장된다. 미래는 나를 과거로 보내며, 또 과거는 현재로, 여기에서 다시 나는 나를 과거로 보낸 미래로 돌아가며, 그리고 또다시 미래는 나를 과거로, 과거는 현재로 나를 보내는 영원한 순환이 계속된다.

우리는 지금 마치 우리의 발이 디디고 있는 바닥과 같은 우주적 현재에 정박하고 있다. 여기에서 우리의 육체와 머리는 미래를 지향한다. 르네상스의 여명기에 "지금 혹은 현재는 미래, 현재, 과거라는 모든 시간을 포괄한다(Ita nunc sive praesens complicat tempus)."라고 말한 니콜라우스 쿠자누스 추기경의 말은 매우 타당하다.

우리는 현재 속에서, 현시점에서 삶을 영위하고 있다. 그런데 이 현재는 일차적으로 우리를 위해 존재하지는 않는다. 바닥을 딛고 있는 것과 마찬가지로 우리는 현재를 발판으로, 즉 현재로부터 직접적인 미래의 삶을 영위하는 것이다.

대지의 모든 부분 중에 우리가 직접적으로 인지할 수 없는 유일한 부분이 우리가 발아래 있는 것이라는 사실을 유의하기 바란다.

우리를 둘러싸고 있는 것이 무엇인지를 목도하기 전 우리는 본질적으로 욕구와 열망 그리고 환영의 집합체이다. 우리는 타인들과 마찬가지로 이들이 지닌 선호와 편견의 체계를 부여받은 상태로 이 세계에 왔다. 그리고 우리들 각자는 그 내부에 각 사물을 향해 좋아함과 싫어함을 표출하는 선호와 반감의 배터리를 장착하고 있다. 좋아함과 싫어함의 지칠 줄 모르는 기계인 우리의 심장은 우리 인성의 지지대이다.

그러므로 인상이 일차적인 것이라고 말하지 말기 바란다. 우리가 그 무엇을 원한다고 할 때 이는 우리가 사전에 원하는 대상을 목도했기 때문이라는 인간이 지닌 전통적 관점을 수정하는 것보다 더 중요한 것은 없다. 우리가 원하는 대상을 사전에 목도했기에 그것을 원한다는 것은 사실 명백한 것처럼 보인다. 그러나 이것은 커다란 오류이다. 물질적 부를 욕망하는 사람은 이것을 욕망하기 위해 황금을 발견할 때까지 기다리지 않는다. 그는 사업적 측면에서 발생할 수 있는 모든 상황에 신경을 쓰며 금을 발견할 수 있는 곳이라면 그 어디에서든지 이것을 찾기 위한 노력을 경주할 것이다. 하지만 미학적 취향을 지닌 예술가는 위와 동일한 상황 속에서 경제적 이익은 도외시한 채 선과 미의 추구에 주의를 집중할 것이다.

그러므로 전통적 관점은 완전히 전복되어야만 한다. 우리는 결코 그 무엇을 사전에 목도했기에 그것을 원하는 것이 아니라 이와는 반대로 우리의 내부에서 그 무엇과 같은 종류의 사물을 원하기에 세계 속에서 우리의 감각을 통해 이것을 추구하는 것이다. 우리에게 끊임없이 다가오는 소리들 중, 즉 육체적으로 우리가 들을 수 있는 소리들 중 실제로 우리는 우리가 주의를 기울이는 것만을 듣는다. 환언하면 우리는 우리가 듣고 있는 무수한 소리 중 우리가 특별히 주의를 기울이고자 하는 것들만 듣는 것이다. 다른 사물들에 집중하면서 한 사물에 동시에 집중할 수는 없기에 우리의 관심을 끄는 어떤 소리를 들을 때 우리는 우리 귀에 들려오는 다른 모든 소리를 듣지 않게 된다. 모든 시각 행위는 곧 응시하는 것이고 모든 청각 행위는 결국 경청하는 것이며 모든 삶을 영위하는 행위는 본질적으로 끊임없이 그 무엇을 좋아하고 싫어하는 것이다.

이 현상은 아마도 섬세하기 그지없는 감정 상태인 사랑의 영역에서 가장 명료하게 나타난다. 여성이 지닌 영혼의 잠재적 기저 속에서 여성은, 여성성이 충만할 때, 자신이 깨어나기 위해서는 언제나 왕자의 입맞춤이 필요한 잠자는 숲 속의 미녀이다. 여성은 자신의 영혼의 기저에 자신도 인식하지 못한 채 한 구체적 남성의 개인적 이미지가 아닌 완벽한 남성에 대한 일반적 유형을 사전에 형성하고 있다. 그녀는 언제나 잠이 든 채 자신의 내부에 이미 존재해 있고 선호하는 이상형의 남성과 자신이 실제세계에서 만난 남성들을 비교, 대조하면서 몽유병자처럼 이들 사이를 배회한다.

이것은 모든 진정한 사랑에 있어서 필히 발생하는 두 가지 사실을 잘 설명해 준다. 하나는 바로 급작스럽게 사랑에 빠지는 것이다. 여성은 어느 한순간, 남성도 마찬가지이지만, 그 어떤 과정이나 변화 없이 사랑의 화염에 휩싸인다. 이 현상은 여성이 자신의 영혼의 기저에 언제나 지니고 있던 이상적 남성형에 자신의 존재를 은밀하면서도 암묵적으로 양도하는 행위가 한 특정한 남성과의 우연한 만남보다 선행하지 않고서는 설명이 불가능하다. 또 다른 사실은 여성이 남성과 깊은 사랑에 빠졌을 때 이 여성은 자신의 사랑은 영원할 것이라고 느낄 뿐만 아니라 예전부터 언제나, 신비로우면서도 심오하기 그지없는 과거 때부터, 전생에 있어 측정될 수 없는 때부터 이 남성을 사랑해 왔다고 믿는 것이다.

이 영원하면서도 본질적인 열애, 한 남성에 대한 헌신은 결코 그녀의 시야에 나타난 구체적 개인으로서의 남성의 출현에 기인하는 것이 아니다. 이는 이 여성의 잠재적 영혼의 기저에 하나의 약속으로 녹아 있던, 그리고 지금 실제적이고 구체적인 한 남성 속에서 실현되고 충족된 내적이면서도 이상적인 남성형의 존재에 기인하는 것이다.

　이와 같은 극단적인 면에 있어서도 인간의 삶은 끊임없는 예견이며 미래의 사전 형성이다. 우리는 언제나 우리가 선호하는 특성이 실현되는 사물에 대해서는 매우 민감하다. 반면 우리는 우리가 지닌 태생적 감수성에 익숙하지 않은 사물의 유형에 속하는 특성에 대해서는 비록 그 완벽성이 우리가 선호하는 특성과 같은 수준이거나 더 우월하다고 할지라도 거의 무감각하다. 미래야말로 일차적인 것이다. 우리는 끊임없이 우리가 선호하는 과즙이 나올 수 있도록 하기 위해 주의를 집중해 미래를 쥐어짠다. 그리고 오직 미래에 대해 우리가 요구하는 관점에서, 미래에 대해 우리가 기대하는 관점에서 우리는 현재와 과거로 시선을 돌리는 것이다. 그리고 이 현재와 과거 속에서 우리는 우리의 열망을 충족시킬 수단을 찾는다. 미래는 언제나 지휘관이며 현재와 과거는 이 지휘관의 지휘를 따르는 병사이다. 우리는 현재에 의지한 채 미래를 향해 나아가면서 삶을 영위한다. 이때 과거는, 언제나 우리에게 충실하면서 우리의 가장자리에 머물고 있는, 약간은 감상적이고 유약한 이러한 과거는 밤길을 비추는 달빛처럼 우리 어깨에 그 창백한 우정을 기댄 채 우리와 동행한다.

　그러므로 심리학적 측면에서 결정적인 것은 우리의 현재완료적 상태의 총체가 아니라 기호, 열망, 환영, 욕망과 같은 우리가 갈구하고 희구하는 것의 총체이다. 우리가 원하건 원하지 않건 간에 우리의 삶은 본질적으로 미래주의 그 자체이다. 인간은 자신이 지닌 환영에 의해 회화적 과장에서 정당화되는 이미지인 꼬끝을 언제나 포함한다. 왜냐하면 인간의 코끝은 항상 앞을 지향하며, 우리 자신으로부터 '저편'의 공간으로 나아가는 우리의 한 부분이기 때문이다. 즉 이것은 우리를 앞서며 선행하는 것이다.

이것 혹은 저것을 결정하는 것은 우리 삶의 한 부분으로 어떤 자유의 속성을 지닌다. 우리는 끊임없이 우리의 미래 존재를 결정하고, 이것을 실현하기 위해서는 과거에 의존해야 하며 현실에 대응하기 위해서는 현재를 이용해야 한다. 그리고 이 모든 것은 '지금(ahora)'이라는 시간의 자장 내에서 행해져야만 한다. 왜냐하면 이 미래는 단순히 일반적인 미래가 아니라 가능한 '지금'이고 이 과거는 백 년 전에 살았던 사람의 과거가 아니라 '지금'까지의 과거이기 때문이다. 여러분은 지금 목도하고 있지 않은가? '지금'은 우리의 시간이며 우리의 세계이고 우리의 삶이다. '지금'은 고요한 큰 강처럼 혹은 험한 격류처럼 우리가 기원후 1929년이라고 부르는 추상적 라벨을 붙인 채 이 세계와 시간의, 이 현실의, 이 유일한 현실의 풍경을 가로질러 흘러간다. 우리의 존재는 바로 '지금'이라는 시간대 속에 각인된다. 이것은 우리에게 가능성과 불가능성, 조건, 위험, 용이함, 수단 등의 목록을 제시한다. 또한 이것은 자신이 지닌 특성을 통해 우리 삶에 동기를 부여하는 결정의 자유를 제한하며, 따라서 이것은 우리의 자유에 길항하는 하나의 우주적 압력, 우리의 운명으로 작동한다.

따라서 우리의 시대가 곧 우리의 운명이라는 것은 그저 단순한 문구가 아니다. 그러므로 개인적, 역사적 과거가 응축되어 녹아 있는 현재는 우리 삶에 개입하는 운명의 한 부분이고, 이러한 의미에 있어 현재는 언제나 숙명적 차원을 지니게 되며 우리가 어떤 함정에 빠져버렸다는 의미를 가지게 된다. 하지만 이 함정은 우리를 교살하는 것이 아니라 결정의 여지를 삶에 부여하며, 언제나 우리에게 부과된 운명과 상황에 대한 멋진 해결책을 제시하고, 또한 우리가 아름다운 삶을 영위할 수 있도록 허용한다. 따라서 삶이란 한편으로는 숙명으로 구성되고 또 다른 한편으로는 이 숙명에 대해 우리 스스로 우리의 미래 존재를 결정하는 데 있어 필수불가결한 자유로 구성되기에 삶의 근저에는 예술의 소재가 존재한다. 서정시의 자유를 운과 운율의 형식 속에서 만끽하는 시인의 상황만큼 이것을 상징적으로 드러내는 것은 없을 것이다. "예술가는 사슬에 묶인 채 춤추는 자이다."라고 말한 니체의 말처럼 모든 예술은 어떤 구속과 숙명을 수용하고 있다는 의미를 함유한다. 현재라는 우리에게 주어진 운명은 결코 불행이 아니라 끌로 대리석 표면을 긁을 때의 느낌과 같은 즐거움이다.

우리 각자가 자신이 가지고 있는 시간에 조금만 더 신경을 쓰고 여기에 우아함과 집중도를 지금까지보다 조금 더 부여한다고 가정해 보자. 그리고 각자의 삶이 지닌 이 모든 최소한의 완성도와 강도를 타자의 삶을 통해 배가하면서 인간의 공존이 도달할 수 있는 이 거대한 풍요함과 믿을 수 없는 고귀함이 얼마나 되는지 계산해 보라.

이것은 삶의 최고 형태일 것이다. 여기서 우리는 방향타를 상실한 배처럼 흘러가는 시간 속에서 표류하는 대신 매 순간마다 새로운 긴박성과 중요성을 지닌 시간이 우리 앞을 지나가고 있음을 목도하게 될 것이다.

그리고 여러분은 우리의 삶을 향상시키는 데 있어 '운명이 하나의 걸림돌로 작용할 것이라고 말하지 말기 바란다. 왜냐하면 삶의 아름다움이란 삶 그 자체가 하나의 운명이기에 운명이 우리에게 호의적인가 비호의적인가라는 사실에 달려 있는 것이 아니라 우리에게 주어진 운명에 도전하고 또 이 운명이 지닌 숙명적인 성질로부터 고귀한 형상을 주조할 수 있도록 해주는 관용에 기반을 두고 있기 때문이다.

그런데 이제 우리는 그 근원적 본질에 있어서의 우리의 삶에 대해 지금까지 우리가 분석해 왔던 모든 것을 하나의 정식으로 만들 필요가 있다. 이 기본적인 사실에 대한 개념은 아주 다루기 힘든 새처럼 쉽사리 우리 이해의 범주를 벗어나 버리기에 우리는 이것을 하나의 새장 속에, 포로처럼 갇혀 있는 관념을 철망 사이로 언제나 바라볼 수 있는 어떤 표현적 명칭 속에 가두어둘 필요가 있다.

우리는 삶이란 우리의 미래 존재를 결정하는 데 기반을 둔다는 사실을 살펴보았다. 삶에 대한 정치한 분석을 해온 하이데거는 "삶은 곧 주의하는 것"이라고 말했다. 주의(cuidar)라는 단어는 라틴어의 Cura에 해당하는데 이 Cura라는 단어로부터 Procurar(노력하다), Curar(치유하다), Curiosidad(호기심) 등의 단어들이 유래했다. 고대 스페인어에서 Cuidar라는 단어는 오늘날 Cura de almas(영혼의 치유), Curador(관리인), Procurador(대리인)의 의미를 지니고 있었다. 그런데 나는 하이데거가 사용했던 주의하다(Cuidar)라는 단어보다 적합하리라 사료되는 단어를 통해 그의 말과 동일하지는 않지만 유사한 개념을 표현하고자 한다. 즉 "삶은 어려운 순간에 있어서뿐만 아니라 항상 그 무엇에 전념하는 것(preocuparse)이다. 삶은 본질적으로 전념하는 것 그 자체로, 그 이상도 그 이하도 아니다." 매 순간마다 우리는 다음 순간 무엇을 할 것인지를 결정해야만 하며 무엇으로 우리의 삶을 영위할 것인지를 결심해야 한다. 그러므로 삶은 미래에 전심하는 것이며 전념하는 것이다.

그런데 타인의 견해를 수용하는 데 있어 매우 신중하고 어느 정도 폐쇄적인 사람은 속으로 다음과 같은 반론을 제기할 것이다.

"지금 당신이 말하고 있는 것은 하나의 언어유희이다. 나 역시 삶이란 매 순간 우리의 미래 존재를 결정하는 데 기반을 두고 있다는 사실은 인정한다. 그런데 일상어에 있어 전념이란 단어는 언제나 고뇌, 어려운 순간을 지칭하는 의미를 포함한다. 그 무엇에 전념하는 것은 그것에 대해 매우 진중한 의문을 제기하는 것이다. 그러나 우리가 이 극장에 와서 철학에 대한 강의를 듣고자 결정했을 때 우리가 여기에 대해 심각한 질문을 제기했다고 자의적으로 해석하지는 말기 바란다. 이렇게 우리 삶의 대부분은 당신이 말했듯이 무심히 흘러간다. 그렇다면 이렇게 삶이라고 명명한 것과 일치하지 않는다면 왜 전념이라는 그렇게도 심각하고 감상적인 용어를 사용하는가? 현재 우리는 다행히 과장과 부조화로 배양된 낭만주의라는 제국의 통치하에 있지 않다. 우리는 외과의의 수술도구처럼 정밀하면서도 그 어떤 것에 감염되지 않은 용어를 통해 단순하고 명확하며 정확하게 말할 수 있기를 요구하고자 한다."

나는 왜 내가 여러분 중 몇몇이 위와 같은 반대 의견을 개진할 것이라고 가정하는지 나 자신도 그 이유를 모르겠다. 사실 위의 반론은 정확한 것이다. 소명의식을 지닌 지식인에게 있어 — 나는 다른 그 무엇이 되고자 희구하지 않는다. 뜨거운 열정과 소명의식을 지닌 지식인으로서의 모습, 이것이 나의 현존이다 — 정확한 반론은 가장 기분 좋은 것이다. 왜냐하면 지식인으로서 나는 반론을 제기하고 또 반론에 직면하기 위해 이 세계에 왔을 따름이기 때문이다. 그러므로 나는 이 반론을 기꺼이 받아들인다. 아니 받아들일 뿐만 아니라 그 가치를 높이 평가하며 이와 같은 반론을 여러분이 제기해 줄 것을 요청한다. 나는 이 반론들로부터 어떻게 의미 있는 수확을 거둘 수 있는지를 언제나 명확하게 인식하고 있다. 만일 우리가 이 반론들을 극복할 수 있다면 우리는 승리의 즐거움을 만끽할 수 있을 것이고 과녁에 화살을 명중시킨 궁사가 취하는 득의만만한 자세를 취할 수 있을 것이다. 반대로 우리가 이 반론들을 극복하지 못하고 오히려 설득당한다면 어떤 행운이 우리에게 찾아올까? 그 행운은 오랜 병마를 극복하고 회복기에 접어든 환자가 느끼는 관능적 즐거움과 같은, 악몽에서 깨어나는 것과 같은 것이다. 즉 우리는 새로운 진리를 창출해 낸 것이며 우리의 후학들은 이 새로운 진리를 통해 자신들의 지적 세계의 깊이를 더해 갈 것이다. 그러므로 나는 반론을 기꺼이 받아들이고자 한다. 순수함, 명료함, 정밀함은 나 역시 숭상하는 신성과도 같은 것이다.

하지만 현재로서는 비록 가정이긴 하지만 내게 반론이 제기된 상태이므로 나는 효과적인 무기를 들고 나 자신을 방어해야만 한다. 그런데 이 무기들이 한번도 사용하지 않은 새것이라면 필히 어느 정도는 투박할 것이다.

지금 우리는 여러분 중 몇몇이 자신의 행동에 대한 전념 없이, 이 행동에 대해 그 어떠한 의문도 제기하지 않은 상태로 이 극장에 왔다는 가설적 상황을 설정해 놓고 있다. 사실 우리는 우리가 행하는 행위에 대해 그 어떤 전념도 하지 않을 뿐더러 여기에 대해 그 어떠한 의문도 제기하지 않는다고 빈번히 생각한다. 그리고 만일 우리가 외형적인 것에 주로 끌리는 현상에 대해 학문적 호기심이 많은 심리학자가 의심스러운 눈초리를 보내지 않는 한 우리는 삶의 자연적 형태는 전념의 부재라고 말해야만 할 것이다. 하지만 여러분이 이곳에 어떤 특별한 이유로 인해 오지 않았다면, 특히 여러분이 전념코자 하는 그 무엇 때문에 오지 않았다면 여러분은 이곳에 무슨 이유로 왔는가? 이 질문에 대해 여러분은 필히 "남들이 여기에 오니 나 역시 여기에 왔다."라고 대답할 것이다.

여기에 바로 전념의 부재가 내포하는 비밀이 존재한다. 만일 우리가 삶에 전념하지 않는다고 한다면 삶의 각 순간은 밧줄이 끊어져 이리저리 떠다니는 부표처럼 사회적 격랑에 휩쓸려 방향을 상실한 채 표류할 것이다. 이 현상은 우리를 단순히 평범한 인간으로, 인간이라는 창조물의 절대다수를 차지하는 그저 그런 부류로 전환시켜 버린다. 이와 같은 필부들에게 있어 삶은 동일성에 자신을 양도하는 것이며 관습과 편견, 습관과 일상을 자신의 정신세계 속에 정주시켜 여기에 삶을 부여하고, 이것들에 따른 삶을 영위하기 위한 과제를 행한다. 이들은 기쁜 순간이나 고통스러운 순간이나 자신의 삶의 무게가 자신을 억누른다고 느끼면 자신의 존재 그 자체인 삶의 무게를 그의 어깨로부터 제거해 집단 속으로 던져버리려고 하는 연약한 정신의 소유자들이다. 즉 이들은 전념하지 않으려는 데 전념하는 것이다. 명확한 차이가 없이 거의 유사한 특성을 지닌 이 전념의 부재 아래에는 자신의 행위와 행동, 그리고 감정에 의해 부과되는 문제를 스스로 해결해야만 한다는 은밀한 공포심이 녹아 있다. 이것은 만인이 되고자 하는, 자신의 운명 앞에 놓인 책임감을 포기하고 이것을 군중 속에 용해시키려는 비천한 열망으로, 자의식이 약한 사람이 지니는 영원한 이상이다. 이와 같은 사람에게 전념이란 세상의 모든 사람이 행하는 것을 행하는 것이다.

만일 우리가 호루스의 눈과 유사한 이미지를 추구하려 한다면 고대 이집트의 무덤 양식을 상기해 보는 것이 좋을 것이다. 고대 이집트인들은 인간이 죽으면 저승으로 가 재판을 받는다고 믿었다. 이 재판에서는 그가 살아온 삶이 평가되는데, 가장 중요하면서도 제일 먼저 하는 평가가 바로 심장의 무게를 측정하는 것이었다. 이 무게 측정을 피하기 위해, 이승과 저승의 삶을 지배하는 저 권위를 속이기 위해 이집트인들은 시신의 심장을 제거해 그 자리에 구리나 검은 돌을 채워 매장했다. 즉 이집트인들은 삶을 대체시키려고 했던 것이다. 자신의 삶을 대체하는 것, 이것이 바로 전념을 회피하려는 사람들이 행하고자 하는 것이다. 즉 전념을 회피하고자 하는 사람은 자신의 삶을 대중의 삶으로 대체하는 데 전념한다. 우리가 삶의 본질적 조건으로부터 탈출할 수 있는 방법은 없기에, 또한 삶은 곧 실재이기에 삶을 영위하는 데 있어 우리가 할 수 있는 가장 신중하면서도 최상의 방법은 아이러니를 통해 삶을 강조하는 것이다. 마치 세

익스피어가 창조한 마법의 숲에서 티타니아 요정이 당나귀의 머리를 어루만지듯 말이다.

이 세상의 모든 사제들이 그러하듯이 일본의 승려들도 현세적인 것, 지상의 것에 대해서는 비판적이었다. 그래서 이 세계의 공허함을 단적으로 표현하기 위해 이들은 현세를 '이슬의 세계'라고 불렀다. 시인 고바야시 잇사[1]의 작품에 나를 매료시키는 짤막한 구절이 하나 있다.

이슬의 세계는 단지 이슬의 세계일 뿐. 그러나……

그러나…… 이 이슬의 세계를 보다 완벽한 삶을 창조하기 위한 질료로 받아들이자.

---

1) 小林一茶(1763~1827): 마쓰오 바쇼, 요사 부손과 함께 하이쿠 3대 작가로 평가된다.

옮긴이 해제

　사백 년에 걸쳐 축적된, 결코 붕괴되리라 상상할 수도 없었던 영광이 순식간에 무너졌을 때 그것을 바라보는 이가 느끼는 감정의 자화상은 과연 어떤 모습일까? 절망이라는 단어가 지닌 의미의 극한에서 자기 존재의 가치를 상실한 채 더 이상 토할 피도 말라버려 소리가 상실된 그러한 레퀴엠을 부르고 싶지 않아도 불러야 하는 한 서린 모습이 아닐는지. 혹은 폐허의 대지 위에 이미 분쇄되어 산산이 흩어진 과거 영광의 모래알들을 하나하나 주워 불가능하지만 가능하다고 믿고 싶은 탑 쌓기를 하는 모습이 아닐는지.

　사백 년! 이교도를 몰아내고 전 세계를 석권하며 그리스도의 제국을 건설했던 그 영광의 흔적은 이제 골목길 한구석에 아무렇게나 처박혀 파리만 우글대는 썩은 개의 시체처럼 역한 냄새를 풍기며 카스티야의 황량한 붉은 평원을 더욱 황량하게 만들었다. 이제 이 폐허 위에 남은 사람들은 자신들에게 주어진 삶을 영위하기 위해, 이 땅에 다시 생명의 온기를 불어넣기 위해 두 가지 중 하나의 길을 선택해야만 했다. 즉 이들은 먼지처럼 흩어진, 보이지도 않는 지난 시대의 영광을 모아 최소한의 자존심을 살리든가 아니면 이전 자신들을 둘러싼 모든 것으로부터 탈출해 전혀 새로운 삶의 풍경을 창조해야만 했다.

미겔 데 우나무노(Miguel de Unamuno), 아소린(Azorín), 피오 바로하(Pío Baroja) 등 1898년 쿠바를 둘러싼 미서전쟁의 패배 후 제국의 몰락을 직접적으로 바라본 98세대들은 자신들이 존재하던 시공간의 기저에 아직은 녹아 있던 빛바랜 조국의 영광을 그저 포기할 수만은 없었다. 그래서 이들은 끊임없이 과거를 발판으로 위기를 극복하려는 태도를 취한다. 반면 '니체 이후 유럽 최고의 철학가이자 문장가'라는 평가와 함께 알베르 카뮈의 존경을 한 몸에 받았던, 하이데거와 야스퍼스가 자신들의 철학을 전개하기 위해 끊임없이 의지했던 호세 오르테가 이 가세트(José Ortega y Gasset)는 과거와의 절연과 새로운 것의 도입으로 이전과는 전혀 다른 국가와 정신세계를 창조하려는 모습을 보여주었다.

오르테가는 1492년 지리상의 발견 이후 지속된 스페인 제국이 끝없이 몰락하고 있던 1883년 5월 마드리드에서 출생했다. 오르테가가 태어나던 시기 유럽에서는 비트겐슈타인, 하이데거, 하르트만, 발터 벤야민, 테오도르 아도르노 등 다음 세기의 지성계를 이끌 많은 철학자들이 태어났다. 어쩌면 시대는 오르테가에게 이들 동년배들과 함께 다음 세기의 지성을 이끌 숙명을 부여했는지 모른다. 또한 '윤전기 위에서 태어났다'는 우스갯소리를 할 만큼 오르테가의 집안은 당시 스페인의 대표적인 언론가였다. 특히 그의 부친인 오르테가 무니야(Ortega Munilla)는 모든 스페인 지식인들이 한번쯤 꿈꾸어 보는 왕립학술원(Real Academia Española)의 회원이기도 했다. 이렇게 당대 최고의 지성가에서 성장한 오르테가는 1902년 19세의 나이에 마드리드 대학교(현 마드리드 콤플루텐세 대학교) 철학부를 졸업했고 이년 후인 1904년 동 대학교에서 「천년에 대한 공포」라는 논문으로 박사학위를 취득했다. 하지만 오르테가의 철학세계는 세 차례에 걸친 독일 유학을 통해 그 독특한 향기를 품게 된다. 1905년 독일 라이프치히 대학교로 유학을 가 빌헬름 분트(Wilhelm Wundt)의 지도하에 공부하면서 오르테가는 처음으로 독일 문화와 직접적인 대면을 했고, 1906년 베를린 대학교과 마르부르크 대학교에서 수학하면서는 게오르크 지멜(Georg Simmel), 헤르만 코헨(Hermann Cohen), 파울 나도르프(Paul Nadorp) 등 당대를 풍미했던 신칸트주의 학파의 태두들과 만나면서 새로운 철학조류를 접할 수 있었다. 1908년 스페인으로 돌아온 오르테가는 마드리드 고등 사범학교 교수로 부임해 심리학과 논리학, 윤리학을 강의했고, 1910년에는 모교인 마드리드 대학교 철학부 형이상학 정교수로 부임해 스페인 내전이 발발할 때까지 강의를 했다. 1911년 그는 또다시 독일로 가 신칸트주의를 대체하고 있던 현상학과 운명적인 만남을 했고 이후 그의 철학세계에서 현상학은 결코 사그라지지 않는 요소로 작동하게 된다. 다시 귀국 후 그는, 현재까지도 스페인의 대표적 지성지로 평가받는 《서구지 *Revista de Occidente*》를 1923년에 창간해 당시 유럽을 풍미하던 문학과 철학사조를 소개했고 스페인 지성사의 한 획을 긋게 된다.

그러나 대제국의 몰락 후 이제는 이베리아반도의 일개 국가로 전락한 스페인은 계속 제국 몰락의 여파를 심하게 겪고 있었다. 자신들에게 가장 적합한 정치, 경제, 아니 삶의 체제를 찾지 못했던 스페인인들은 자신의 정체성을 확립하기 위해 외부로부터 다양한 정치체계를 취합해 그것을 자신들의 삶에 적용하려 했지만 이 과정은 끊임없는 갈등과 반목의 연속이었다. 결국 갈등은 동족상잔의 비극으로 나타났다. 1936년 7월 18일 공화국 정부에 대항해 쿠데타를 일으킨 프랑코 장군은 삼 년간의 전쟁을 통해 독재체제를 구축했고 이로 인해 많은 지성인들이 아르헨티나, 멕시코, 프랑스, 독일 등으로 망명의 길을 떠났다. 오르테가 역시 아르헨티나로 망명해 1945년 귀국할 때까지 한곳에 정주하지 못한 채 여러 국가를 방랑했다. 하지만 이 고통의 순간에서도 오르테가는 『자기침잠과 자기소외 *Ensimismamiento y Alteración*』(1939), 『역사 이성에 관해 *Sobre la razón histórica*』(1940), 『체계로서의 역사 *Historia como sistema*』(1941) 등과 같은 주옥같은 작품들을 발표했다. 또한 귀국 후에는 스페인 인문학 연구의 수준을 한 단계 높인 것으로 평가받는 '인문학연구소(Instituto de Humanidades)'를 설립해 지성계에 큰 반향을 불러일으켰다.

철학, 문학, 미학, 심리학, 교육학 등 마치 르네상스 지식인처럼 전 인문사회과학 분야를 관통하면서 태양과 빛의 나라, 그 빛의 충만함으로 인해 철학이 만개할 수 없었던 스페인의 인문학 수준을 세계적으로 끌어올린 오르테가는 1955년 10월 영면했다.

스페인의 지적 전통과 엄격한 독일 철학의 세례를 동시에 받았던 오르테가의 철학은 우선 근대 이성중심주의 철학에 대한 비판으로 나타난다. 본 역서는 바로 오르테가의 근대 철학에 대한 비판과 그것을 대체할 오르테가의 철학이 극명하게 드러나는 그의 대표적 저서로서 또 다른 강의록인 『형이상학 강의 *Unas lecciones de metafísca*』(1932~1933)와 함께 오르테가 사상의 요체를 형성하는 것으로 평가받고 있다. 본 역서는 본문의 주석을 통해 이미 밝혔듯이 1929년 마드리드 대학교에서 시작되었던 강의의 강의록을 모은 것이다. 스페인 철학사상 처음으로 열렸던 대중 강의는 당시 그야말로 전국적 화제였다. 철학과 교수 및 학생, 문인, 군인, 정치인, 일반 공무원 등 다양한 계층의 사람들이 이 강의를 위해 몰려들어 이들을 전부 수용할 공간을 구하느라 오르테가가 애를 먹었고, 자신들이 퇴근 후에 이 강의에 참여할 수 있도록 강의를 직장인의 퇴근시간에 맞추어달라는 편지가 빗발치는 등 이 강의를 둘러싼 여러 가지 에피소드가 아직도 스페인 지성계에 하나의 전설로 남아 있다.

본 역서는 크게 두 부분으로 나뉠 수 있다. 1강부터 6강까지 오르테가는 우리가 왜 철학을 하는지, 인식, 정신, 사유, 우주 등 철학에서 자주 사용되는 용어의 근원적인 의미가 무엇인지, 고대 그리스와 중세 철학이 지니는 한계점이 무엇인지, 그리고 왜 근대 철학이 태동하게 되었는지를 검토한다. 이 책을 처음 넘기는 독자는 일반적인 철학서와는 달리 왜 우리가 철학이란 행위를 하는지에 대한 검토를 우선적으로 하고 있는 저자의 태도에 대해 약간은 낯선 감정을 가지게 될 것이다.

본격적인 근대 철학에 대한 비판은 7강부터 시작된다. 주지하다시피 근대 철학의 토대는 주체, 즉 사유하는 자아에 대한 신념이었다. 그런데 사유하는 자아라는 인식 주체를 설정했다는 것은 이미 세계를 이분법적 모델로 보는 것이며 동시에 세계에 대한 주체의 우위를 확보하는 것이다. 이로 인해 인간 이성의 합리성에 대한 신뢰를 바탕으로 근대 문명은 세계를 과학적으로 파악하는 논리의 정당성을 획득하면서 발전하게 된다. 이러한 사유 속에서 자연 혹은 세계는 인식의 이차적 수준으로 격하되었고, 존재를 가능케 하는 이성이 모든 것을 지배하는 실재로 기능하고 있다는 믿음에 의거한, 상술하면 합리성, 수학적 명확성을 그 기본적 특질로 하는 이성 우위의 형이상학이 전개된다. 즉 근대는 주체의 의식 활동인 이성에 의한 합리성의 토대 위에서 발전된 인간의 과학적, 기술적 활동의 산물인 것이다. 이성에 기초한 합리화는 근대화의 필연적 메커니즘이었고 이러한 근대적 합리화 과정은 모든 인간에게 이성에 부합하는 존재 방식을 부여하는 노력을 경주했다.

하지만 근대 철학은 세계 안에서 '생각하는 나'와 사유의 대상을 분리함으로써 필연적으로 주체 외부의 세계를 주체의 대상으로만 설정하는 주체/대상의 이분법의 양상을 야기했다. 이러한 이분법에 따르면 사유하는 능력, 즉 의미를 부여하고 가치를 판단하는 능력이 오직 인간의 정신 활동으로만 정의되며 인간 외부의 대상은 무의미하고 비가치적인 연장의 세계로밖에 파악되지 않는다. 근대의 아버지 데카르트 이후 근대 철학에 있어 세계는 의미와 가치가 존재하지 않는 순수한 사실의 세계이며 주체의 인식으로 정복될 수 있는 순수 대상으로 해석되었다. 반면 근대 철학의 핵심인 이성은 우리의 표상 속에 내용뿐만 아니라 세계의 본질을 포함하는, 즉 주체에게 외부로부터 주어진 내용이 아니라 주체에 의해 산출된 진정한 의미로 격상되었다. 또한 이성은 세계가 이성 자신의 표현체라는 본능적 신념을 정당화하기 위해 끊임없이 세계를 관찰하면서 그 내용을 고정화시키고 고착화시킨다. 환언하면 자기 완결적 성격을 지닌 이성은 자체가 원물(原物)로 작동하기에 자기가 투사하는 모든 대상에 자신의 내적 구조인 동일성을 부여하며 그 결과 대상을 고정화시켜 안정성을 획득하는 것이다.

오르테가는 이러한 추상적이며 고정적이고 자기 완결적인 순수 이성을 물리학적 이성으로 규정한다. 근대 철학에 있어 이 물리학적 이성은 모든 것을 존재론적 해석을 통해 인식의 영역을 확장시켜 나가는 제일 도구였으며 세계에 대한 해석을 완벽하게 할 수 있는 절대적인 연장으로 간주되었다. 그러나 오르테가는 이 이성이 파악할 수 있는 세계의 본질은 부분적이라고 단언한다. 즉 세계를 구성하는 인간과 자연은 결코 고정되어 있는 것이 아니고 시간과 공간에 따라

지속적으로 변화하는 존재들이다. 이렇게 흐름과 변화의 속성을 지니고 있는 세계를 고정시키고 추상화시키는 물리학적 이성은 세계의 의미를 일면적으로만 해석할 수밖에 없는 한계를 가지며 결국 이것에 의해 고정된 세계가 지속될 경우 세계는 왜곡되어 버리는 태생적 취약성을 지니게 된다.

인간을 둘러싼 세계는 결코 자신의 총체적 의미를 인간에게 현전시키지 않는다. 이성을 통해 형성된 관념으로써 세계를 해석하는 것은 세계의 가시적 부분에 해당되는 것에 대한 개념을 형성하고 나서의 행위이므로 이미 이 개념은 어떤 한정성을 내포하고 있다. 그러므로 오르테가는 이성이란 어디까지나 세계의 부분적인 사실만을 밝힐 뿐이며 세계는 결코 이성에 의해 완전히 이해되지 않는다고 말한다.

이제 오르테가는 근대 철학에 의해 그 의미가 폄하된 대상, 세계의 의미를 복원한다. 그는 우선 자기의 존재확실성의 문제로부터 출발해 근대 철학의 대상, 세계 개념을 해체한다. "나는 생각한다. 그러므로 나는 존재한다."라는 근대 철학의 명제는 이제 폐기되고 대신 오르테가는 "나는 나와 나의 환경이다."라는 새로운 명제를 제시한다. 이 명제를 통해 오르테가는 주체와 객체 간의 통합을 지향한다. 이 명제는 '나는 나'라는 자기반성을 포함하는 동시에 '나는 존재한다'라는 존재확실성을 포함한다. 그러므로 '나는 환경이다'라는 명제 역시 환경에 대한 재인식과 환경의 존재확실성을 포함하게 된다. 이제 대상, 세계는 결코 주체인 '나'가 정복할 수 있는 수동적 대상으로서의 소산적 자연이 아니라 나의 현존이라는 실재를 의미화시키는 생산성을 함유한 능산적 자연으로서, 인간과 마찬가지로 역동적 성격을 지니고 있어 자신의 전개 과정 속에서 발전하고 이 과정 속에서 인간을 통해 총체적으로 자신의 존재를 실현하는 능동적이며 역동적인 존재로 자리 매김을 하게 된다.

한편 이와 같은 성격을 지닌 대상, 세계와 직면하고 있는 주체 역시 새로운 의미를 가지게 된다. 이제 주체는 관념적이며 대상을 지배하는 권력적 주체가 아니라 주체 자신을 넘어선, 나와 환경이 공존하고 있는 실재 자체이다. 나는 우선 '나는 존재한다'라는 명제를 통해 나를 의식적 자아 혹은 존재자로 의식함으로써 나를 실재의 총체성 안에 실재하는 것으로 파악하며 동시에 '나는 환경이다'라는 명제를 통해 존재하는 나를 둘러싼 세계의 실재를 인식하고 그것 또한 실재의 총체성 속으로 흡입해 그 총체성의 범주 속에 '나'와 '환경'이라는 각각의 실재를 혼융시킴으로써 비로소 진정한 근원 실재가 된다. 결국 오르테가는 '나는 나와 나의 환경'이라는 새로운 명제를 도입해 주체인 인간과 객체인 사물이 함께 현존하고 있다는 본원적 현상을 근원 실재로 정의하는 것이다.

근원 실재로서 '나와 나의 환경'을 제시한 오르테가는 이제 새로운 철학의 요구라는 시대적 요청에 대해 '생적 이성(razón vital)'을 인간의 삶의 본질을 파악할 수 있는 도구로 제시한다. 그런데 그의 생적 이성은 근대 철학의 물리학적 이성과도 구별되고, 생철학의 인식론적 직관도 아닌, 이성을 도구로 간주하는 합리주의와 삶을 인식의 제일 과제로 설정하는 생철학의 장점을 수용한 것으로 이성에 대한 새로운 이론이라기보다는 삶을 근원 실재로 설정하는 사실에 대한 평범한 인식이며, 인간 삶에 뿌리를 박고 있는 단순한 명증적 실재라는 성격을 가진다. 따라서 생적 이성은 일차적으로 경험에 의해 파악된 세계 구조에 대한 탐구의 결과이며, 생철학에서 제시하는 직관과 같이 비체계적이며 상대적이지 않은 동시에 물리학적 이상처럼 개별 분야에만 그 효용성이 증명되는 제한적 성격의 이성이 아니다. 결국 그는 생적 이성을 통해 삶은 이성이 삶에 부여한 실재가 아니라 이성을 적극적으로 이용하는, 이성의 본원적이자 능산적 의미를 흡수한 '이성으로서의 삶'이라는 것을 밝히고 있다. 그래서 이제 오르테가는 다음과 같이 말한다. "나는 생각한다. 왜냐하면 나는 살아 있기 때문이다(Cogito quia vivo)."

　본 역서의 마침표를 찍을 때까지 참으로 오랜 시간이 걸렸다. 역자의 개인적 사정으로 인해 번역은 한없이 더디게 진행되었다. 더군다나 박사학위 논문과 병행해 번역 작업을 하자니 도대체 이 세상에 가속도라는 것이 있는가라는 의문이 든 적이 한두 번이 아니었다. 그러나 결국 이는 역자의 게으름의 소치로 결론을 내릴 수 있을 것이다. 강의록이라기엔 너무나도 난해했던 이 책을 번역해 놓으니 그저 시원한 기분이다. 하지만 천학비재한 역자의 능력으로 오르테가가 전하고자 하는 의미를 완전히 전했는지에 대해 생각하면 소름이 끼치고 어딘가로 숨어버리고 싶다. 그의 의미를 왜곡해 버린 오역이 발견된다면 참으로 역자에게는 다행한 일일 것이다. 그 비판과 질정을 통해 역자의 지적 수준이 조금이라도 올라가지 않을까? 번역에 대한 무한책임은 역자의 의무일 것이다. 번역의 대본으로는 오르테가 연구의 표본으로 인정받고 있는 전집 7권(Obras Completas, Tomo 7, pp. 273-438, Madrid : Alianza)을 이용했다. 또한 정확성을 기하기 위해 영역본(New York : W. W. Norton & Company, 1964)도 참조했다.
　살아가면서 지인들의 도움을 받는다는 것은 기분이 좋으면서도 참으로 부담스럽다. 왜냐하면 내가 그만큼 타인들에게 나의 존재의 가치를 인정받는다는 의미와 동시에 내 애정의 대상인 타인들의 소중한 삶이 어느 정도는 나로 인해 부식되어 버리기 때문이다. 그저 고맙고 미안할 뿐이다. 역자에게 처음으로 오르테가의 철학세계를 열어주신 김춘진 선생님께는 두고두고 감사하다는 말을 해야 되지 않을까. 또한 학부와 대학원을 거치면서 텍스트 강독의 엄격함을 끊임없이 요구했던 김창민 선생님의 지옥훈련이 없었더라면 역자는 이 책을 번역할 엄두도 못 내었을 것이다. 학문의 길로 접어든 후배가 고꾸라지고 싶을 때 언제나 가슴 울리는 말을 들려주는 현균 형과 호준 형, 성훈 형, 그리고 학자로서의 성실함이 무엇인지를 그 삶으로 보여주는 석균 형과 경범 형께도 깊이 머리를 숙인다. 또 고대 철학에 대한 오르테가의 광범한 지식에 역자가 힘들어할 때 상세하면서도 자세히 용어의 개념을 설명해 준 후배 선아에게도 고맙다는 말을 하고 싶다. 한없이 역자의 원고를 기다려주고 예쁘게 편집해 주신 민음사 편집부에는 도대체 무슨 말을 해야 할까. 언제나 아들이 선택한 길을 묵묵히 지원해 주시는 부모님과 내 삶의 지지대인 예원의 사랑이 없었더라면 본 번역서 역시 존재하지 않았을 것이다. 타인들에게서 진 마음의 빚은 끊임없이 나의 성실과 겸손을 요구한다. 세상과 만난 지 이제 9개월이 되어가는 재형이가 진정 삶을 소중히 여기는 넉넉한 존재로 성장하길 기원하며 본 역서를 바친다.

2006년 여름
정동희

정동희

1969년 경북 영천에서 출생하여 서울대학교 인문대학 및 동 대학원 서어서문학과를 졸업하였다. 현재 마드리드 콤플루텐세 대학교 문학부에서 스페인 르네상스 문학에 대한 박사논문을 준비하고 있다. 「호세 오르테가 이 가세트 문학사상연구 : 인식론적 배경을 중심으로」(1999), 「셀레스티나와 세라피나에 나타난 욕망의 구조분석」(2002) 등의 논문을 발표하였고, 오르테가의 『형이상학 강의』(2002)를 번역한 바 있다.

哲학이란 무엇인가

1판 1쇄 찍음 · 2006년 9월 1일
1판 1쇄 펴냄 · 2006년 9월 10일

지은이 호세 오르테가 이 가세트
옮긴이 정동희
편집인 장은수
펴낸이 박근섭
펴낸곳 (주) 민음사

출판등록 1966. 5. 19.(제16-490호)
(135-887) 서울시 강남구 신사동 506 강남출판문화센터 5층
대표전화 515-2000, 팩시밀리 515-2007
www.minumsa.com

값 18,000원

ⓒ (주) 민음사, 2006. Printed in Seoul, Korea

ISBN 89-374-2565-3 03160